U0549160

浙江省高校重大人文社科攻关计划项目资助（2018GH029）

中非产能合作
国际法律保障机制研究

THE INTERNATIONAL LEGAL GUARANTEE MECHANISM OF
CHINA-AFRICA CAPACITY COOPERATION

吴卡 田峰 著

前　言

　　非洲国家是中国近期开展国际产能合作的两大方向之一。[①] "中非开展产业对接与产能合作互有需要、互有优势，双方愿充分发挥中方在装备、技术等方面的综合优势，对接中非双方的供给能力和经济发展需求，共同发展实体经济。"[②] 目前，中非间开展产能合作也具备强大的现实基础。中国已经发展到了工业化中后期，拥有门类齐全、独立完整的产业体系，积累了大量优质富余产能；相比之下，大多数非洲国家还处在工业化起步阶段，对许多工业产品需求旺盛，因此具有承接中国产能的强烈意愿和需求，渴望通过引进中国的优质富余产能，加快本国的工业化步伐。2015年非洲联盟（以下简称"非盟"）发布的"2063年议程"明确提出，到2063年非洲制造业占其国内生产总值的比重要达到50%以上，吸纳新增就业人数50%以上。因此，中非产能合作与中非各自的工业化进程高度契合，非洲各国对中非产能合作充满期待，希望中非产能合作能够对接"2063年议程"和非洲各国需求，帮助非洲发展培育本土配套工业，打造高端制造业。

　　"国际合作，法律先行"，这是国际社会早已形成的一项重要共识。中非产能合作也是如此，建立和完善相应的法律机制，可为中非间开展长期、持续、有效的产能合作提供有力保障。就当下处于起步阶段但发展迅速的中非产能合作而言，中非间应加快相关国际法律保障机制的构建。对中非产能合作既有的法律保障成功经验进行梳理和提炼，为接下来建立健全中非产能合作国际法律保障机制提供意见和建议，不仅可以丰富中国海外投资和国际产能合作法律保障的理论体系，而且可以有效指导中国在非开展产能合作的法律机制构建，在理论和实践两方面都有重要的价值。

　　基于此，本书将对中非产能合作国际法律保障机制进行系统研究。本书共有六章内容。第一章在分析中非产能合作的内涵、背景与挑战的基础

[①] 除了非洲国家，中国近期开展国际产能合作的另一方向是"亚洲周边国家"。参见《国务院关于推进国际产能和装备制造合作的指导意见》。
[②] 《中非合作论坛——北京行动计划（2019—2021年）》，第3.2.1段。

上，重点从国际法学与国际关系理论的交叉视角，探讨中国在对非开展产能合作过程中的作用、举措、观念和目标，进而分析中非产能合作内在的法律保障需求，从而指出构建中非产能合作国际法律保障机制的重要性和必要性，并对其进行科学界定。

在中非产能合作国际法律保障机制中，法律外交机制具有基础性作用，可以极大优化中非产能合作的法治环境。鉴于此，第二章对该机制作了系统研究。为此，首先考察了1949年中华人民共和国成立以来中非法律外交的历史，并分析了实施《中非合作论坛——北京行动计划（2013—2015年）》和《中非合作论坛——约翰内斯堡行动计划（2016—2018年）》六年间的中非法律外交现状，然后指出中非法律外交的总体特点（成绩）与主要不足，最后根据当前中非产能合作对中非法律外交的新要求，就中非产能合作中的法律外交机制构建提出若干建议。

第三章研究了"中非产能合作与国际条约保护机制"，在中非产能合作国际法律保障机制中，国际条约保护机制是前提，能为中资企业提供远比非洲国家的国内法有力得多的保护。对此首先探讨了中非双边投资条约（BITs）机制的现状、问题及其改进，然后对中非产能合作的多边化或区域性条约机制特别是中非自贸区协定作了前瞻性研究，最后分析了中非产能合作的国际软法机制。

风险防控机制和领事保护机制是中非产能合作国际法律保障机制的关键，能最大限度地预防与减少中非产能合作中的各种风险，第四、五章分别对这两项机制作了研究。第四章"中非产能合作与法律风险防控机制"重点分析了中非产能合作中的典型与非典型法律风险防控。其中，在典型法律风险防控中，分别以埃及新投资法、坦桑尼亚新矿业法和肯尼亚蒙内铁路项目为例，对中非产能合作重点国家和重点项目中的法律风险防控作了国别研究和实证研究。第五章"中非产能合作与领事保护机制"着重研究了目前中国领事保护的立法现状、问题、成因与改进，在此基础上就中非产能合作中的领事保护机制构建提出了一些建议。

在中非产能合作国际法律保障机制中，争议解决机制是重要保证，有助于及时稳妥解决中非产能合作中出现的各种争议。第六章对"中非产能合作与争议解决机制"进行了研讨，分别对中非BITs中争议解决条款的改进、中非联合仲裁机制的构建以及非洲仲裁环境改善等问题作了分析，最后，还以义乌涉外商事纠纷调解的特殊机制和成功经验为例，就中非产能合作争议解决中利用调解方法进行了研究。

本书采用的研究方法主要有：①国际法学与国际关系理论跨学科分析，就中国实施"一带一路"倡议及包括中非产能合作在内的国际产能合作的策略即作用、举措、观念和目标，采用了该研究方法；②历史分析与逻辑推理相结合，该书通过考察中非法律外交、中非 BITs 等的历史发展，揭示中非间相关法律机制的一些固有特点，并穿插运用了历史分析与逻辑分析的方法，分析中非产能合作法律保障机制的构建路径；③理论与案例相结合，本书通过考察中非产能合作中法律风险防控和争议解决实践中的一些具体案例，研究中非产能合作国际法律保障机制的理论，开拓了海外投资与国际产能合作理论研究的新内容；④国别研究与实证研究相结合，本书以埃及与坦桑尼亚为例，就中非产能合作中的典型法律风险防控进行了国别研究，又分别以肯尼亚蒙内铁路项目和义乌涉外商事纠纷调解机制为例，就中非产能合作重点项目中的典型法律风险防控和中非产能合作争议解决中调解机制的构建分别作了研究。

在本书写作过程中，浙江师范大学法政学院硕士研究生黄婕、张若萌、刘益、项佳丽、邹思婕、周宇阳、袁红迪等在外文文献和部分文字方面提供了研究协助，特此致谢。由于笔者水平有限，书中难免有错误或不妥之处，恳请读者批评指正。

前乃至将来相当长一段时间内的自我定位依然是"负责任的发展中大国",[①] 这一国家定位是根据中国目前的综合实力和从国家战略出发,主要由中国的内在属性如意识形态、领土面积、经济规模、人口数量、文化传统和国家战略等决定,并在与他国互动中得到体现。[②] 而中国的国际身份则主要是从一种外在视角即世界的视角来看待,它与中国自身的国家定位具有相关性,不能决然分离,但又受各种外在因素如国际社会结构、国际环境和中国国家战略的实施成效等的影响,具有相对独立性。随着"一带一路"从战略构想到付诸实施,中国倡导设立的"亚投行"在全球范围内得到积极响应、广泛参与并于2015年12月正式成立,以及被誉为"升级版中国'走出去'"的国际产能合作这一中国新牌的打出,中国的国际身份正悄然发生变化,由原先"韬光养晦"主要谋求自身发展,努力向"有所作为"引领亚非乃至全球发展转变,中国由一个主要谋求自身发展的地区性大国正式向"一个促进人类共同发展、和谐发展、合作发展的崛起中的世界性大国,一个给未来世界特别是给发展中国家带来发展机遇与希望的建设性力量"演变。中国的国家定位没有变,仍然是"负责任的发展中大国",但中国的国际身份正在发生调整,随着"一带一路"倡议以及"亚投行"、国际产能合作等配套抓手、平台、机制的实施,中国正式向一个引领全球共同发展的新兴世界大国转变。

中国的国际身份之所以进行上述转变,是因为在当前国际社会中只有中国具备这种动力和能力。"冷战结束以来,特别是近10年来,世界经济中的突出现象是中国、印度、巴西、俄罗斯等新兴大国在经济上的迅速崛起。"[③] 其中,中国的崛起尤为引人注目。经过近40年的经济持续高速增长,中国已发展成为世界第二大经济体,且被国际社会公认为最有可能成为第一大经济体。当然,这同时意味着,中国还是"一个正在成长中的世界大国"。[④] 新兴世界大国的身份将中国与发达国家和一般的发展中国家

[①] 《李克强:中国是负责任的发展中大国》, http://news.xinhuanet.com/politics/2014-09/09/c_1112413026.htm, 最后访问日期:2018年2月27日。
[②] 张家栋:《中国的国家身份、国际地位与战略定位》,《复旦国际关系评论》2008年第1期,第22页。
[③] 韦宗友:《新兴大国群体性崛起与全球治理改革》,《国际论坛》2011年第2期,第8页。
[④] 叶自成:《中国迈向世界大国之路》,《国际政治研究》2003年第3期,第73页。

区别开来，使中国"在国际政治经济体系中处于某种'中间'位置"，①而且与印度、巴西、俄罗斯等其他新兴大国相比，中国凭借其强大的经济实力，在这一"中间位置"中最为突出。而正是这种突出的"中间位置"，让中国既有动力又有能力成为全球共同发展的引领者。其一，囿于经济实力，一般的发展中国家乃至新兴大国虽有动力但还无能力成为这样的引领者；其二，发达国家在这方面虽有能力但却无动力。"西方发达国家是现有国际秩序的主要塑造者和获益者，因而也是主要护持者。在（国际金融）危机形势下，其有限的改革意愿也主要是出于维护既得利益和巩固主导地位的目的"，因此，全球共同发展不能寄希望于发达国家的"自我约束与自我矫正能力"。② 其三，反观中国，作为发展中国家，中国与其他发展中国家和新兴大国有相同的发展民族经济、实现民族复兴的历史使命，这让中国与后者存在着一种天然的联系，中国的发展与后者的发展互为依赖、休戚与共，因此中国有动力带动后者共同发展。而且，经过近40年的快速发展，中国已成长为世界第二大经济体，并积累了丰富的发展经验，中国已有能力引领后者共同发展。因此，在目前的国际政治与经济格局中，唯有中国才有动力和能力引领全球共同发展。

从"一带一路"倡仪提出到付诸实施，以及"亚投行""国际产能合作"等配套抓手、平台、机制的建立，是中国正式成为全球共同发展引领者的标志性事件。首先，从"一带一路"及其配套抓手、平台、机制实施的时代背景来看，它们"是中国顺应当今世界和平、发展、合作的时代潮流而提出的重大倡议……旨在推动更多国家和地区共同应对全球发展面临的重大挑战，开展全方位合作，建设利益共享的全球价值链，实现人类和平发展和共同繁荣"。③ 其次，从它们提出的时机来看，当时正值全球性金融危机导致世界经济增长乏力，迫切寻求经济新增长点。它们的提出与建立可谓恰逢其时，不仅顺应中国自身，而且顺应广大发展中国家和新兴

---

① 石斌：《秩序转型、国际分配正义与新兴大国的历史责任》，《世界经济与政治》2010年第12期，第92页。
② 石斌：《秩序转型、国际分配正义与新兴大国的历史责任》，《世界经济与政治》2010年第12期，第91页。
③ 中国国际经济交流中心"一带一路"课题组：《"一带一路"：全球共同的需要、人类共同的梦想》，《国际经济分析与展望（2014~2015）》，社会科学文献出版社，2015，第313页。

经济体的经济发展需要，同时为发达国家的经济发展提供了重要契机，对于全球走出金融危机阴影、提升世界经济增长有极大促进作用。最后，从"一带一路"的前景来看，《"一带一路"愿景与行动》为世界描绘了一幅在中国带动下"共创美好未来"的图景。"一带一路"是对"国际合作以及全球治理新模式的积极探索"，它既不同于以往发达国家提出的诸如"马歇尔计划"等战略计划，①更不是中国的对外扩张战略，它追求的不是中国一国的发展，而是推动沿线国家和地区搭上中国经济发展的快车，实现全球经济的共同发展。没有中国的倡议，"一带一路"倡议不可能提出，没有中国的投入，"一带一路"倡议也不可能付诸实施，因此，通过"一带一路"以及"亚投行""国际产能合作"等配套抓手、平台、机制的实施，中国作为新兴世界大国在推动全球共同发展中的引领作用体现得淋漓尽致。

正是在上述深刻的历史背景下，作为国际产能合作主要方向和"一带一路"建设重要抓手和平台的中非产能合作应运而生。而中非产能合作之所以在国际产能合作和"一带一路"建设中具有这么重要的地位，不仅是由于中非关系因浓厚的传统友谊、良好的合作关系、经受住时间与国际风云变幻的考验而被赞誉为"发展中国家间关系的典范"，因而中非产能合作具有强大的历史基础与现实基础，而且是当前中非产能合作自身所具有的一些优越现实条件所造就的。

二 中非产能合作的机遇与挑战

目前，中非双方所具有的一些独特且互补的现实条件，使得开展产能合作为中非双方都提供了历史性机遇。

首先，中非产能合作具备强大的经济基础。非洲目前已成为中国海外投资的重要目的地，中国企业对非洲投资存量逐年加大，双方合作结构逐渐转型升级，投资行业日趋多元化。根据中国商务部于2018年9月发布的《中国对外投资发展报告（2018）》，2017年，中国流向非洲的对外直接投资为41.1亿美元，同比增长70.8%，是五大洲中增长最快的目标市场。对非洲直接投资占当年对外直接投资流量的2.6%。截至2017年末，

---

① 金玲：《"一带一路"：中国的马歇尔计划?》，《国际问题研究》2015年第1期，第91~97页。

中国在非洲地区的投资存量为433亿美元,占中国对外投资存量的2.4%。中国企业在非洲地区的52个国家开展了投资,投资覆盖率为86.7%,在非设立的境外企业超过3400家,占境外企业总数的8.7%,主要分布在赞比亚、尼日利亚、埃塞俄比亚、南非、肯尼亚、坦桑尼亚、加纳、安哥拉、乌干达等国。从投资流量上看,2017年对非洲投资主要流向安哥拉、肯尼亚、刚果(金)、南非、赞比亚、几内亚、刚果(布)、苏丹、埃塞俄比亚、尼日利亚、坦桑尼亚等国。其中,对安哥拉直接投资流量为6.4亿美元,同比增长3.9倍;对肯尼亚直接投资流量为4.1亿美元,同比增长13.8倍。截至2017年末,中国在南非的直接投资存量达到74.7亿美元,位居非洲首位。中国对非直接投资行业领域不断拓宽,但仍相对集中。2017年,中国对非洲地区的投资存量主要分布在5个行业领域,依次为建筑业(29.8%)、采矿业(22.5%)、金融业(14.0%)、制造业(13.2%)以及租赁与商务服务业(5.3%)。建筑业及采矿业仍继续保持在前两名位置。其中,建筑业占比比上年上升1.5个百分点。金融业增速加快,占比上升2.6个百分点。上述5个行业投资存量合计为367.4亿美元,所占比重高达84.8%。[①] 从以上中国目前在非投资的存量、国家分布、行业领域分布等方面的具体数据来看,中非间开展产能合作已经具备良好的经济基础,而且潜力巨大。

其次,中非产能合作与当前非洲工业化进程高度契合,具备强大的战略合作基础。2015年,非盟峰会在其通过的"2063年议程"及其第一个十年规划中,将加速非洲工业化和实现可持续发展列为首要目标,明确提出到2063年非洲制造业占其国内生产总值的比重要达到50%以上,吸纳新增就业50%以上。中国经济在经历40年的持续高速增长之后,进入了以调整经济结构和消化富余产能为主要目标的中高速增长的"新常态"阶段,已经拥有门类齐全、独立完整的产业体系,正在积极推进国际产能合作,中国优势产业和产能符合非洲工业化需要,而非洲具备承接中国产能的强烈意愿和需求。大多数非洲国家则处在工业化起步阶段,对钢铁、水泥等产品需求旺盛,基本全部依赖进口,因此渴望引进这些产能,加快工业化步伐。非洲有丰富的人力和自然资源,中国则拥有资金、设备、技

---

① 以上数据,来源于中华人民共和国商务部《中国对外投资发展报告(2018)》,第68~69页。

术、管理经验。中非产能合作历史性对接的条件已经成熟。①

再次，中非产能合作还具备来自中非政府及企业的强大政治意愿和动力。2013年和2014年，中国国家主席习近平及总理李克强分别访问非洲，提出了推动非洲建设"三网一化"（助力非洲的铁路网、公路网和区域航空网等"三大网"及非洲工业化建设）的发展目标。2015年12月，中非合作论坛约翰内斯堡峰会暨第六届部长级会议在南非召开，习近平主席代表中国政府宣布将中非新型战略伙伴关系提升为全面战略合作伙伴关系，与非洲在工业化、农业现代化、基础设施、金融、绿色发展、贸易和投资便利化、减贫惠民、公共卫生、人文、和平和安全等领域共同实施"十大合作计划"，规划了中非务实合作的宏伟蓝图，开启了中非关系新的历史篇章。其中，在经贸领域，中非双方将共同实施中非工业化合作计划、中非基础设施合作计划、中非绿色发展合作计划、中非贸易和投资便利化合作计划和中非减贫惠民合作计划等。在中非工业化合作计划中，中方将积极推进中非产业对接和产能合作，鼓励支持中国企业赴非洲投资兴业，合作新建或升级一批工业园区，向非洲国家派遣政府高级专家顾问等。同时，很多非洲国家政府与企业热切希望抓住中国经济转型升级的历史性机遇，期望在中国新一轮产业结构调整的大潮中加强与中国的产业合作，成为中国产业和产能转移的优先承接地，在承接中国的优质与富余产能的过程中推动本国工业化发展和技术进步。

最后，中非产能合作还可助推非洲经济一体化的进程。2015年5月，由东非共同体、东南非共同市场和南部非洲发展共同体等三个非洲次区域经济组织合并而成的当时非洲最大的自由贸易区已启动。2018年3月，非洲44个国家的领导人又在卢旺达首都基加利签署协议，以创建非洲大陆自由贸易区。2019年5月30日，非洲大陆自由贸易区协议（AfCFTA）正式生效，并已于2019年7月7日正式实施。该协议旨在进一步降低关税、消除贸易壁垒，促进区域内贸易和投资发展，实现商品、服务、资金在非洲大陆的自由流动，从而形成非洲单一大市场。截至2019年6月，非洲联盟55个成员中有52个已签署协议，仅有尼日利亚、贝宁、厄立特里亚这3个国家尚未签署。若按成员国数量评判，这一自贸区将成为全球最大

---

① 参见贺文萍《中非产能合作助推非洲工业化和经济一体化》，http://world.people.com.cn/n/2015/1205/c1002-27893263.html，最后访问日期：2017年6月15日。

的地区自由贸易组织。这些自贸区建立的第一阶段就将高度关注基础设施建设、产业发展和市场一体化等三个领域，而这三个领域都与中非关系当前和未来的发展战略蓝图（如"三大网建设"和"产业对接"等）高度契合。2015年年初，中国还与非盟签署了中非关于基础设施建设合作的谅解备忘录，根据该备忘录，中国将在非洲"2063年议程"的战略框架内，加强与非洲国家在铁路、公路、区域航空及工业化等领域的合作，促进非洲国家一体化进程。①

然而，机遇往往与挑战并存，中非产能合作在充满机遇的同时，也面临一些重大挑战。正如时任外交部非洲司林松添司长所言，中非双方对产能合作都有很强的政治意愿，但双方在一些方面也"没有完全准备好"。② 这其中既有中非双方的因素，又有其他一些因素。

其一，对非洲国家而言，其开展产能合作的软硬件都亟待改善。首先是其思想观念和发展愿望不相匹配，非洲国家很愿意发展，但其观念却相对落后。有的非洲国家因长期遭受殖民掠夺，对外来投资既爱又怕，对开放市场心存戒备，希望外国人来投资、来援助，但又很怕你赚很多钱。其次，非洲促进和保护外国投资的法律法规不完善，优惠政策不配套，政府服务跟不上，有些国家有很多文件，但政府执行不到位。非洲国家普遍存在相关法律政策缺失或政府执行不到位问题，现在还无法让投资者"投资安心、经营开心、生活舒心"。再次，一些非洲国家的政府办事效率低下、基础设施滞后、人力资源开发不足等问题突出。复次，政治转型影响非洲工业化进程。一些国家政党轮替、政权更迭频繁，政策缺乏稳定性、延续性，甚至出现朝令夕改、随意变更问题，现任上台了，就否定前任政府承诺。有的国家环保劳动标准脱离实际，工会、非政府组织势力强大，影响投资者正常的生产和生活。最后，一些非洲国家和地区的安全风险仍然较高。非洲局部动荡时有发生，热点问题不少，恐怖袭击、绑架、海盗、社会治安、疾病等非传统安全因素突出。这些都是中国企业投资非洲、开展

---

① 贺文萍：《中非产能合作助推非洲工业化和经济一体化》，http://world.people.com.cn/n/2015/1205/c1002-27893263.html，最后访问日期：2017年6月17日。
② 《外交部非洲司司长：中非产能合作迎来历史性机遇》，http://world.huanqiu.com/hot/2015-04/6065482.html，最后访问日期：2017年7月7日。

中非产能合作的障碍。①

其二，从中国方面讲，对中国政府而言，由于中国刚迈进"引进来"同"走出去"相结合的新阶段，中国政府虽然积极鼓励和支持企业"走出去"到非洲投资，开展中非产能合作，但相关顶层设计、战略规划、政策支持、金融服务、风险预警与防控等还不完善，或者还没落实到位，负责协调管理企业"走出去"的机制还有待完善。另外，对中国企业来说，虽然其到海外投资的兴趣很高，但国际化水平普遍较低，缺乏海外经营管理经验、能力、人才，对非洲缺乏应有的了解，走不出去、不敢出去、不知道怎么出去等问题都很突出，对在非洲投资、开展产能合作的风险缺乏基本的了解，防控能力很弱。

其三，除了中非自身存在的问题，还有一些外部因素。与非洲国家开展产能合作，中国绝不会走西方殖民者的老路，以牺牲非洲的生态环境和长远利益为代价，而是要寻求互利互惠、合作共赢，把中非发展真正结合起来。但是，近十年来，伴随中国企业加快"走出去"的步伐，西方对中国海外投资尤其是对非投资的污名化舆论态势步入高潮。当前中非在开展产能合作过程中，势必也会有这些污名化现象及其不良影响，中国政府、企业、智库和媒体等对此应进行有力反击，以起到正视听、树形象、化风险、促合作的效果，即通过各种措施为中国在非投资、开展产能合作"去污名化"，以保证事实真相被准确了解，进而树立中国国家和企业的正面国际形象、化解因污名化舆论引发的各种风险，为中国在非开展持续性产能合作保驾护航。

第二节 中非产能合作的推进策略：一种跨学科解读

以国际产能合作为重要抓手的"一带一路"倡议的实施，不仅蕴含着大量国际法问题也，而且涉及众多国际关系问题，因此本节采用国际法与国际关系理论交叉研究的方法，阐述中国开展"一带一路"建设和国际产能合作的应有作用、措施、观念和目标，这些作用、措施、观念和目标对中非产能合作当然也是适用的。这种跨学科研究方法，是当今西方特别是

---

① 《外交部非洲司司长：中非产能合作迎来历史性机遇》，http://world.huanqiu.com/hot/2015-04/6065482.html，最后访问日期：2017年7月17日。

美国学界研究重大国际问题的一种重要方法。① 而且，由于"一带一路"和国际产能合作涉及的问题纷繁复杂，而"为了反映非常复杂的历史和当代现实的各个侧面，不同的观点都是必不可少的"，② 所以本节将综合运用现行国际关系理论各主流学派（包括新现实主义学派、新自由主义学派、国际社会学派和建构主义学派等）的相关原理，并分别将其凝练为"权力论"、"利益论"、"观念论"和"正义与秩序论"，然后结合相关国际法文件与原理，对中国在实施"一带一路"和开展国际产能合作过程中应发挥的作用、应采取的举措、应持有的观念和应确立的目标等各个"侧面"进行跨学科分析，在此基础上对中国推进中非产能合作提出一些具体意见和建议。

一 从"权力论"看推进中非产能合作的策略：中国的作用

国际关系理论中的现实主义理论强调"权力论"，认为权力的目标、手段与运用是国际关系的中心，国际政治就是一种"权力政治"。"现实主义者持有这样一个核心假设，即世界政治存在并运行于一种国际无政府状态下；也就是说，世界政治是一个没有更高的总领一切之权威、没有世界政府的体系。"③ 对于这样一个无政府状态下的国际体系，现实主义强调大国的作用，认为"大国应当管理这个体系；如果大国管理不当，即当它们不能维持国际秩序时，它们就会受到指责。大国必须是肩负伟大责任的国家……大国……'在其所处之体系中有重大的利害关系'"。④ 有现实主义者进一步明确，维持国际秩序的大国非那些居于支配地位的霸权国

---

① 近期西方学界在这方面的代表作有：David Armstrong, Theo Farrell and Helene Lambert, eds., *International Law and International Relations*, Cambridge University Press, 2nd Revised edition, 2012; Jeffrey L. Dunoff and Mark A. Pollack, eds., *Interdisciplinary Perspectives on International Law and International Relations: The State of the Art*, Cambridge University Press, 2012; Adriana Sinclair, *International Relations Theory and International Law: A Critical Approach*, Cambridge University Press, 2010; Basak Cali, *International Law for International Relations*, Oxford University Press, 2010.; etc.。
② 〔加拿大〕罗伯特·杰克逊、〔丹麦〕乔格·索伦森：《国外经典政治学教材：国际关系学理论与方法》（第4版），吴勇等译，中国人民大学出版社，2012，第47页。
③ 〔加拿大〕罗伯特·杰克逊、〔丹麦〕乔格·索伦森：《国外经典政治学教材：国际关系学理论与方法》（第4版），吴勇等译，中国人民大学出版社，2012，第51页。
④ 〔加拿大〕罗伯特·杰克逊、〔丹麦〕乔格·索伦森：《国外经典政治学教材：国际关系学理论与方法》（第4版），吴勇等译，中国人民大学出版社，2012，第66页。

莫属，这就是所谓"霸权稳定论"。① 许多新自由主义者也不否认权力配置情况对国际制度的意义，特别是霸权国在创设国际制度中的重要作用。

因此，以"权力论"为核心的新现实主义认为，在目前的"国际无政府状态"下，权力仍然是各国争夺的目标，而大国尤其是霸权国在维护国际秩序方面可以发挥一般国家所无法比拟的作用。虽然"权力论"过于强调权力，关注面过于狭窄，但仍然具有很强的启示意义。就中国而言，虽然中国目前并非而且将来也无意成为霸权国，但中国作为一个正引领全球共同发展的新兴世界大国，无疑"在其所处之体系中有重大的利害关系"，因此中国可以运用其拥有的权力和资源，积极倡导、组织和参与周边和国际社会中各项事务的交流与合作，尤其是经济、社会、文化等事务，从而切实发挥一个新兴世界大国的应有作用，促进国际社会的和平、发展与繁荣。中国将"一带一路"倡议付诸实施、开展国际产能合作，包括对非产能合作，就体现了作为一个正促进全球共同发展的新兴世界大国对国际重大事务的引领、协调和组织作用，表明中国在促进区域和全球经济增长以及建立国际经济新秩序方面所作出的卓越努力。

但大国在国际社会中的作用也不是万能的，其作用不能被无限高估。一方面，国家主权平等是最重要的国际法基本原则，是整个国际法体系的基础。据此原则，"每个国家不论其情况如何，都平等地享受国际法所授予的权利，同时，国际法原则、规则和制度应平等地和公正不偏地适用于一切国家"。② 对于国际制度的建立，大国虽然可以起主导作用，但离开了其他国家的支持与合作，国际制度只能是大国的独角戏，不能有效建立和实施。因此，大国在创建国际制度过程中，应尊重其他国家的意愿，与其协商与合作，而不能动辄对其强加自己的意志。另一方面，现实主义理论中的"修正结构现实主义"提出，虽然在构建国际机制过程中大国发挥重要的作用，但是国际机制一经建立，就具有很强的自主性，可以在一定程度上独立于大国，而且大国出于国际声誉和对国际机制的依赖等因素的考虑，也不会轻易抛弃该国际机制。这两个方面对中国建设"一带一路"具有很强的启示意义。没有中国的倡议和引领，"一带一路"不可能提出

---

① 〔美〕罗伯特·吉尔平：《世界政治中的战争与变革》，武军等译，中国人民大学出版社，1994，第30页。
② 王铁崖：《国际法引论》，北京大学出版社，1998，第219页。

与实施，中国在这方面发挥了一个新兴世界大国的应有作用。但是，中国在"一带一路"建设中的作用不是万能的，而是有限的，因此中国应尊重沿线国家的意志与利益，与其进行协商与合作。作为"一带一路"重要抓手的国际产能合作，其实施也应如此。这一点在《产能合作指导意见》中体现得很明显。例如，在其第五部分"基本原则"中指出："坚持注重实效、互利共赢。推动我装备、技术、标准和服务'走出去'，促进国内经济发展和产业转型升级。践行正确义利观，充分考虑所在国国情和实际需求，注重与当地政府和企业互利合作，创造良好的经济和社会效益，实现互利共赢、共同发展。"这表达了中国在开展国际产能合作时所秉持的尊重国家主权、考虑他国国情和利益等原则以及强烈的协商合作的意愿。同时，中国要对"一带一路"和国际产能合作相关机制的独立性有所认识并做好准备。就"一带一路"和国际产能合作相关机制而言，中国目前的选择有二：一是利用现有机制，二是创设新机制。对此，中国采取了双管齐下的策略。一方面，是要"充分发挥现有多双边高层合作机制的作用"，① 这表明，中国十分清楚自己在"一带一路"和国际产能合作中的作用，与其大张旗鼓建立新机制，不如重视和主要依靠现有的各项机制，根据"一带一路"和国际产能合作的新需要和新形势，赋予其必要的新职能。另一方面，在"一带一路"和国际产能合作新机制建设上，中国作为正引领全球共同发展的新兴世界大国，要"与重点国家建立产能合作机制，加强政府间交流协调以及与相关国际和地区组织的合作，搭建政府和企业对外合作平台，推动国际产能和装备制造合作取得积极进展。完善与有关国家在投资保护、金融、税收、海关、人员往来等方面合作机制，为国际产能和装备制造合作提供全方位支持和综合保障"。②

就"一带一路"和国际产能合作新机制而言，中国接下来应构建国际、国内法律机制来实施和保障产能合作的顺利进行。首先，通过建立长期的国际条约机制来实施和保障"一带一路"和国际产能合作。通过签订政府间的双边或多边合作协定，中国可以密切与产能合作国家的互利合

---

① 参见《产能合作指导意见》第五部分"加强政府引导和推动"的"（二十五）完善对外合作机制"。
② 参见《产能合作指导意见》第五部分"加强政府引导和推动"的"（二十五）完善对外合作机制"。

作，吸引更多国家和地区以不同形式参与产能合作。① 其次，通过建立有效的国际争议解决机制来实施和保障"一带一路"和国际产能合作。"一带一路"和国际产能合作中可能涉及的国际争议主要有三种：一是国家之间的争议，如领土争议；二是国际民商事争议，如不同国家企业之间的合同争议；三是国家与他国国民间的争议，如投资争议。对于第一种争议，应主要通过建立稳定畅通的协商对话机制来解决；对于第二种争议，则涉及各国国际私法中国际民商事争议解决机制的构建和完善；对于第三种争议，则可通过国际仲裁、调解等方式解决。再次，通过建立配套的国内法律机制来实施和保障国际产能合作。"一带一路"和国际产能合作作为中国的国家战略措施，已经产生世界性影响，为此中国可通过专门立法来落实和保障，将其上升到法律层面，走上法治化轨道，而不是只停留在国家政策层面。另外，在对外投资与援助等方面，中国也应制定或完善相关立法，使其作为国际产能合作特别是对非产能合作的配套和辅助措施，实现有法可依。最后，通过建立国际化的司法机制来实施和保障"一带一路"和国际产能合作。"一带一路"和国际产能合作涉及国家和地区众多，若无行之有效的国际司法合作机制，不仅无法妥善解决各种争议，而且不可能为产能合作的开展营造一种公正高效的法治环境。为此，中国应重视与"一带一路"沿线和产能合作国家和地区的司法合作，并借此提升自身司法的国际化水平。

按照"霸权稳定论"的观点，在国际关系中保持大国地位既离不开大国的"实力"，也有赖于大国的"声誉"。由此，"国际经济法律制度一经建立，即使其中的一些规则对自己不利，霸权国也应从自身的整体利益或长远利益出发而选择遵守这些法律规则；如若霸权国不能在守法上以身作则，其声誉将会严重受损"。② 国际关系理论研究还表明，建立良好的国际声誉是大国发展的重要途径，是实现大国崛起的重要环节。在评估国家的国际声誉时，对该国履约程度的考察是一个重要内容，也就是说，一国对自己所作的国际承诺包括国际法律义务的履行程度如何，直接关系到国际社会对该国的好恶认知，从而与该国的国际形象与声誉直接挂钩。国际

---

① 2015年6月6日，中国和匈牙利签署了共同推进"一带一路"建设的谅解备忘录，匈牙利成为与中国签署"一带一路"合作文件的第一个欧洲国家。
② 徐崇利：《中国的国家定位与应对WTO的基本战略——国际关系理论与国际法学科交叉之分析》，《现代法学》2006年第6期，第5页。

承诺的履行可能是一个长期、连续的过程,例如作为常设性国际组织的成员国或永久性国际条约的当事国,需要这些国家持之以恒地付出辛苦努力和一定代价,才能让该国际组织得以良好运作,该国际条约得以持续履行。作为负责任的大国,中国对自己拥有的良好声誉一直都非常珍视,这也是中国得以和平发展和持续壮大的一个重要因素。"一带一路"和国际产能合作将是一个漫长的过程,中国随之进行的国际身份的调整也将是一个漫长的过程,必然要遭遇很多的艰难险阻,也必然要付出相当大的代价,在短期内可能不会有丰厚的回报,但既然中国在《产能合作指导意见》中提出了"深化我国与有关国家的互利合作,促进当地经济和社会发展""实现互利共赢、共同发展"等愿景,就应竭尽所能实现这些愿景,这是中国维护和提升自身国际形象和声誉的必然选择,也是推动"一带一路"和国际产能合作顺利进行的必由之路。

就"一带一路"背景下的对非产能合作而言,中国作为一个正引领全球共同发展的新兴世界大国,在促进中非关系发展上有重大的利害关系,因此中国运用其拥有的权力和资源,积极倡导、组织非洲国家与中国开展各项事务的交流与合作,尤其是经济、社会、文化等事务,从而切实发挥一个新兴世界大国的应有作用,这有利于促进非洲国家的和平、发展与繁荣。中国开展对非产能合作,体现了作为一个正促进全球共同发展的新兴世界大国对中非重大事务的引领、协调和组织作用,表明中国在促进非洲经济增长以及建立国际经济新秩序方面所作出的卓越努力。但另一方面,非洲国家都是独立主权国家,在中非产能合作中,中国虽然可以起主导作用,但离开了非洲国家的支持与合作,产能合作只能是中国的独角戏,不能有效建立和实施。因此,中国在开展对非产能合作时,包括在利用现有的一些机制和创设包括法律机制在内的一些新机制时,都应尊重非洲国家的意愿,与其协商与合作,同时对自己所作的承诺、许下的愿景,应尽己所能地实现,从而提升中国在非洲的"软实力",推动中非产能合作更快、更好地进行。

二 从"利益论"看推进中非产能合作的策略:中国的举措

国际关系理论中的新自由主义主张"利益论"。这种理论认为,跟政治利益一样,经济利益也是国家利益的重要构成,也是国家安全的重要保证,而且在当下相互依赖的国际环境中,经济合作已经成为国际关系的主流,因此,国家利益应从新现实主义所主张的"权力利益"向"合作利益"转变,即从以权力斗争谋求自身利益转变为以经济合作追求互利共赢。而"一旦经济利益成为国家利益内涵的重要组成部分,各国对经济相互依赖所要求的国际经济立法的态度变得明确,即制定符合世界市场统一趋势的国际经济规则成为各国欲求之目标"。①

具体而言,截至 2017 年底,全球国际投资协定的数量比 2016 年新增 18 个,达到 3322 个,其中双边投资条约 2946 个,其他国际投资协定 376 个。② 此外,截至目前,作为全球最大国际经济组织的 WTO 的成员已经达到 164 个,涵盖了世界上各主要经济体。③ 中国作为发展中大国,有与其他国家开展务实合作、参加国际经济组织和参与国际经济规则制定的强烈意愿,在《"一带一路"愿景与行动》和《产能合作指导意见》中,中国都表达了这种意愿。实际上,中国不仅意愿强烈,而且行动迅速有效。目前,我国已累计与别国建立了 160 多个双边经贸合作机制,签订了 150 多个双边投资协定,与美、欧、日、英、俄等均建立了经济高层对话。已签署 17 个自贸协定,涉及 25 个国家和地区。④ 在推动多哈回合谈判和贸易自由化的进程中发挥了建设性作用。与 APEC、"10 + 1"、"10 + 3"、中非合作论坛等区域经济合作机制的合作日益深化。我国还坚持"与邻为善、以邻为伴"方针,与周边国家和地区建立和发展了多种形式的边境经济贸易合作。中国的这些举措,为开展"一带一路"和国际产能合作打下了坚实的国际法基础和国际合作基础。

国际关系理论中的博弈论研究表明,相较于安全领域,各国在经济领域更可能开展合作,因为在经济合作中各国主要关心的是本国可得收益的总量即绝对收益,对此各国的合作意愿更大;而在安全领域,各国对本国的相对收益算计更多,即相对于他国,本国收益的多少,因此在安全领域进行合作往往更难。博弈论的研究还表明,如果各国因合作产生的绝对收益越大,那么它们就会减少对相对收益的关注,由此开展合作的机会就会

---

① 刘志云:《国家利益观念的演进与二战后国际经济法的发展》,《当代法学》2007 年第 1 期,第 87 页。
② 参见 United Nations Conference on Trade and Development(UNCTAD), *World Investment Report 2018*, p.88。
③ 参见 https://www.wto.org/english/thewto_e/whatis_e/tif_e/org6_e.htm,最后访问日期:2019 年 3 月 17 日。
④ 参见 http://fta.mofcom.gov.cn/,最后访问日期:2019 年 11 月 10 日。

增大。根据博弈论的这些原理，中国经济的快速发展对目前的国际经济格局已经形成了一定冲击，并且已经引起了一些国家的担忧。但是，如果中国能够采取一些举措与其他国家进行合作，将一部分利益让与其他国家，在发展自己的同时实现与其他国家的互利共赢，那么就会缓解甚至消除这些担忧，从而营造一个和平稳定的国际经贸环境，而这反过来会给中国和其他国家产生持续的、大量绝对收益。因此，在中国对外国际经济合作中，对长期的绝对收益的注重应当胜过短期的相对收益。就"一带一路"和国际产能合作而言，中国所着眼的都是开展合作所可能产生的绝对收益，而且中国关注的不仅是自身的收益，也是合作各国的收益，也就是说中国所欲实现的不仅是自身的发展，也是合作各国的共同发展，这体现了中国作为负责任新兴世界大国的长远眼光和宽广胸襟。

根据新自由主义的观点，在全球化的世界中，一国经济的发展离不开与他国的互利合作。在中国开展"一带一路"建设和国际产能合作过程中，与相关国家能否开展有效合作，能否产生"合作利益"，实现互利共赢，直接关系到国际产能合作的实效甚至成败。为此，中国应下好互利合作这盘大棋。首先是"一带一路"和国际产能互利合作的基础与环境。互利合作的物质基础是推进形成"一带一路"和国际产能合作的基础设施、产业和市场，促进广泛的互联互通，推进贸易投资自由化和便利化，订立有利于共同发展的人员、信息、资金移动和贸易投资的新规则；互利合作的心理基础是做好政策宣传、争取民心工作，根据"一带一路"和产能合作对方国家和地区，特别是欠发达国家与地区，渴望通过与中国开展产能合作改善积贫积弱状况的心理需要，积极宣传与中国开展"一带一路"和产能合作是一条通往富庶和繁荣之路，做好政策宣传和舆论导向工作，并在人员、文化和教育交流等方面加大投入，培养"一带一路"和国际产能合作国家和地区的对华友好力量。通过夯实互利合作的物质和心理基础，为"一带一路"和国际产能合作建设营造良好的互利合作环境。同时，如上所述，这种互利合作环境也包括了通过行之有效的国际司法合作机制为"一带一路"和国际产能合作营造一种公正高效的法治环境。

其次是"一带一路"建设和国际产能合作的主体、方式和对象。"一带一路"建设和国际产能合作都以经贸为核心，以经贸合作为主轴，因此"一带一路"建设和国际产能合作的主体是企业，为此中国应积极引导本国企业特别是民营企业的参与，将以往以商品输出为主的经贸形式升级为以实体经济存在为中心,同时改善中国企业的经营方法,注重社会责任投资,加强可持续发展投资,这既有利于树立中国企业在"一带一路"和产能合作对象国的良好形象,也有助于增强沿线发展中国家和地区自身的发展能力,并降低这些国家和地区的疑虑,增强对与中国开展"一带一路"建设和产能合作的信心和支持。此外,互利共赢、和谐包容应是开展"一带一路"建设和国际产能合作应遵循的基本原则,因此"一带一路"建设和国际产能合作具有很强的开放包容性,其互利合作的空间范围非常大,互利合作的国家和地区非常多,近期开展国际产能合作以亚洲周边国家和非洲国家为主要方向,但世界上任何一个想与中国开展产能合作的国家和地区都可以被纳入,这一方面更能体现国际产能合作的开放包容性,另一方面能够更好地推进国际产能合作,实现与更多国家和地区的互利共赢。

再次是"一带一路"建设和国际产能合作的重大示范项目。一方面,做大做强"一带一路"和国际产能合作的重大示范项目。这些项目通常位于"一带一路"和国际产能合作重要国家、节点或位置上,属于示范型项目。《产能合作指导意见》指出:"力争到2020年,与重点国家产能合作机制基本建立,一批重点产能合作项目取得明显进展,形成若干境外产能合作示范基地。"做好这些项目将具有很好的示范作用和带动作用,能够以点带面,推动沿线其他项目的建设。另一方面,这些重大示范项目往往能够与沿线国自己的国家政策相对接。这就表明,"一带一路"和国际产能合作重大示范项目的设计和建设并不是中国单方面的部署与安排,而是考虑了对方国家的发展需要,中国在这方面也强调和追求互利共赢。

最后是"一带一路"建设和国际产能合作的阶段和步骤。开展"一带一路"建设和国际产能合作是一个长期过程,因此要分阶段、有重点、有步骤地进行。按照我国的规划部署,国际产能合作作为"一带一路"的重要抓手,近中期的建设重点和目标是加快同周边国家和非洲国家产能合作,特别是以哈萨克斯坦、印度尼西亚、马来西亚等周边重点国家为"主轴",以非洲、中东和欧洲中东部重点国家为"西翼",巴西、秘鲁等拉美重点国家为"东翼"来开展国际产能合作。[①] 在远期,则是要将所有愿

---

① 《国际产能合作"十三五"规划成型》,http://news.xinhuanet.com/fortune/2016-10/26/c_129337897.htm,最后访问日期:2018年2月2日。

意开展产能合作的世界各国都纳入进来,形成一个覆盖全世界的、超大型的国际产能合作网络。

"一带一路"建设和开展国际产能合作必须建立在互利合作的基础上,既是根据新自由主义观点得出的一个必然结论,又是国际法的一项基本要求。《联合国宪章》将"促成国际合作"作为联合国的一些基本宗旨,并在第九章专章规定了"国际经济及社会合作"以实现这一宗旨。① 《1970年国际法原则宣言》和1974年《各国经济权利和义务宪章》则进一步将"国际合作"规定为国家的一项义务和责任,并特别强调了国际合作的基本范围,即"一切国家都有责任在公平互利的基础上,在经济、社会、文化、科学和技术等各种领域中通力合作,以促进整个世界尤其是发展中国家的经济发展和社会进步"。② 与上述国际法律文件从多边关系和联合国的角度出发不同,中国积极倡导的和平共处五项原则主要从双边关系的角度出发,提出建立国际友好关系和互利合作的国际法基本原则。③ 和平共处五项原则是中国同世界各国发展友好合作、实现互利共赢的基础。④ 因此,中国建设"一带一路"和开展国际产能合作必须坚持互利合作,这是《联合国宪章》等重要国际法律文件同时是中国自己倡导的和平共处五项原则的要求,而且鉴于与中国共建"一带一路"和开展产能合作的国家与地区,大多数是发展中国家与地区,中国与它们携手开展产能合作,必然将推动这些国家和地区的经济发展与社会进步,实现《1970年国际法原则宣言》和1974年《各国经济权利和义务宪章》所强调的"促进整个世界尤其是发展中国家的经济发展和社会进步"的目标。

非洲作为当前中国开展国际产能合作的主要方向之一,中非双方应下好互利合作这盘大棋。首先是要为双方开展产能合作提供良好的基础与环境,特别是推动非洲国家基础设施的建设和做好政策宣传、争取民心工作。其次,中非产能合作的主体是企业,"将与以往主要由中国大型国企投资于非洲的能源矿业领域并承接大型基础设施建设项目形成有益补充的

---

① 《联合国宪章》第1条第3款规定了联合国的宗旨之一是"促成国际合作,以解决国际间属于经济、社会、文化及人类福利性质之国际问题,且不分种族、性别、语言或宗教,增进并激励对于全体人类之人权及基本自由之尊重"。
② 陈安主编《国际经济法学》(第5版),北京大学出版社,2011,第117页。
③ 邵沙平主编《国际法》(第2版),中国人民大学出版社,2010,第88~89页。
④ 习近平:《弘扬和平共处五项原则、建设合作共赢美好世界——在和平共处五项原则发表60周年纪念大会上的讲话》,《人民日报》2014年6月29日,第2版。

是，未来中非产能合作的大军中将出现更多中国私营企业的身影。特别是中国私营企业在轻工业领域的丰富生产经验和较高技术水平将使其成为中国轻工业'走出去'的主要力量"。[1] 为此，除了中国政府要引导本国企业特别是民营企业的参与，中国企业自己也要改善经营方法，加强社会责任和守法意识，加强可持续发展投资。再次，要做好中非产能合作的示范乃至旗舰项目。"引领中非合作的旗舰项目将更多是跨国、跨地区的非洲大型基础设施建设项目以及带动非洲制造业发展的工业化项目。"[2] 最后，中国在非洲开展产能合作也要分阶段、有步骤地进行。当前开展中非产能合作的主要是中国根据区位条件、资源禀赋、政局稳定、投资环境和与中国关系等确立的一些非洲国家，以及与中国签订有产能合作框架协议的非洲国家，以后会有更多非洲国家将被纳入进来。

三 从"观念论"看推进中非产能合作的策略：中国的观念

以温特为代表的建构主义者强调"观念论"。他们反对"利益建构权力""权力的作用主要是由单纯的物质力量构成"等观点，而是主张"权力主要是由观念和文化情景建构的"以及"观念建构利益"，[3] 因此，权力和利益在很大程度上是由"观念"或"（身份）认同"构建的，而不是主要由物质条件决定的。"建构主义也承认权力和物质利益的重要性，但它将注意力集中在文化、观念、习俗、论说和社会规范等在形成身份和影响行为方面的作用。"[4] 依此观点，国家观念等非物质因素在确定国家身份、影响国家行为和实现国家利益等方面具有决定性作用。显然，建构主义过于抬高国家观念的地位和作用，但不可否认它也有合理的地方。国内有学者曾经就建构主义对中国应对WTO的启示意义指出："在国际经济法律关系中，中国要有效地发挥一个大国的作用和无偏差地判断本国的国家利益，必须将

---

[1] 贺文萍：《中非产能合作助推非洲工业化和经济一体化》，http://world.people.com.cn/n/2015/1205/c1002-27893263.html，最后访问日期：2018年3月15日。

[2] 贺文萍：《中非产能合作助推非洲工业化和经济一体化》，http://world.people.com.cn/n/2015/1205/c1002-27893263.html，最后访问日期：2018年3月15日。

[3] 〔美〕亚历山大·温特：《国际政治的社会理论》，秦亚青译，上海人民出版社，2000，第98~131页。

[4] Jutta Brunnee and Stephen J. Toope, "Constructivism and International Law", Jeffrey L. Dunoff and Mark A. Pollack, eds., *Interdisciplinary Perspectives on International Law and International Relations: The State of the Art*, Cambridge University Press, 2012, p. 121.

确当的国家定位转化为自身的观念。"① 不仅如此,建构主义思想对于目前国际身份处于重大调整时期的中国参与国际经济事务也有重大的启示意义。"建构主义思想在解释角色、机构和社会结构的构成及其在重要时期的变化方面特别有说服力。"② 中国目前的基本定位仍然是负责任的发展中大国,但由于中国的国际身份正向一个引领全球发展的新兴世界大国转变,所以中国不仅应将发展中国家的定位而且应将全球性大国的身份转化为自己的观念,以此来规划国家战略,指导国家行动,确定和实现国家利益。

具体而言,负责任的发展中大国的基本定位和向引领全球共同发展的新兴世界大国身份的转变,要求中国秉持正确的义利观和共同体意识。近代以来,西方国家倡导的从国家利益出发探讨国际关系,已经成为西方国际关系理论的主流,"国家利益至上"被视为国际关系的恒久法则,大国博弈、国强必霸似乎已成为国际关系史的基本规律。然而,中国的国家定位和国际身份调整决定了中国不能以"利益至上"作为国家理念,而是应坚持先义后利、重义轻利、共同发展的正确义利观。一方面,中国仍然是发展中国家,与其他发展中国家既有作为殖民地或半殖民地的相同历史遭遇,又有发展本国经济实现民族振兴的相同历史使命,因此中国与广大发展中国家"同呼吸、共命运",正确的义利观"强调了中国是发展中国家这一基本身份定位"。③ 另一方面,中国作为新兴世界大国,要引领全球共同发展,如果坚持"利益至上",则必然"失道寡助",无法发挥引领作用。为此,也必须坚持正确的义利观。也就是说,中国在引领全球共同发展进程中也应重义轻利、先义后利,在追求本国利益时兼顾他国的合理关切,特别是要多向发展中国家提供力所能及的帮助。不仅如此,正确的义利观还要求中国涵养正当的大国义务观。在国际社会中,为了促使大国利用其强大的行动力和影响力解决国际社会中的一些重大问题,同时为了让大国保护其较之他国所拥有的更多利益,国际法赋予了大国才享有的一些特权,如大国在联合国安理会和国际法院的固定席位等。但是,根据权

---

① 徐崇利:《中国的国家定位与应对WTO的基本战略——国际关系理论与国际法学科交叉之分析》,《现代法学》2006年第6期,第9页。
② John G. Ruggie, "Continuity and Transformation in the World Polity: Toward a Neorealist Synthesis", in Robert O. Keohane, ed., *Neorealism and its Critics*, Columbia University Press, p. 138.
③ 秦亚青:《正确义利观:新时期中国外交的理念创新和实践原则》,《求是》2014年第12期,第55页。

利与义务相对应的基本法理，大国在享受特权的同时，应承担特殊的义务。大国承担特殊的义务，既来源于"大国对自己国家身份的道德认知，即作为大国本身就应该对国际社会或其他国家负有特殊义务"，又有"坚实、持久的利益依据"，特别是"在全球化背景下，大国的繁荣与安全与其他国家，甚至一个弹丸小国都可能是紧密联系的"。[①] 中国在国际身份转型的过程中，既要主张和维护作为大国应有的特权和利益，又应承担和履行适当的责任与义务，不能忽视或否定他国的权利与利益以及国际公共利益。

除了正确的义利观，中国还应秉持共同体理念。2011年《中国的和平发展》白皮书提出，要以"命运共同体"的新视角，寻求人类共同利益和共同价值的新内涵。此后，中国在各种双边与多边关系层面上多次提出要坚持共同体意识。例如，中国提出要打造和坚持中国—东盟命运共同体、中国—中亚利益共同体、中国同周边国家命运共同体、中非（洲）命运共同体、中阿（拉伯）命运共同体、亚太命运共同体、亚洲和世界命运共同体。[②] 中国主张的共同体意识是对正确义利观的升华，它超越了国家之间的眼前利益和具体利益，着眼于世界各国人民的长远利益和根本利益，强调国家作为国际社会成员的集体身份，其利益是相互交融的，其命运是休戚与共的，因此世界各国应同舟共济、合作共赢，为此国家之间应相互尊重主权与领土完整和政治、经济、社会制度以及意识形态和价值观，应当认可各自所处的发展阶段和发展任务，经济发达的国家有责任帮助和带动经济落后的国家和地区发展，从而实现共同发展。中国从原先强调"和平发展"理念发展为打造共同体意识，在发展理念上提升了精神层次，而且和当前中国国际身份的调整相契合。中国作为国际社会的一员，本就与世界各国命运与共，因此在向引领全球共同发展的新兴世界大国的身份转变过程中，中国更需要秉持共同体意识。

《产能合作指导意见》中指出，中国要"践行正确义利观，充分考虑所在国国情和实际需求，注重与当地政府和企业互利合作，创造良好的经济和社会效益，实现互利共赢、共同发展"。这表明，中国作为正在进行国际身份调整的负责任大国，在建设以国际产能合作为重要抓手的"一带

[①] 蔡从燕：《国际法上的大国问题》，《法学研究》2012年第6期，第200页。
[②] 参见《习近平谈治国理政》，外文出版社，2014，第295、289、299、305、316、350、330页。

一路"时仍然牢牢树立了正确的义利观和共同体意识,准确判断了中国的国家利益,并正确处理了中国国家权利与利益和他国权利与利益、全球共同利益的关系,依此指导中国在开展"一带一路"建设和国际产能合作中的具体行动,包括处理与非洲国家的关系、与现有相关国际机制的关系,以及主导新国际机制的建设与发展。

首先,中国是发展中国家,同开展"一带一路"共建和国际产能合作的众多伙伴国家和地区有共同的发展任务,中国提出共建"一带一路"和开展国际产能合作,是中国和包括非洲国家在内的广大发展中国家共同的发展机遇和发展战略,因此不仅中国,包括非洲国家在内的广大发展中国家也应树立利益共同体、命运共同体和责任共同体意识,牢牢把握这次发展机遇,将本国和本地区的发展战略与"一带一路"和国际产能合作相对接。

其次,中国是一个正积极引领全球共同发展的新兴世界大国,因而中国秉持的义利观要求中国在开展"一带一路"建设和国际产能合作过程中,对非洲等发展中国家和地区要义字当头,先义后利,多给它们提供力所能及的帮助;对发达国家和地区则要义利兼顾,即在实现自身发展的同时兼顾它们的合理关切,实现利与义的平衡。同时,中国的义利观和共同体意识,要求中国在开展"一带一路"建设和国际产能合作过程中,在发生中国的权利与利益和非洲等发展中国家和地区的权利与利益或世界各国人民的长远利益和根本利益相抵触时,应当果断地放弃自己的一部分非核心权利与利益。

再次,在开展"一带一路"建设和国际产能合作过程中,中国作为建设者的集体身份和秉持的共同体意识,要求中国正确处理与现有国际机制的关系,并积极主导新机制的建设。如上所述,中国目前希望充分利用现有的国际机制,对此应对这些国际机制及其成员国不断强化共同体意识,积极引导这些机制在职能和发展战略与行动等方面与"一带一路"和国际产能合作进行对接,为其注入新的内涵和活力。同时,中国要积极主导包括法律机制在内的各种新国际机制的建设和发展。在中非产能合作中,中国在建立新国际机制时,一方面要与已有机制相协调,另一方面要充分考虑非洲国家的利益与关切。

最后,在开展"一带一路"建设和国际产能合作过程中,中国作为积极引领全球共同发展的新兴世界大国,不仅应严格遵守国际法,而且在创设新的国际法规则中应当发挥积极作用。在处理国际关系时，中国仍应以《联合国宪章》与和平共处五项原则为基础，坚持国家主权平等原则，不干涉别国内政，主张以和平方法解决国际争议，通过平等合作实现国家间的互利共赢、和平共处。在开展"一带一路"建设和国际产能合作时，中国当然也应严格遵守上述国际法和国际关系准则，尊重包括非洲国家在内的各合作国的政治制度和发展道路，借此进一步提升中国在开展"一带一路"建设和国际产能合作国家和地区的正面形象和良好声誉，这也有助于"一带一路"建设和国际产能合作的顺利开展，特别是当前中国在非洲投资污名化现象仍比较严重的情形下，中国更应该恪守《联合国宪章》与和平共处五项原则，在对非开展产能合作时尊重非洲国家的主权和意愿，不干涉它们的内政。同时，中国作为"一带一路"和国际产能合作的倡导者和主要建设者，应积极参与"一带一路"和国际产能合作相关国际法律制度特别是国际经济法律制度的创制与实施，而一个更加公正合理的国际经济法律秩序将加速"一带一路"和国际产能合作的开展和中国国际身份的转型。

四 从"秩序与正义论"看推进中非产能合作的策略：中国的目标

秩序与正义在任何时代和任何社会都是两个核心价值，它们是对立统一的关系：一般情况下，秩序优先于正义，没有基本秩序，正义无从谈起；然而正义也很重要，没有正义，秩序不能保持恒久稳定，而且在一些特别情况下正义也可以优先于秩序。鉴于其重要性，秩序和正义受到了国际关系各理论派别的高度关注。

正义有多种形式，包括形式正义与实质正义、普遍正义与特殊正义、交换正义与分配正义等。其中，交换正义强调过程与互惠，主张所有国家适用同样的国际规则；而分配正义则强调结果与差别，主张同等的利益应进行平等分配，穷国和弱国应得到特殊对待。当代理想主义国际关系理论强调"分配正义"，主张一种更公平合理的国际秩序，其代表人物查尔斯·贝兹（Charles Beitz）在罗尔斯分配正义理论的基础上，提出了全球资源再分配原则。他主张，鉴于自然资源全球分配极不均衡的事实，应当本着人道主义和公平原则，在全球范围内对自然资源重新进行分配。[1] 与理

---

[1] Charles Beitz, *Political Theory and International Relations*, Princeton University Press, 1979, p. 142.

想主义者拥护分配正义不同,新旧现实主义者对分配正义持怀疑或否定态度,他们强调在一个无政府的国际体系中,国家只能依靠自助原则,权力是国家利益的基本保证,因此必须以"权力"代替"正义",建立一种基于实力基础上的国际秩序。而新自由主义介于上述二者之间,它虽然也强调正义的重要性,但是它更强调"交换正义",它对国际正义和秩序的要求比分配正义要低。国际社会学派则把注意力首先集中于促进与维持国际秩序,认为维持国家间秩序的责任属于大国,但也关注正义问题,主张"交换正义是国际正义的主要形式,但分配正义的问题在国际议程上的重要性也在日益上升"。[①]

　　国际分配正义事关南北利益格局,"显然,在发达国家和跨国资本利益占主导地位的国际体系与国际秩序背景下,要建立超国家的权威或相应的国际机制来促进国际分配正义的实现,几乎是不可能的"。为了改变这种局面,新兴大国应承担起历史责任,"为国际社会带来新的价值理念,为促进分配正义、推动秩序改良做出积极贡献"。[②] 中国的"一带一路"倡议和作为其重要抓手与平台的国际产能合作规划就体现了中国作为新兴世界大国的这种历史责任与抱负。一方面,它们顺应了"世界多极化、经济全球化、文化多样化、社会信息化的潮流,秉持开放的区域合作精神","致力于维护全球自由贸易体系和开放性世界经济"等现有国际经济与贸易的基本格局。另一方面,它们通过对"国际合作以及全球治理新模式的积极探索",要"打造政治互信、经济融合、文化包容的利益共同体、命运共同体和责任共同体",并要"促进贸易平衡""消除投资壁垒""优化产业链分工布局",而且还要"加强双边合作""强化多边合作机制作用"等,从而实现"优势互补、互利共赢""共创美好未来"的目标。[③] 这些举措、目标与愿景,无疑表明了中国作为新兴大国对改变目前尚不公平合理的国际经济秩序和促进国际分配正义的强烈意愿。

　　国际产能合作也响应了国际法对建设国际经济新秩序的强烈呼吁与关

---

① 〔加拿大〕罗伯特·杰克逊、〔丹麦〕乔格·索伦森:《国外经典政治学教材:国际关系学理论与方法》(第4版),吴勇等译,中国人民大学出版社,2012,第137~138页。
② 石斌:《秩序转型、国际分配正义与新兴大国的历史责任》,《世界经济与政治》2010年第12期,第89页。
③ 参见《推动共建丝绸之路经济带和21世纪海上丝绸之路的愿景与行动》中的"时代背景""框架思路""合作机制"等部分。

注。1974年，联合国大会相继通过了《建立新的国际经济秩序宣言》、《建立新的国际经济秩序的行动纲领》和《各国经济权利与义务宪章》三个国际法律文件。这些文件，是国际社会为建立公平合理的国际经济秩序所做的有益尝试，表明国际社会对建立公平合理的国际经济秩序的强烈愿望。此外，《WTO协定》序言规定："进一步认识到需要作出积极努力，以保证发展中国家特别是其中最不发达国家，在国际贸易增长中享有一个与其经济发展需要相适应的份额。"作为世界上最大的经济组织，WTO意识到国际经济秩序中也存在不合理的方面，因此有必要进行改良。中国国际产能合作所提出的各项举措、目标与愿景，积极响应了国际法的这些呼吁与关注。

根据"修正结构现实主义"理论，有些发展中国家倾向于采用"变位权力行为"，积极努力改变目前不合理的国际经济秩序；而有些发展中国家则更愿意采用"联系权力行为"，即不寻求改变现有的国际经济秩序，只追求自身利益的最大化。因此，发展中国家对现有国际经济秩序存在不同追求。而发达国家则是现有国际经济秩序的积极捍卫者。这些情况表明，无论是发展中国家还是发达国家，对中国发展壮大进而改变国际经济秩序中不合理地方的努力都保持着一定的警惕、担忧甚至反对。为了缓解国际社会的这些疑虑，中国提出了"和平发展"的应对战略。同样，在开展国际产能合作时，由于现有的一些成熟可靠的国际机制可资利用，所以中国应长期、逐步运用"变位权力行为"，循序渐进地改变国际经济秩序中不合理的地方。

在促进国际分配正义、推动国际经济秩序改良方面，"由于发达国家的改革动力不足，而多数发展中国家的能力不够，在与分配正义有关的许多具体领域，新兴大国必须发挥积极作用"。[①] 在开展"一带一路"和国际产能合作中，首先，中国不仅应加大对发展中国家和地区的援助，而且应提高援助的效率和公正性，在积极做好"一带一路"和国际产能合作促进贸易平衡、消除投资壁垒、拓展相互投资领域、推动新兴产业合作、优化产业链分工布局，做好资源与财富转移的同时，更应促进开展合作的发展中国家的发展能力建设，从而推动其解决国内的各项政治、经济、社会

---

① 石斌：《秩序转型、国际分配正义与新兴大国的历史责任》，《世界经济与政治》2010年第12期，第93页。

等问题，为推进"一带一路"和国际产能合作营造和谐稳定的环境。其次，在"一带一路"建设和国际产能合作的责任分担包括国际产能的绿色转移等方面，中国应主动承担更多的责任，对发展中国家予以适当倾斜与照顾，以提高其发展起点，提高其竞争能力。再次，在"一带一路"建设和国际产能合作相关机制与规则的制定与实施上，应扩大发展中国家的决策参与权，以充分反映它们的利益诉求。最后，对"一带一路"和国际产能合作中发达国家与发展中国家存在不同利益需求的问题，中国作为新兴世界大国应适当发挥一种平衡稳定的作用，在确保各国都有绝对收益的前提下，努力实现其相对收益分配的均衡，从而实现国际分配正义。

在中非产能合作中，中国也应以改造国际经济旧秩序和促进国际分配正义为目标。和其他大洲相比，从 GDP 和各项经济、社会指标来衡量，非洲的发展程度还相对落后。由于大多数非洲国家尚处在工业化起步阶段，很多国家长期以来只能依靠自然资源输出，处于全球产业链的底端，而受全球资源价格下跌的影响，这些非洲国家的宏观经济波动很大、经济发展水平降低，接踵而来的则是贫困、饥荒、腐败等一系列问题，从而遭遇所谓"资源诅咒"。为了摆脱非洲在全球产业链中的不利地位，非盟于 2013 年制定了《2063 年议程》，指出非洲未来 50 年的发展规划是以实现基础设施互联互通和非洲工业化为目标。在 2015 年 12 月的中非合作论坛约翰内斯堡峰会上，中国国家领导人表示，中方愿在未来 3 年同非方重点实施"十大合作计划"，着力支持非洲加快工业化和农业现代化进程，实现自主可持续发展。中国开展对非产能合作，可以把长期以来在工业化方面积累的丰富经验、成熟适用的技术和性价比很高的装备推广到非洲，从而助推非洲工业化进程。非洲如果能实现工业化，那将非常有助于公平合理国际经济新秩序的建立，促进国际分配正义的实现。非洲工业化问题不是一个独立的问题，而是非洲系统性问题中的一个方面，因此中国助推非洲实现工业化，应采用多种手段并举的方法。为此中国提出"中非十大合作计划"，即除了中非工业化合作计划之外，还有中非农业现代化合作计划、中非基础设施合作计划、中非金融合作计划、中非绿色发展合作计划、中非贸易和投资便利化合作计划、中非减贫惠民合作计划、中非公共卫生合作计划、中非人文合作计划、中非和平与安全合作计划。为确保"十大合作计划"的顺利实施，中国还决定提供总额 600 亿美元的资金支持。它表明，在中非合作，包括中非产能合作中，中国承担了更多的责任，在政策和具体措施上对非洲国家给予了倾斜与照顾，以提高其发展起点，提高其竞争能力。

为了促进国际分配正义、推动国际经济秩序改良，中国在对非开展产能合作的同时，应加大对非洲国家的援助，而且更重要的是，应改进援助的方式、提高援助的效率。长期以来，很多西方国家虽然对非洲提供了大规模援助，但这些援助往往并不恰当。对此，曾任高盛经济师和世界银行非洲专家的赞比亚学者丹碧莎·莫友（Dambisa Moyo）在其《无用的援助》一书中指出：长期的援助造成非洲国家不堪重负的债务，通货膨胀加剧，欠缺对汇率市场异常动荡的抵御能力，也无法吸引高质量的投资，因此"西方援助害了非洲"，"援助实际上是政治、经济和人道主义的灾难"。而之所以会造成这种结果，其主要原因是，西方对非洲的援助是不设时限的、缺乏具体目标的、给穷人平分的救济。这样做能使穷人的状况在短期内有所改变，但无法从长期目标上使整个国家脱贫和现代化。[①] 经过30多年的扶贫攻坚实践，中国已经积累了丰富的经验，并总结提炼创新出精准扶贫方略。对此，习近平主席指出："现在，中国在扶贫攻坚工作中采取的重要举措，就是实施精准扶贫方略，找到'贫根'，对症下药，靶向治疗。"[②] 中国在扶贫方面的成功实践、模式与方略，为非洲减贫贡献了中国智慧、中国方案，给非洲扶贫减贫带来了新的理念、新的希望，为非洲减贫事业注入了新活力。德国全球与区域研究所主任罗伯特·卡佩尔说："在某种程度上，非洲和中国很类似，国土面积大、复杂多样，比起西方国家，中国的减贫做法和经验对非洲的借鉴意义可能更大。"南非著名政治评论家、《贫穷的设计师》一书的作者莫列齐·姆贝基说，中国扶贫是"正确的发展模式"，是"撒哈拉沙漠以南非洲可以从过去25年发生在中国的农业改革中学到的重要经验"。[③] 中国的精准扶贫方略对中国开展对非援助也有很强的启示意义，中国对非援助也应实施精准援助方

[①] 《不恰当的扶贫方式令非洲更贫穷》，http://news.china.com/2016lh/news/11176754/20160304/21683956_all.html，最后访问日期：2018年5月10日。

[②] 《精准扶贫先找准"贫根"》，http://news.xinhuanet.com/politics/2016-09/28/c_129304523.htm，最后访问日期：2018年5月10日。

[③] 《不恰当的扶贫方式令非洲更贫穷》，http://news.china.com/2016lh/news/11176754/20160304/21683956_all.html，最后访问日期：2018年5月10日。

略,在立足于帮助整个非洲实现脱贫和现代化的长远目标下,针对不同非洲区域、非洲国家需要援助的具体状况,运用科学有效程序对援助对象实施精确识别、精确援助和精确管理。

综上,从国际关系理论与国际法学的跨学科视角,对"一带一路"背景下的国际产能合作进行解读,可以发现其既与一些传统或新兴的国际关系理论相契合,也与《联合国宪章》等重要国际法律文件的精神或规定相一致,因此具有深厚的国际关系理论与国际法理基础。随着"一带一路"倡议及"亚投行""国际产能合作"等配套平台或机制的实施,中国的国际身份出现了调整,开始向一个积极引领全球共同发展的新兴世界大国转变。在立足于这一身份调整的基础上,根据国际关系理论中的"权力论"、"利益论"、"观念论"和"正义与秩序论",并结合相关国际法文件与理论,可以发现,中国在实施国际产能合作,包括对非产能合作过程中应重点把握好作用、举措、观念和目标等重大问题。当然,本节中提及的新现实主义学派、新自由主义学派、国际社会学派和建构主义学派等现行国际关系理论各主流学派,其研究领域都非常广泛,有些观点相互交叉,本节只是撷取了其中的部分核心观点,将其分别凝练为"权力论"、"利益论"、"观念论"和"正义与秩序论",作为论证的主要理论工具,并辅之以相关国际法理论与文件,分别对中国在实施包括对非产能合作在内的国际产能合作中的作用、举措、观念和目标等各个"侧面"进行跨学科分析。在这四种理论中,"权力论"和"利益论"是从物质维度,"观念论"是从智识维度,"正义与秩序论"则是从价值维度,对中国推动"一带一路"和国际产能合作的策略进行多维度、全方位把握。相应的,中国的作用和举措是物质因素,其中作用更是前提,举措则既是中国发挥恰当作用的途径,也是推进"一带一路"和国际产能合作的关键;中国的观念则是智识因素,正确义利观和共同体意识是推进"一带一路"和国际产能合作必不可少的理念,也是提升中国软实力的重要手段;中国的目标则是作用、举措、观念所欲实现的重要价值因素,同时是它们的重要保障。这四个方面既各有侧重,又相互作用。

开展包括对非产能合作在内的国际产能合作将是一个漫长的过程,不可能一蹴而就,其间将遭遇包括国际关系问题、国际法问题等在内的诸多问题。但是,只要中国作用得当、举措有力、观念正确、目标坚定,我们就有理由相信,国际产能合作必将得到包括非洲国家在内的世界上众多国家的积极响应与共同推进，并在深化我国与这些国家互利合作的同时，有力促进这些国家的经济和社会发展。

第三节 中非产能合作的法律保障需求

与中非产能合作本身一样，如何有效应对和解决这一合作过程中的诸多挑战与问题也将是一个长期持续、动态发展的过程。与此同时，应对与解决中非产能合作中的各种挑战与问题还将是一个系统性工程，既需要中非双方，又需要各种主体，如国家、国际组织、企业、智库、媒体、非政府组织等的共同参与、谋划和推进。例如，为了抓住中非产能合作的历史性机遇，实现与中国产能的历史性对接，非洲国家和非洲的国际组织应把握大势，从国家和组织发展战略、配套机制、法律制度等方面与中非产能合作相衔接。为此，埃塞俄比亚等非洲国家已经将"工业化"确定为基本国策，非盟在其制定的《2063年议程》及其第一个十年规划中，明确提出重点发展制造业，推进工业化，这些都是非洲顺势而为与中非产能对接的有力举措。中非企业是中非产能合作的主体，中国企业"走出去"到非洲国家开展产能合作，往往需要挑选所在国企业作为合作伙伴，非洲国家的企业为此应与中国企业密切配合，双方都应做好风险评估工作，加强风险防控能力。中非智库、媒体和非政府组织等主体，可以通过各种途径和渠道，积极宣传中非产能合作的历史机遇、中国的发展经验和发展理念，为中国在非存在"去污名化"，促进中非产能合作在非洲的理解、认同与支持；可以在中国和非洲国家组织开展中国各种优势产能的推介会，促进中非产能合作在非洲国家的落地生根，等等。

"国际合作，法律先行"，中非产能合作的开展、中非产能合作中各种挑战与问题的应对与解决、中非产能合作各种规则与制度的构建与完善都离不开一个良好的法治环境。中非产能合作的法治环境是指伴随中非产能合作整个过程（包括从启动、营运到结束的各环节）的各种法律要素、环境和条件的总和。它是中非产能合作环境的重要组成部分，因为中非产能合作环境包括社会要素、经济要素、政治要素和法律要素等。中非产能合作的法治环境是中非间开展长期、持续、有效产能合作的重要依托，是中非产能合作质量和实效的重要体现，也是中国在非开展产能合作时提高自身竞争力、有效应对他国竞争的重要方面。"法治能够以制度维护国际安全,以规范促进国际公正,以共识促进国际发展,有助于人类建立和提升和谐的世界秩序。法治是维护国际社会秩序的有效方式,也是适合全球化时代的治理手段。"[1] 中国在对非开展产能合作过程中,要应对和解决诸多挑战与问题,要缓解和消除合作各方在利益、观念、政策、规范等方面的不确定性,尤其需要相应法治精神和法律制度的引领、推动和保障。

一 中非产能合作需要具体、透明、稳定、可预见的法律规范来保障实施

非洲国家数量众多,经济发展水平整体落后且参差不齐,其国家发展战略、规划等各有不同,这些因素决定了须依据非洲国家不同的实际需求开展多层次、多种形式的中非产能合作。而且,非洲国家的法律制度各异,分别受到大陆法系、英美法系、伊斯兰传统的影响,特别是受英美法律影响的国家,判例繁多,了解产能合作对象国法律运作情况难度较大。中国在非洲开展产能合作需要在遵守非洲国家法律制度和规则的前提下进行,例如,对非洲国家投资法中规定的某些领域或产业的市场准入政策,中资企业必须遵守。

因此,开展中非产能合作,首先需要相应法律规范为中非产能的合作领域、合作机制和合作程序提供基础性的规则,这些法律规范既包括中非双方的国内法,又包括中非双方签订的相关国际条约。就国内法而言,中非双方需要通过立、改、废等多种形式实现其国内法律制度与中非产能合作的升级、衔接,实现产能合作法律制度的具体、透明、稳定和可预见。在这方面,中国已积累了丰富的经验,其在加入WTO前后的立、改、废本国法律以符合WTO规则的活动取得了很大成果。为促进包括中非产能合作在内的国际产能合作的顺利开展,中国一方面应在《产能合作指导意见》及其相关规划的指导下,就对外贸易与投资、外汇、税收、检验检疫、知识产权保护、外国人服务与管理等方面进行相应的立法工作;另一方面,针对非洲国家在立、改、废等立法活动上经验比较欠缺,全国人大等机构可以与其议会建立定期交流与互访机制,通过这一机制,中方可以根据中非产能合作的实际需要,对非洲国家提出一些立、改、废的建议。

---

[1] 何志鹏:《国际法治何以必要——基于实践与理论的阐释》,《当代法学》2014年第2期。

就国际条约而言，它们能够在国际层面为中非产能合作提供具体、透明、稳定、可预见的法律规则。例如，中非间通过签署产能合作框架协议，可为双方在产能合作领域、项目、规划、步骤、政策、机制等方面提供一种制度性安排，并可根据相关非洲国家的实际需要，为其"量身定制"产能合作的具体领域与项目，实现双方产能的科学性、持续性对接与合作。再如，中资企业投资非洲是中非开展产能合作的基本形式，而双边投资条约（BITs）是保护国际投资最重要的国际法机制，因此提升中非 BITs 的数量和质量，尤其是提高中非双边投资条约的保护水平，对于推动中非间产能合作，特别是对促进及保护中国在非投资可发挥重要作用。

二 中非产能合作需要明确的法律规范来协调、平衡、固定合作各方的权利和义务

中国在对非开展产能合作过程中，会存在来自国际、国内诸多势力和因素的干扰。在国际层面，"近年来，发达国家和新兴经济体争相加大对非投资，中国对非经贸合作面临更加激烈的竞争。欧美大型国际承包商积极调整业务布局，对非洲投资兴趣增加；韩国、日本企业在政府的支持下也增加在非洲的活动；俄罗斯和巴西也都表现出对参与非洲区域运输网络的兴趣，中国企业在非洲面临的国际竞争压力增大"。[1]

例如，英法等国家是老牌的殖民主义国家，非洲现在的很多国家都是其前殖民地，英法对它们的影响一直延续至今。为了保持并提升对非影响力，英法十分重视制定对非产能合作战略，例如，英国与一些非洲国家签订了《关于贸易与投资的框架协议》，而且"针对非洲各国出口商品特点、进口市场需求，综合非洲各国的产业发展、资源禀赋等特色，英国制定相应政策以确定不同国别的贸易和投资重点，力争扩大相关领域的合作规模"。[2]

除英法等长期在非有投资业务的老牌竞争对手外，美国近年来也不断加大在非洲的参与。"促进对非贸易和投资增长"是美国非洲战略的四大支柱之一，美国强调"提高非洲的贸易竞争力、鼓励除自然资源外

---

[1] 中华人民共和国商务部：《中国对外投资合作发展报告（2016）》，第 90 页。
[2] 商务部研究院亚洲与非洲研究所：《大国对非洲经贸战略研究》，中国商务出版社，2011，第 86~87 页。

出口多样化，确保增长收益来源广泛化，是美国的利益所在"。美国不断完善和延长《非洲增长与机会法案》，利用美国政府的资源，积极支持美国企业特别是中小企业到非洲去投资经商。① 美国政府于近期通过了三条与非洲相关的法案，鼓励美国企业加大对非投资。其中《更好地利用投资促进发展法案》（Better Utilization of Investments Leading to Development Act，BUILD Act）把目前支持美国企业拓展非洲等新兴市场的开发性金融工具——海外私人投资公司（OPIC）转型升级为美国国际发展金融公司（United States International Development Finance Corporation，USIDFC），并拓展其业务模式，允许其进行股权投资，还将其预算由近300亿美元升至600亿美元。预计未来将在引导美国企业赴非投资方面起到重要作用。中美之间将在电力、电信等基础设施，以及服务业、金融、农业商业化和可再生资源等领域展开激烈的竞争；东南非地区国家将成为竞争的主战场。②

日本近年来也把参与非洲资源开发、抢夺非洲市场作为一项国家战略，试图"扭转日本在参与非洲经济发展中的落后地位"，并"积极加强同中国等国在非洲的争夺"。③ 2016年8月27日，在肯尼亚首都内罗毕举行的日非峰会上，日本首相安倍宣布，今后3年，日本将向非洲的基础设施、医疗、教育等领域再投资300亿美元左右。这不包括2013年日非峰会时，日本许诺的未来五年投资320亿美元。时任坦桑尼亚总统基奎特表示："如果日本将生产基地转移到劳动力成本低于中国和印度的非洲，将获得很多好处。"可以预见，今后随着有更多日本企业进驻非洲，非洲将成为中日企业的重要竞技场。

此外，印度为了提升在非洲的政治、经济影响力并抗衡中国的影响力，近年来也日益重视非洲。2008年4月，印度与非洲国家举办了首届印非峰会，通过了《德里宣言》和《印非合作框架协议》两个纲领性文件。这标志着印度开始全方位推进与非洲国家的合作，打造新型印非战略关系，并将对非洲经贸战略上升到一个新的高度。④ 2016年7月，印度总理莫迪访问莫桑比克、南非、坦桑尼亚和肯尼亚非洲四国，这是印

---

① 刘贵今：《美国非洲战略及其对中国的启示》，《党建》2013年第5期，第63页。
② 参见中华人民共和国商务部《中国对外投资合作发展报告（2018）》，第189页。
③ 苏杭：《角色论争中的中国对非洲直接投资》，科学出版社，2015，第77~78页。
④ 王蕊：《印度对非经贸战略的发展及经验借鉴》，《国际经济合作》2011年第2期，第35页。

度领导人34年来首次造访非洲。有媒体引述专家评论指出：印度总理此次非洲四国行，不仅仅是口头宣示，而是有实际的规划，既包括经济层面，也有战略层面。[①] 因此，中非产能合作在今后也会面临来自印度对非产能合作战略的竞争。

"全球治理视野下，面对全球问题，为避免国家权力的相互倾轧，通过国际合作制定国际规范，建立可预期的国际制度，进而逐步塑造公正、有效的全球化模式是人类社会的可行性途径。"[②] 在上述激烈复杂的竞争环境中，中非产能合作要按照预定的设想和方案有计划、有步骤地顺利开展，就需要以法律形式来协调、平衡、固定合作各方的权利与义务，凭借强制性的法律约束力，既可以增强中非所享有权利的保护力度和所承担义务的遵守与执行力度，又可提高中非双方合作行为与合作利益的稳定性、可预期性和可持续性。

三 中非产能合作需处理和协调各种双边、多边法律机制之间的关系

中非产能合作的法制建设需要在现行各种双边、多边法律机制中进行。"经济的全球化、国际法制的发展已使得现今许多国家都已嵌在众多双边或多边法律机制之中。"[③] 中国与非洲很多国家和非盟等非洲区域性国际组织间已经签署或建立了一系列涉及贸易、投资、减贫等方面的双边、多边协定或合作机制。例如，中国目前已经与33个非洲国家签署了BITs，其中18个已经生效，与18个非洲国家签订了避免双重征税协定，其中12个已生效，与40余个非洲国家建立了双边经贸联委会机制。2014年5月5日，中国国务院总理李克强应邀访问非洲联盟总部期间，中国与非盟共同发表了《中国和非洲联盟加强中非减贫合作纲要》，就中非加强减贫合作达成系列重要共识。除了中非间的这些双边、多边法律合作机制，非洲内部也有自己的双边、多边法律机制。例如，就区域组织而言，除了非盟，非洲还有非洲经济共同体、非洲开发银行、非洲商法协调组织等非洲全区域的国际组织以及东非共同体、西非经济共同体、南部非洲发

---

① 《印度领导人34年来首次造访非洲 外媒：旨在平衡中国影响力》，http://world.huanqiu.com/exclusive/2016-07/9136055.html，最后访问日期：2016年9月2日。
② 赵骏：《全球治理视野下的国际法治与国内法治》，《中国社会科学》2014年第10期，第81页。
③ 石佑启等编著《"一带一路"法律保障机制研究》，人民出版社，2016，第12页。

展共同体、南部非洲关税同盟、东南非共同市场等次区域的国际组织。除了这些现有的区域组织,近年来非洲也加快了自贸区建设的步伐。2015年6月,26个非洲国家的领导人在埃及首都开罗举行的非洲经济峰会上签署协定,欲成立非洲最大的自由贸易区。该自贸区占整个非洲经济总量的1/2,旨在促进成员国之间的货物贸易。该自贸区被称为三方自贸区(TFTA),将整合非洲地区现有的三个自贸区——南部非洲开发共同体、东非共同体和东南非洲共同市场。如何协调和处理中非产能合作的法律机制建设与现行的中非双边、多边法律机制以及非洲内部各种双边、多边法律机制的关系,如何在现有这些法律机制的基础上建立健全中非产能合作法律保障机制,如何有效利用非洲现有的法律机制来推进中非产能合作,这些都是在中非产能合作中应当回答的法律问题。

四 中非产能合作需要法律机制来防控风险、处理争议

在非洲国家取得独立之后,非洲地区整体的政治局面有了很大改变,各国都着重发展本国经济,而国际社会对非洲开展的产能合作与援助等活动也为非洲国家提供了良好的经济发展环境。非洲各国为了吸引外资以发展本国经济,制定了优惠政策,出台了一系列鼓励和规范投资的法律。例如,埃及政府规定:所有外国直接投资,一般可获得5~20年不等的免税优惠待遇;对于建立劳动密集型产业、有助于高科技发展或产品大量出口的项目,可免税向投资者提供土地。多哥政府规定:外资公司在洛美自由贸易区投资建厂,政府免征进出口关税,头10年免征收入税、股息税,外资企业有权自由确定价格、利润额和工资,有权雇用、解聘人员,有权开设外汇账户,可以自由买卖外汇。毛里求斯政府规定:外资企业在毛工业出口加工区投资,政府免征原材料、设备和零配件进口税,头10年免征所得税,11~15年内免征50%,16~20年免征25%所得税;政府提供低价出租厂房、地皮和水电等服务;国家银行可向外资企业提供优惠贷款。南非等国出台了外国投资补贴政策,对于符合政府鼓励行业的投资项目,均可申请享受政府资助,每个项目最高为5万美元。[①]

然而,尽管非洲国家在改善产能合作环境上做了很多工作,但非洲的

---

① 这些政策和法律涉及税收、行业部门准入、能源、土地、矿产、合同、公司注册、利率、商业组织合作等。

整体产能合作环境相对而言仍不能令人满意;同时中国企业在非洲开展产能合作活动中也存在一些不当的投资活动和经营行为,其对非洲国家政治、经济、社会、市场等环境的变化缺乏识别和判断,这些都使得中国在非开展产能合作会面临各种风险、产生诸多争议。国内有学者为了研究中国企业海外投资法律风险的防范问题,对很多国企以问卷调查等方式进行了调研。根据调研结果,中国企业海外投资法律风险按照投资项目的进行顺序,主要分为以下几类:①投资项目所在国当地的法律环境风险;②海外收购项目本身存在的法律风险;③收购目标存在的法律风险;④与初期谈判和报价相关的法律风险;⑤与收购协议条款相关的法律风险;⑥签约后出售方的违约风险;⑦签约后当地国家法律变化的风险;⑧投资项目所在国的政治审批风险;⑨收购后经营中遇到的法律法规和法律诉讼风险。[①]

在中非产能合作中各种风险客观存在和争议可能发生的情况下,中非双方尤其是中资企业应采取各种措施来防控风险、解决争议。在诸多风险防控措施和争议解决方法中,诉诸法律是根本性的手段。例如,为有效防控风险,中资企业在去非洲国家开展产能合作之前,应当请专业的律师团队就当地国家的产能合作环境,包括政治经济形势、投资法律政策、市场准入与限制、投资优惠等,开展法律尽职调查;为及时有效处理产能合作中的各种争议,如投资争议和各种民商事争议等,中资企业可以寻求非洲国家的国内法院等国内法律救济措施,或者根据中国与非洲国家间的BITs,寻求国际仲裁、调解等救济方式。

第四节 中非产能合作国际法律保障机制的提出与界定

一 中非产能合作国际法律保障机制的提出

根据本章第二节和第三节,建立中非产能合作的法律保障机制,是"权力论""观念论"等国际关系理论对国际合作的要求,也是中非产能合作自身内在的法律保障需求。

开展中非产能合作,无疑既需要国内法律保障机制,又需要国际法律

---

① 张利宾:《对中国企业海外投资法律风险的研究》,《北京仲裁》第78辑,第58页。

保障机制。由于包括中非产能合作在内的国际产能合作的提出时间并不长，所以目前国内外学界对国际产能合作和中非产能合作的研究都尚不发达，对它们的国内、国际这两方面法律保障的研究也还处于起始阶段。但是，在"一带一路"倡议提出后，对其法律保障的研究成果已有不少。笔者研究发现，由于国际产能合作本身就是"一带一路"的一个重要抓手和平台，所以关于"一带一路"倡议法律保障的研究成果，尤其是其中关于国内法律保障的研究成果在很多方面也适用于包括中非产能合作在内的国际产能合作。例如，在石佑启、韩永红等人所著的《"一带一路"法律保障机制研究》一书中，对"一带一路"国内法律保障机制的基本要求与具体构想作了详尽阐述，指出要"加强法律的清理与供给"，并具体给出"完善对外贸易法规，促进贸易便利化"、"完善国际投资法律制度，促进投资便利化"、"完善国际金融法律制度，促进资金流动便利化"、"完善国际税收法律制度，促进税收征管便利化"、"完善自由贸易试验区立法，加强自由贸易试验区建设"、"加强对人文国际交流的制度支持，促进民心相通"、"完善海外投资保险制度，构建'一带一路'建设政治风险屏障"和"完善争议解决配套制度，便利'一带一路'争议解决"等建议。笔者认为，由于国内法制的统一性，所以这些国内法律保障举措对中非产能合作也是适用的。但是，鉴于中非开展国际合作，包括产能合作的具体历史与现实情况，需要中非为产能合作开展一些不同于"一带一路"的国际法律活动，并建立健全相应的国际法律保障机制。例如，为推进中非产能合作，中国需与非洲国家开展法律外交，并建立法律外交机制，而这种法律外交机制必须考虑中非合作的具体需要和实际情况进行，因此其有自己的特点，不同于中国与其他国家和地区的法律外交机制。此外，中非联合仲裁机制是目前中非间已经而且仍然在建设的专门用于解决中非经贸投资争议的一项特殊机制，也是目前"一带一路"等其他中外合作所没有的。鉴于此，本书对中非产能合作国际法律保障机制的研究主要从国际法的视角展开。

二　中非产能合作国际法律保障机制的界定

为利于对中非产能合作国际法律保障问题作出一个较为系统性的制度建构，首先有必要就"中非产能合作国际法律保障机制"这一概念进行界定。具体而言，本书所研究的"中非产能合作国际法律保障机制"，是指主要在国际法视野下，为实现中非产能合作互利共赢、共同发展的目标，我国与非洲国家通过明示或默示方式共同制定或认可的一系列重大法律制度、规则和程序。该机制是一个由多层级、多主体参与的，以国际硬法为主、国际软法为辅的有机体系，涵盖主体、原则、形式、内容和实施等要素。

（一）中非产能合作国际法律保障机制的主体

中非产能合作国际法律保障机制的主体是多元主体，包括国家、国际组织、非政府组织、企业、高校、智库、媒体和个人等。其中，中国和非洲国家是构建中非产能合作国际法律保障机制的基本主体；非盟和非洲次区域的国际组织可以建议、组织本区域国家积极参与该机制并协调该机制的建立；非政府组织、企业、高校、智库、媒体和个人等则可以为中非产能合作国际法律保障机制的建立健全提供咨询和信息服务，例如我国的高校和智库可以为中非产能合作某些特定法律保障机制提供专业知识和信息。

（二）中非产能合作国际法律保障机制的原则

除了要坚持主权平等、不干涉内政、平等互利等《联合国宪章》原则及和平共处五项原则等国际法基本原则之外，还应根据中非产能合作的具体情况，遵守市场开放、规则透明、特殊优惠等原则。前两者是市场经济的必然要求，而特殊优惠则是考虑非洲实际所必需的原则。

就特殊优惠原则而言，主要是考虑到中非经济发展水平的现实差距和一些非洲国家的实际需要。在这方面，目前的中非双边投资条约中已经规定了给予某些特殊和差别待遇的条款。例如，中国与坦桑尼亚间的双边投资条约规定了给缔约双方的特殊待遇："在不对缔约另一方投资者的投资和活动产生重大影响的前提下，缔约一方可以依据其法律和法规，为实现发展和激励本地企业之目的给予其国民奖励和优惠。"[①] 中国与南非双边投资条约规定了给予南非单方面的优惠待遇："南非共和国在其境内给予缔约另一方投资者的投资和收益的待遇不应低于其给予本国投资者的投资和收益的待遇，但全部或主要关于税收的国内立法或旨在专为促进、保护

[①] 《中华人民共和国政府和坦桑尼亚联合共和国政府关于促进和相互保护投资协定》第3条第2款。

和提高由于南非共和国过去的歧视性做法而受到损害的人或人群的计划或经济行动除外。"① 这些特殊和差别待遇,不管是给予中非双方还是一方,其主要目的都是考虑非洲国家的特殊国情,满足其实现经济发展或照顾特殊人群的需要。

(三) 中非产能合作国际法律保障机制的形式

在国际法视角下,中非产能合作国际法律保障机制的形式主要是国际硬法,但也包括国际软法,二者的作用不可或缺。国际硬法即中非间签署的有法律约束力的各种涉及产能合作的双边、多边条约,典型的如中非 BITs、中非间的避免双重征税协定等。国际软法是那些无法律拘束力的非正式协议。国际软法有其优势,例如,"相比于条约缔结的冗杂费时和习惯国际法确立的耗时,国际软法因缔结成本和不遵从成本都比较低而占有优势"。② 国际软法虽无法律拘束力,但有实质内容。就中非产能合作而言,中国与一些非洲国家间缔结的产能合作框架协议就属于国际软法范畴,它们事实上为中非双方在产能合作领域、项目、规划、步骤、政策、机制等方面提供了一种实质性的制度安排。

(四) 中非产能合作国际法律保障机制的内容

就当下处于快速增长阶段的中非产能合作而言,其国际法律保障机制的构建,应以改善中非产能合作的法治环境、提升中非产能合作法律保护水平、防控中非产能合作法律风险、解决中非产能合作法律争议为主要目的。相应地,五方面法律机制亟须建立和完善:一是法律外交,二是国际条约保障,三是法律风险防控,四是领事保护,五是争议解决。其中,中非法律外交机制是基础,可以优化中非产能合作的法律环境;国际条约保障机制是前提,能为中资企业提供远比非洲国家的国内法有力得多的保护;法律风险防控和领事保护机制是关键,能最大限度地预防或减少中非产能合作中的各种风险;争议解决机制是保证,有助于及时稳妥解决中非产能合作中出现的各种争议。这五方面国际法律保障机制既相互独立,又相互联系,共同为中非产能合作提供保障。本书的主体内容就根据这五方

---

① 《中华人民共和国政府和南非共和国政府关于相互鼓励和保护投资协定》第 3 条第 3 款。
② 严阳:《刍论全球治理中的国际软法——以兴起、表现形式及特点为视角》,《理论月刊》2016 年第 7 期,第 104 页。

面重大法律机制展开。

(五) 中非产能合作国际法律保障机制的实施

上述五方面国际法律保障机制,既有基于国家强制力保障而实施的机制,又有无国家强制力保障、需要中非双方自愿自觉实施的机制。前者如中非间的 BITs 等,后者如中非间法律外交的开展、中非联合争议解决机构的构建和产能合作框架协议的实施等。

三 中非产能合作国际法律保障机制研究现状评析

目前,国内外关于中非产能合作国际法律保障机制的研究成果,无论是系统性专著还是专门性论文,都还没有出现。但中非产能合作是中国海外投资合作的重要组成部分,对后者的研究早已开展,而且已经有不少有关法律问题的研究成果,部分还涉及非洲,它们中有一些研究成果对中非产能合作国际法律保障机制的研究有很好的启示意义,这主要体现在以下几个方面。

(一) 有关中国海外投资风险的研究

有关中国海外投资风险的研究,既有从不同视角综合性研究海外投资风险的专著(但研究涉非投资风险的专著还没有),又有分重点区域、国家、产业或风险进行研究的成果,这方面的涉非投资风险的研究成果有一些。

前者如:张友棠在《中国企业海外投资的风险辨识模式与预警防控体系研究》(2013) 一书中,从投资风险辨识与预警角度对中国海外投资风险作了研究;蒋姮的《走出海外投资安全的雷区:冲突风险评估与管理》(2013)、陈菲琼的《中国海外投资的风险防范与管控体系研究》(2015) 分别从高冲突国家角度和区域风险角度探讨了中企海外投资的风险管理与防范;梁咏的《中国投资者海外投资法律保障与风险防范》(2010) 一书则从法律视角提出了防范海外投资风险的建议。

后者可以分为两个方面。①分重点区域。主要针对拉美、东盟、非洲等地区。就非洲而言,有洪永红的《非洲投资法概览》(2012)、韩良的《非洲商事法律制度精析》(2015)、刘阳等的《南部非洲国际经济法经典判例研究》(2014) 等。但这些专著极少涉及中企在非洲重点产业的投资风险和案例，如洪永红的著作只有非洲各国投资法的介绍，刘阳的著作只有"博茨瓦纳中资企业劳资争议案"一例涉及中企。②分重点国家、产业、风险。就国家而言，既有针对美英等发达国家的，也有针对越南、印度等发展中国家的，又有针对俄罗斯、巴西等新兴大国的；就产业而言，涉及矿业、基础设施、石油、农业等；就风险而言，涉及环保、用工、用地等。就非洲国家来说，典型性论文有：郭彤荔的《中企投资南非矿业的风险分析及防范措施》（2013）、赵文杰的《中国在非投资企业劳工权益保护现状与对策——基于津巴布韦的实地调查》（2015）、顾浔的《中国企业海外购置不动产的法律风险防范——尼日利亚土地交易理论与实践》（2014）、乔慧娟的《论中资矿业企业非洲投资法律风险的防范——以赞比亚中资矿业企业为视角》（2014）、张小虎的《非洲国家宪法环境权比较研究——兼谈南非与肯尼亚宪法环境权的启示》（2019）等。显然，这些研究局限于非洲某一或某些特定国家、产业或风险。因此，目前国内关于中非产能合作法律风险的研究不仅成果较少且多停留在理论层面，基本未形成对中企在非洲重点投资区域内，就重点国家与产业投资中典型风险的系统性、应用性、比较性研究。

由于中国海外投资日益成为西方关注和研究的对象，国外近年来出现了大量评判中国海外投资问题或风险的英文文献，其中有支持性的，但更多是否定性的。以对非投资为例，Kitissou、Butler 和 Hensengerth 等为中企在非洲矿业、木材和水电等产业投资对非洲环境的影响作了一定辩护；Bosshard、Scott、Slabber、Shelton、Kabemba 等学者则认为中国在非投资对当地环境、就业等造成了不利影响，对当地劳工的保护和培训严重不足。后一类文章往往从西方视角出发，对中企投资非洲片面指责甚至全盘否定，缺乏建设性意见。

（二）有关中国海外投资争议解决的研究

一方面是关于海外投资争议解决的研究。这方面的专著和论文都不少，新近比较典型的有：李英、罗维昱在《中国对外能源投资争议解决研究》（2016）一书中，从中国对外能源投资争议的视角出发，对中国对外能源投资过程中遭遇投资争议可以寻求的解决办法，如 ICSID 争议解决机制、MIGA 担保机制、东道国当地救济、双边投资协定的争议解决体系等进行了研究与分析。阳光时代律师事务所环境资源能源（ERE）研究中心编、陈臻等主编的《能源投资典型案例评析："一带一路"倡议下企业风险防控和争议解决》（2015）一书则选取了能源领域的一些典型仲裁案件，所涉争议涵盖煤炭、石油、天然气等能源矿产资源的勘探开采投资、电力生产、输送以及天然气输送业务，既有对外能源投资，也有能源工程建设，从外国投资者和东道国政府的双重视角，初步分析并提出了法律风险的建议。此外，新近还有梁岢然的《美国双边投资协定范本争议解决条款分析——以对 ICSID 仲裁管辖权之认可为视角》（2016）、肖军的《建立国际投资仲裁上诉机制的可行性研究——从中美双边投资条约谈判说起》（2015）、任清的《海外工程承包与国际投资仲裁》和漆彤的《论中国海外投资者对国际投资仲裁机制的利用》等论文从不同视角对海外投资争议解决做了研究。

　　另一方面是关于中国对非经贸投资争议解决的研究成果。在目前已有的成果中，有代表性的专著主要是翁·基达尼《中非争议解决：仲裁的法律、经济和文化分析》（2011）和朱伟东《非洲涉外民商事纠纷的多元化解决机制研究》（2013）。前者在评价中非目前投资合作争议解决机制的基础上，提出了一个全面考虑中非经济需要和各自法律文化的综合性的制度化争议解决模式；后者首先介绍了埃及、苏丹、南苏丹、尼日利亚和南非等"非洲重要国家的涉外民商事纠纷的多元化解决机制"，然后着重阐述了非洲商法协调组织和南部非洲发展共同体等"非洲重要地区性组织的涉外民商事纠纷的多元化解决机制"，最后提出了"构建中非特色的民商事纠纷解决机制"，并就完善中非民商事纠纷仲裁解决机制提出了一些具体建议。论文主要有：朱伟东在《外国投资者与非洲国家之间的投资争议分析——基于解决投资争议国际中心相关案例的考察》一文中，探讨了中国投资者利用 ICSID 解决与非洲国家投资争议的现实必要性和实际可能性，并提出中国需要对中非双边投资条约的相关内容进行完善，尽量选择来自中非双方的仲裁员，选择在中非双方的地点进行仲裁，并尽量通过调解方式进行。从长远来看，中非双方可以考虑设立"中非投资争议解决中心"。刘华在《通过 ICSID 解决中非之间投资争议的研究》（2013）一文中，研究了 ICSID 审理的涉及非洲国家案件中遇到的一些具体问题，如法人的国籍问题、构成与国家之间争议的判定、投资的定义和征收的界定等，为中国投资者与非洲东道国之间产生的纠纷可能提交到 ICSID 进行仲裁提供了借鉴。胡懿在其硕士学位论文《利用 ICSID 解决中非投资争议的思考》

（2012）中，也就非洲国家参与 ICSID 所涉及的属人管辖、投资认定和仲裁裁决的承认与执行等问题作了分析，同时提出了一些利用 ICSID 解决中非投资争议的建议。黄培在其硕士学位论文《中非 BITs 中的投资争议解决机制》（2012）中重点分析了中非 BITs 中的争议解决条款，总结归纳了缔约双方投资争议和投资者与东道国投资争议解决的几种方式，通过评价和分析发现投资争议解决机制中存在的缺陷，并针对这些缺陷提出了改进建议。

（三）有关中外 BITs 的研究

目前，关于中国与外国签订的 BITs 的研究成果，无论是专著还是论文都很多，其中新近典型专著有：梁开银《中国双边投资条约研究》（2016）一书在多边条约和双边条约本质分类研究的基础上，阐释了中国双边投资条约的契约本质、特点及其对中国缔约实践的影响；同时比较研究了世界主要投资国家的相关条约的理论和实践发展变化，对中国的理论和实践发展有很好的借鉴作用。杨卫东在《双边投资条约研究：中国的视角》（2013）一书中对我国签订的众多双边投资保护协定逐条进行了比较研究，结合 ICSID 仲裁实践对双边投资保护协定的若干重要条款及法律问题进行了深入研究，并对修订和完善我国对外签订的双边投资保护协定、国内相关立法提出了建设性的意见。新近典型论文有：曾华群《论双边投资条约范本的演进与中国的对策》（2016）和《论我国"可持续发展导向"双边投资条约的实践》（2015），钱晓萍《中国与中亚五国双边投资条约准入规则研究——以中国的立场为出发点》（2014），梁开银《双边投资条约冲突条款研究——兼论我国双边投资条约冲突条款的完善》（2012）等，这些论文对我国双边投资条约或其条款的完善从不同方面提出了建议。

但是，目前关于中非 BITs 的研究成果很少，除了上文提及的黄培的硕士学位论文《中非 BITs 中的投资争议解决机制》（2012），主要还有朱伟东《中非双边投资条约存在的问题与完善》（2015）、韩秀丽《中非双边投资条约：现状与前景》和刘亘的硕士学位论文《中非双边投资条约（BIT）研究》等。这些论文都考察了中非 BITs 基本现状，并就其内容的改进提出了一些建议。

（四）涉及中非合作其他法律问题的研究

除了上述研究领域及其成果外，目前国内学界关于中非产能合作中法律问题的研究还涉及中非法律外交和涉非领事保护等方面。就中非法律外交而言,其现有的研究成果主要有:朱伟东《中非民商事交往法律环境的不足及完善》(2015)、《中非法律交流与合作新进展年度报告(2013—2014)》(2014)、《中非贸易与投资及法律交流》(2008)等论文,以及郭炯、朱伟东《中非民商事交往法律环境的现状及完善》(2015),张文显、谷昭民《中国法律外交的理论与实践》(2013),洪永红等《中非法律交往五十年的历史回顾与前景展望》(2010),张小虎《中非关系与中非法律合作述评》(2011)、张朕《"中非合作论坛—法律论坛"研究》(2014)等论文。这些论文就不同历史时期或具体年份的中非各法律领域,包括立法、司法、执法、签署条约等的交流合作做了比较系统的梳理,并就其存在的问题提出了一些解决建议。就涉非领事保护而言,有夏莉萍《中国涉非领事保护分析》(2013)、方伟《中国公民在非洲的安全与领事保护问题》(2008)等论文。

上述研究成果为本书提供了有价值的研究基础与素材。但鉴于中非产能合作开展的时间尚短,总体上国内外学界对其国际法律保障机制的探索尚处于起步阶段,直接的研究成果还没有,现有的研究成果还存在很多缺陷:一是对中非产能合作宏观的、系统性的国际法律保障机制研究不足。从上述研究现状来看,现有的研究多只针对某一具体合作领域或具体法律机制,既缺乏充分的理论依据,又缺乏整体性的制度架构。二是对中非产能合作主要国际法律保障机制的提炼与阐述不足。究竟哪些国际法律保障机制应该是当前中非产能合作须着重建立健全的机制,学界对此鲜有人探讨和研究,其原因在于中非产能合作开展时间尚短、对其研究尚未开展,国内研究涉非法律问题的学者本来就少,研究中非产能合作国际法律保障问题的学者更少。

结合上述研究成果及其不足,本书认为,当前中非产能合作亟须系统构建国际法律保障机制,以改善中非产能合作的法治环境、提升中非产能合作法律保护水平、防控中非产能合作法律风险、解决中非产能合作法律争议。为此,下文将重点探讨中非产能合作中五个方面国际法律机制的建立和完善:一是法律外交,二是国际条约保护,三是法律风险防控,四是领事保护,五是争议解决。

第二章 中非产能合作与法律外交机制

在中非产能合作国际法律保障机制中，中非法律外交机制应是基础性的组成部分。首先，党的十八届四中全会审议通过的《中共中央关于全面推进依法治国若干重大问题的决定》就"加强涉外法律工作"提出了依法处理涉外经济、社会事务，强化涉外法律服务，深化司法领域国际合作，完善我国司法协助体制，扩大国际司法协助覆盖面等要求。这些要求为开展中非法律外交奠定了基础，而开展中非法律外交将进一步为中非产能合作提供助力，它能加强中非在法律领域的交流与合作，深入了解各自法律体系，增进双方法律的认可和适用，商讨和解决双方在产能合作中共同面临的法律问题，为双方人员往来和合法权益保障以及中非产能合作开展提供法律支撑和法治环境。其次，从2009年起，中国超过美国，连续10年成为非洲最大的贸易伙伴；自2003年以来，中国在撒哈拉以南非洲的投资增长了40倍。在此背景下，加强法律外交、创造有利的法治环境，对于保护中非产能合作，特别是中国在非洲利益至关重要。最后，通过中非法律外交创造的中非产能合作良好的法治环境，能够促进包括中国企业在内的世界各国企业增加对非投资，并可以带动技术创新。例如，在环境保护法律合作领域，美国环保局的经验表明，每投入1美元用于修复受到轻度污染的土地，就可以带动17美元的私营投资来发展当地经济。[①] 中国对非开展环保领域的法律合作，也能为非带来一定的外来投资。

本章将首先说明中非法律外交的背景与意义，并就中非法律外交70年的历史进程进行简要梳理，在此基础上重点分析实施《中非合作论坛——北京行动计划（2013—2015年）》（以下简称《北京行动计划（2013—2015)》）和《中非合作论坛——约翰内斯堡行动计划（2016—2018年）》（以下简称《约堡行动计划（2016—2018)》）六年多时间里中非法律交流合作的基本情况、总体特点与主要不足；然后，根据中非关系的新发展和

---

① 《中美法律合作新焦点》，《国际商报》2015年1月16日，A3版。

新要求，探讨如何推动中非法律外交；最后根据中非产能合作的法律保障需要，就构建中非法律外交机制提出一些意见和建议。

第一节 中非法律外交的背景与意义

"法律外交是以法律为内容、机制和媒介的外交活动，也就是将法律观念和法治理念贯穿于外交活动之中，将某些外交问题转化为法律问题、以法治思维和法治方式处理对外关系和国际事务、依法化解外交纠纷，转变外交方式方法，开辟外交工作新局面。"[①] 法律外交是"一个新概念"和"一项复杂庞大的系统工程"，根据不同标准，可以做不同分类。例如，根据具体内容，法律外交可分为立法外交、司法外交、执法外交、法学外交；根据执行主体，法律外交可分为官方外交和非官方（包括半官方）外交；等等。[②] 伴随世界多极化、经济全球化和国际关系法治化，法律外交与政治外交、经济外交、军事外交、文化外交等外交方式一道，已成为我国总体外交的重要组成部分。

非洲一直是中国外交的重点，中非法律外交前景广阔。从 20 世纪 50 年代后期非洲民族解放运动兴起之时，中国就与许多非洲国家互相支持、互相帮助，彼此建立起了比较深厚的风雨交情。[③] "中国外长每年首次出访都到非洲，这一做法已延续了 29 年，成为中国外交的一个优良传统，我们在用行动表明，中国坚持将非洲置于中国外交全局的重要位置，加强与非洲及广大发展中国家合作，始终是中国外交的首要目标。"[④] 虽然非洲一直是中国外交的重点地区，但是中非法律外交却经历了一个曲折发展的过程。如下所述，中非法律外交经历了起步、中断、发展和提速四个时期。其中，在起步和中断两个时期，中非各领域关系不是非常密切，加之中非自身存在的国内问题，所以导致在这两个时期，中非法律外交规模极小。但是，在改革开放之后，特别是 2009 年"中非合作论坛—法律论坛"

---

① 谷昭民编著《法律外交》，中国法制出版社，2018，第 16 页。
② 谷昭民编著《法律外交》，中国法制出版社，2018，第 17～18 页。
③ 薛力：《新时代中国外交中的非洲》，http：//www.sohu.com/a/271976578_729263，最后访问日期：2019 年 5 月 1 日。
④ 王毅：《用行动表明将非洲置于中国外交重要位置》，https：//www.mfa.gov.cn/web/wjbzhd/t1626885.shtml，最后访问日期：2019 年 5 月 1 日。

设立后，中非各领域关系迅速升温，中非法律外交也得到恢复和发展。当前，中非合作已经进入新阶段，尤其是在"中非命运共同体"理念下，中非正在共建"一带一路"和共推产能合作，中非法律外交获得了更加广阔的发展空间。

在当下，开展中非法律外交，不仅具有开展法律外交的一般意义，即"有助于提升中国外交的整体水平""更有效地维护国家利益""提升中国的政治文明和社会文化形象""提升自身的法律认同度和法律知识水平""促进法律文化的全球化，为世界文化的进步做出新贡献"，[①] 而且具有某些特殊意义，特别是，当前中非经贸关系日益紧密，中非法律外交可为中非产能合作和共建"一带一路"提供法律支撑和法治保障，构建更加紧密的中非命运共同体，实现中非共同发展和繁荣。

第二节 1949年以来中非法律外交历程

自中华人民共和国成立，中非法律外交迄今已经走过了70年风雨历程。从1949~1967年起步时期的方向单一、规模极小，1968~1976年的完全停滞，以及1977~2008年的缓慢发展，直至2009年"中非合作论坛—法律论坛"设立，中非法律外交终于迎来了快速发展的新时期。当前，中非间无论是官方还是民间法律外交，与以往相比，都有了长足发展。中非法律外交的发展历程，大致可以分为起步、中断、发展和提速四个时期。

一 起步期（1949~1967年）

中非法律外交起步较晚。1956年中华人民共和国与埃及建交，揭开了中非关系的新篇章。在1956~1965年这"非洲大陆觉醒和独立"的十年间，中国与17个非洲国家建立了外交关系。随着中国与更多新独立的非洲国家建交，中非交往日益密切、频繁，在此基础上中非法律外交开始从无到有。

但在这一时期，中非法律外交不仅规模很小，而且方向单一，主要是非洲国家派人来中国交流。具体来说，这个时期，基本没有中非立法机构

[①] 谷昭民编著《法律外交》，中国法制出版社，2018，第178~185页。

间的交流，司法机构间的交流也是屈指可数，主要有1965年8月几内亚总检察长法迪亚拉、1966年10月毛里塔尼亚最高法院副院长博瓦、1967年7月以德迈为团长的马里司法代表团等来华访问，但中国没有派司法人员出访非洲国家，没有形成中非司法机构间的互访。在这个时期，也没有中非民间的法律交流。

造成这种情况，中非双方都有原因。这一时期，许多非洲国家刚刚独立，主要忙于国内建设，同时积极开展外交活动，包括同中国建交，但开展法律外交的并不多，只有极少数非洲国家派司法工作人员到访中国。反观中国也是如此，并不重视法律外交。中华人民共和国成立后，特别是1957年以后的20年时间里，中国法律外交，无论是官方的还是民间的，除了偶尔接受外国来访外，基本上不走出去。

二 中断期（1968~1976年）

这个时期处于中国的"文革"时期。"文革"十年，中国的法制事业实际上处于停滞状态，立法、司法、执法机构名存实亡，政法院校停办，研究机构取消。在此形势下，自然没有法律外交。相应的，非洲国家对中国的法律外交也基本停滞。

三 发展期（1977~2008年）

1978年，中国开始改革开放，法律外交得以恢复，但对非法律外交步伐依然缓慢。在毛里塔尼亚最高法院副院长博瓦访华22年之后的1988年，时任中国最高人民法院副院长林准才第一次率团访问坦桑尼亚、扎伊尔、赞比亚和卢旺达，拉开了中国司法机构访问非洲的序幕。中国检察机关访问非洲更是姗姗来迟，在1965年几内亚总检察长法迪亚拉访华36年之后的2001年，当时最高人民检察院副检察长张穹率团访问了安哥拉。这个时期，全国人大也开始访问非洲：1995年11月，全国人大常委会委员长乔石访问埃及等三国，这是全国人大常委会委员长首次对埃及进行访问；2001年11月，全国人大常委会委员长李鹏率团出访北非、拉美五国，其中到访了突尼斯；2003年10月，全国人大常委会副委员长李铁映率团访问毛里求斯、喀麦隆、利比亚和突尼斯四国。

这一时期，中非法律外交有了一定发展，但双方法律外交尤其是中国对非法律外交依然不多，有学者分别对中非法院、检察院和司法行政机关之间的交流次数作了统计：1979~1988年，非洲国家法院来我国访问8次，我国法院访问非洲1次；1999~2009年，非洲国家法院来我国访问6次，我国法院访问非洲1次；1999~2009年，非洲国家检察机关访华11次，我国检察机关访问非洲6次；1980~1989年，中非司法行政机关往来仅有3次，其中非洲司法行政机关来访2次，我国司法行政机关访问非洲国家1次；1990~1999年，往来18次，其中非洲国家司法行政机关来访6次，我方访问非洲国家12次；2000~2010年前几个月，往来次数增至44次，其中非洲国家司法行政机关来我国31次，我方访问非洲国家13次。① 从这些数据来看，中非法律外交与之前相比，规模上已经有了较大发展，但考虑到非洲国家数量众多以及非洲在中国外交中的重要地位，这一规模显然无法令人满意。

2000年10月，中非合作论坛首届部长级会议在北京召开，中非合作论坛正式成立，这是中非在新形势下加强友好合作、共同应对经济全球化挑战、共谋发展的重要尝试。2006年1月，中国政府发表《中国对非洲政策文件》，全面系统地宣示了中国对非政策的目标及措施，并就全国人大加强与非洲各国议会及泛非议会友好往来，继续与非洲国家商签并落实双边投资条约（BITs）和《避免双重征税协定》，促进中非双方司法、执法部门的交流与合作，协同打击跨国有组织犯罪及腐败犯罪等方面作了重要战略部署。该文件的发布标志着21世纪中国对非洲政策日趋成熟。在中非合作大好形势和中国对非全面政策的支持下，中非法律外交开始为提速发力。

四 提速期（2009年至今）

2009年11月，中非合作论坛第四届部长级会议发表《沙姆沙伊赫行动计划（2010至2012年）》，提出中非间举行"中非合作论坛—法律论坛"。该倡议迅速得到落实，当年12月，中国法学会和埃及开罗地区国际商事仲裁中心在埃及开罗共同举办了首届"中非合作论坛—法律论坛"。该论坛作为中非法律外交的常设机制，开创了中非法律外

---

① 这些数据，参见洪永红等《中非法律交往五十年的历史回顾与前景展望》，《西亚非洲》2010年第11期，第6~8页。

交的新纪元。通过该机制，中非针对双方法律制度、投资法律环境、投资条约、产能合作争议解决、司法合作等领域的议题进行了广泛深入的探讨（见表2-1）。截至2019年3月，该论坛已成功举办了六届，它极大地增强了中国与非洲各国法学、法律界间的务实合作，标志着中非法律外交真正进入了快车道，因此2009年是中非法律外交提速的起始年。

表2-1 历届"中非合作论坛—法律论坛"基本情况

届数	举办时间	举办地点	参加国家、人数	主题	主要议题	其他成果
第一届	2009年12月20日至21日	埃及开罗	来自中国和20多个非洲及西亚地区国家的80多位代表出席了论坛	加强法律交流，促进中非关系全面发展	"法律在中非合作中的重要作用""中非各国法律制度介绍""中非各国法律制度对中非贸易和投资关系的影响""中非贸易和投资争议解决机制"	
第二届	2010年9月15日至19日	北京	来自中国和非洲的近40个国家的200多位代表	把握机遇、加强合作，推动中非新型战略伙伴关系全面发展	"中非关系发展与中非法律合作""中非经贸合作法律制度""中非司法合作"	通过《中非合作论坛—法律论坛北京宣言》
第三届	2012年12月5日至8日	毛里求斯路易港	来自中国及毛里求斯、安哥拉、贝宁、埃塞俄比亚、塞舌尔、南非、赞比亚、津巴布韦等国的200多位代表	在中非新型战略伙伴关系下深化中非法律合作	"从'和平共处'走向'合作共进'的国际法与新阶段的中非合作""在非洲投资的法律环境：非洲涉外民商事关系法律适用规则的变化""有中非特色的纠纷解决机制"	成立"中非合作论坛—法律论坛"指导委员会，通过《中非合作论坛—法律论坛指导委员会章程》

续表

届数	举办时间	举办地点	参加国家、人数	主题	主要议题	其他成果
第四届	2013年11月18日至20日	津巴布韦维多利亚瀑布城	中国和津巴布韦、安哥拉、阿尔及利亚、厄立特里亚、尼日利亚、塞舌尔、塞内加尔、南非、坦桑尼亚、赞比亚、南部非洲发展共同体、非洲联盟等十几个非洲国家和地区性组织的近百名代表	践行法律外交，创中非关系新高	"加速贸易与投资领域中非法律合作成果的转化""消除中非投资合作中的法律障碍""中非合作互利全面投资条约的特点""中非合作背景下非洲大陆腐败及其对可持续发展的影响""中非合作对经济发展环境影响预估""在中非合作背景下非洲经济、社会和文化权利的保护与发展"	
第五届	2014年11月12日至15日	安哥拉首都罗安达	中国、安哥拉、南非、毛里塔尼亚、津巴布韦等10个国家的300多名法学法律界人士	中非法律合作与高效合作网络	"中非特色纠纷解决机制""中非关系中的可持续发展和私人投资政策""国际司法合作：打击洗钱犯罪""应对网络犯罪的策略与合作"	通过《罗安达宣言》
第六届	2015年11月26日	南非约翰内斯堡	中国、南非、安哥拉、津巴布韦等国家的法官、检察官、律师、学者及企业法务人员等共150余名代表	中非法律互通	以构建中非联合仲裁机制为主要内容，围绕中非仲裁合作、法律服务、刑法以及环境法四个议题展开	中非联合仲裁中心约翰内斯堡中心和上海中心揭牌

为增强中非官方的法律交流与合作，2012年7月，中非合作论坛第五届部长级会议通过了《北京行动计划（2013—2015）》。2015年12月，中非合作论坛约翰内斯堡峰会暨第六届部长级会议又通过了《约堡行动计划（2016—2018）》。这两个行动计划专门就2013~2015年和2016~2018年的中非官方与民间法律外交做了概括性安排。根据该安排，在这六年间，中非官方法律部门加快了立法、司法、执法等领域交流与合作的步伐，民间法律

外交也有了切实发展。2018年9月，中非合作论坛北京峰会成功举行。会议通过了《中非合作论坛——北京行动计划（2019—2021年）》（以下简称《北京行动计划（2019—2021）》），该计划向世界传递了中非携手并进的强烈信号，其中涉及中非官方与民间法律外交的众多领域。

当前，中非关系在各领域都得到了较快发展，在此背景下，中非在其共同制定的国际文件以及中国发布的对非政策等文件中，对中非法律交流合作提出了新要求。表2-2列举和对比了《北京行动计划（2013—2015）》、《约堡行动计划（2016—2018）》和《北京行动计划（2019—2021）》对中非在各领域法律外交的要求。据此可以发现，这些文件对中非法律外交的宽度和广度的规定没有发生太大变化，但对法律外交各合作领域，包括议会、领事、司法、执法、机制建设和民间法律外交等方面的具体要求随着时间的推移不断向纵深发展。

表2-2 中非三个行动计划对法律外交的要求

主要领域	《北京行动计划（2013—2015）》	《约堡行动计划（2016—2018）》	《北京行动计划（2019—2021）》
议会	继续扩大全国人民代表大会与非洲国家议会、泛非议会的交流与合作	加强全国人民代表大会与非洲国家议会、地区议会、泛非议会、非洲议会联盟的交流与合作	加强全国人民代表大会与非洲各国议会以及泛非议会、非洲议会联盟等非洲区域性议会组织的友好交往
领事、司法、执法	加强领事合作、开展领事磋商；加强双方在司法、执法领域内的交流与合作，包括依据双边条约和多边公约预防、打击跨国有组织犯罪；等等	加强领事合作，积极开展领事磋商；签订《刑事司法协助条约》和《引渡条约》，加强在打击跨国犯罪、贩卖人口、腐败、非法动植物产品贸易和麻醉品控制、追逃追赃、网络安全以及执法能力建设等领域的合作；增进司法、执法和立法领域交流与合作，包括依据双边或多边条约预防、打击跨国有组织犯罪；加强法律领域的交流与合作，深入了解各自法律体系，增进法律的认可和适用	加强反腐败合作，充分利用《联合国反腐败公约》等现有国际法律文件开展追逃追赃个案合作；鼓励在中非合作论坛框架内加强中非执法安全合作，推动建立中非执法安全合作论坛，加强中非警务交流合作；双方愿加强领事合作交流、不断提升人员往来便利化水平，共同打击跨国犯罪，在国际刑警组织框架内推动开展为期三年的打击走私贩卖野生动物及制品联合行动

续表

主要领域 \ 基本文件	《北京行动计划（2013—2015）》	《约堡行动计划（2016—2018）》	《北京行动计划（2019—2021）》
机制建设	同意进一步加强"中非合作论坛—法律论坛"这一机制建设	完善"中非合作论坛—法律论坛"机制建设	继续完善"中非合作论坛—法律论坛"机制建设，不断提升论坛影响力和实效性
民间	加强双方在法学研究、法律服务、法律人才培训以及非诉讼纠纷解决机制等领域的合作	继续开展法律人才交流与培训，推动共建"中非联合仲裁中心"，在非共建法律人才培训基地和中国—非洲法律研究分中心，实施中非法学家讲学计划，积极支持开展"中国—亚非法协国际法交流与研究项目"等	举办"国际投资经贸法律风险及对策研讨会"，继续开展法律人才交流与培训，不断完善中非联合仲裁机制，推动中非联合仲裁中心发展，完善其在非布局，提升其国际影响力，鼓励并协助中非高校共建中国—非洲法律研究中心和法律人才培训基地，加大对参与共建"一带一路"倡议的有关国家法律制度研究的广度和深度

第三节 中非法律外交的现状与成就

在走过了70年曲折历程之后，中非法律外交目前已经获得了长足的发展，取得了不小的成就。本书主要以2013年以来，也即《北京行动计划（2013—2015）》与《约堡行动计划（2016—2018）》实施的六年时间里，中非官方法律外交，主要是立法、司法、执法和条约外交，以及民间法律外交为例，概括中非法律外交的现状与成就。

一 中非法律外交的现状

在"中非命运共同体"理念下，随着中非共建"一带一路"和共推产能合作的推进，中非关系在各领域都得到了较快发展。在此背景下，中非官方与民间法律外交都有了较大发展。

（一）中非官方法律外交

中非官方法律外交涵盖很广，涉及中非官方机构间的各种外交活动，本书只以中非立法外交、司法外交、执法外交和条约外交等为例，分析当前中非官方法律外交的现状。

1. 中非立法外交

中非立法外交是中非法律外交的重要内容。2013年9月13日，全国人大外事委员会主任委员傅莹在接受采访时指出，全国人大已经与非洲各国议会建立了良好的交流合作关系，今后将继续发挥全国人大在官方和民间两方面的优势，重点做好以下对非洲各国议会的交流工作：一是为中非合作提供法律保障；二是传承、巩固、加深中非传统友谊；三是加强治国理政经验交流；四是促进中非务实合作。① 围绕这些工作重点，2013年至2019年3月，全国人大与非洲各国议会开展了一系列外交活动（见表2-3）。

表2-3　中非最高立法机构间外交活动大事记

年份	来访时间	来访国家与人员	出访时间	出访人员与出访国家
2019	3月	布基纳法索国民议会议长萨康德	4月	全国人大常委会副委员长曹建明率团访问摩洛哥、布隆迪、肯尼亚
2018	1月	马拉维议会国际关系委员会主席梅杰		
	10月	莫桑比克议会国际关系委员会报告人安东尼奥·罗萨里奥·尼基西	11月	全国人大常委会副委员长蔡达峰率团访问科摩罗
	9月	莫桑比克议会代理秘书长舒凯拉	5月	全国人大常委会委员长栗战书对埃塞俄比亚、莫桑比克、纳米比亚进行正式友好访问
	6月	南非国民议会事务主席弗罗里克		
	2月	毛里求斯国民议会议长哈努曼吉		
2017	12月	摩洛哥参议长本希马		
	9月	冈比亚国民议会议长登顿		
	8月	布隆迪参议长恩迪库里约		
	5月	乌干达议长卡达加		

---

① 参见傅莹《张德江委员长访问非洲是中国对非重要外交行动》，http://www.npc.gov.cn/npc/bmzz/waishi/2013-09/13/content_1806849.htm，最后访问日期：2018年11月20日。

续表

年份	来访时间	来访国家与人员	出访时间	出访人员与出访国家
2017	2月	赞比亚国民议会议长马蒂比尼	5月	全国人大常委会副委员长吉炳轩率团访问加蓬、多哥
		莫桑比克共和国议长马卡莫		
2016	12月	阿尔及利亚国民议会议长哈利法	11月	全国人大常委会副委员长吉炳轩访问埃及
	11月	喀麦隆国民议会副议长达图奥·泰奥多尔	3月	全国人大常委会委员长张德江对赞比亚、卢旺达、肯尼亚进行正式友好访问
	8月	纳米比亚国民议会议长卡贾维维		
2015	9月	由艾米莉亚·努约马副主席率领的纳米比亚国民议会宪法和法律事务委员会代表团		
		津巴布韦参议长马宗圭		
		纳米比亚全国委员会主席卡佩雷		
	8月	多哥国民议会议长德拉马尼		
	5月	肯尼亚众议院议长穆图里	5月	全国人大常委会副委员长张平率团访问马拉维、乍得
	4月	埃塞俄比亚联邦院议长卡萨		
		南非国民议会议长姆贝特		
2014	11月	埃塞俄比亚人民代表院议长阿卜杜拉		
	9月	乌干达议会议员、议会科技委员会主席希穆里·安托尼		

续表

年份	来访时间	来访国家与人员	出访时间	出访人员与出访国家
2014	9月	佛得角国民议会第一副议长儒里奥·科雷亚		
	5月	莫桑比克议会第一副议长绍梅拉	10月	全国人大常委会副委员长向巴平措率团访问马达加斯加、赞比亚
	4月	尼日利亚参议长马克	7月	全国人大常委会委员窦树华率团访问喀麦隆、加蓬
		莫桑比克议会国际关系委员会发言人卡洛斯·西利亚一行		
		苏丹国民议会议长法提赫	4月26日	全国人大常委会副委员长陈昌智访问坦桑尼亚
	2月	苏丹国民议会副议长萨米娅		
		阿尔及利亚国民议会外委会主席阿莱姆·布斯马哈		
2013			12月	全国人大常委会副委员长万鄂湘出访肯尼亚
	11月	尼日利亚人民民主党主席图库尔	11月	全国人大外事委员会副主任委员修福金访问阿尔及利亚、肯尼亚
		科特迪瓦国民议会议长纪尧姆·基格巴福里·索罗		
	8月	塞舌尔国民议会副议长兼国际事务委员会主席安德雷·普尔	9月	全国人大常委会委员长张德江出访乌干达、尼日利亚
	6月	尼日利亚参议长马克	4月	全国人大常委会副委员长张宝文出访肯尼亚

这六年中，中非立法机构间的交流合作有以下几个特点。第一，中非立法机构与国家间的交流比较频繁，但数量悬殊，且立法机构间的互访较少。如上所述，非洲有23国40余次来访，但同期中国只对非洲14国做

了近20次访问,数量还是比较悬殊的。而且,真正形成立法机构间互访的更少,只与肯尼亚、乌干达、坦桑尼亚、尼日利亚、阿尔及利亚等国形成了立法机构间的互访。第二,来全国人大访问的非洲国家存在地区不平衡问题。西部非洲和东部非洲来华国家和次数最多,其中尼日利亚与埃塞俄比亚访华次数最多。南部、北部非洲来华国家和次数次之,中部非洲来华访问最少。第三,全国人大访问的非洲地区也存在地区不平衡问题。访问东部、中部和南部非洲国家最多,访问北部非洲国家和次数最少。

2. 中非司法外交

主要以我国最高人民法院为例。最高人民法院的对外交往是国家总体外交的重要组成部分,深入开展与外国最高法院之间的高层互访以及派遣高级代表团出席重要国际会议,是中国法院外事工作的重中之重。截至2014年9月,我国最高人民法院已与125个国家及地区的司法机构及15个国际或区域性组织建立了友好交往。最高法院已先后派出148个由院领导率领的重要团组出席世界法律大会与协会年会、国际最高行政法院协会大会、亚太首席大法官会议、亚太司法改革论坛圆桌会议等多边国际会议。除此之外,最高法院还先后邀请了171位外国首席大法官、大法官或最高法院院长、副院长来华访问,使双边合作不断走向深入。30多年来,最高法院先后参与了民事司法协助条约、刑事司法协助条约、引渡条约、移管被判刑人条约中方文本的起草和制定工作,并对条约、协定文本进行研究和审查,以保证缔结的各项司法协助条约、协定既符合国内法的规定,符合中国利益,又兼顾外方利益。与此同时,最高法院还会同有关高级法院为蒙古国、老挝、上海合作组织成员国、古巴等国家培训法官,促进相关国家司法界对中国法律制度的了解,介绍中国社会、经济特别是法治建设方面所取得的成就。①

同其他国家和地区的司法外交相比,我国最高人民法院与非洲国家最高司法机构间的交流合作就显得相形见绌了。从2013年至2019年3月,中非最高司法机构间的交流次数极其有限。典型事件有:2017年10月,非洲法语区国家法律专家代表团一行访问我国最高人民法院;2017年4月,首届非洲国家首席大法官、最高法院院长会议2日在苏丹首都喀土穆

---

① 《最高法已与125个国家及地区司法机构建立友好交往》,http://news.ifeng.com/a/20140917/42010862_0.shtml,最后访问日期:2019年6月30日。

举行，我国最高人民法院审判委员会委员刘合华代表中国最高人民法院院长周强出席会议并在开幕式上致辞；2015年3月，非洲国家中只有南非最高上诉法院大法官布兰德一行访问过中国最高人民法院。

中国最高人民检察院与非洲国家最高检察机构间的交往活动也存在类似情况。2013~2018年，最高人民检察院很少派团访问非洲，非洲国家最高检察机关来访次数也很少，主要有：2015年4月14日，最高人民检察院检察长曹建明会见了肯尼亚共和国总检察长基图·姆伊盖、苏丹共和国司法部次长伊萨姆丁率领的代表团；2013年8月26日，最高人民检察院常务副检察长胡泽君会见了安哥拉副总检察长兼军事检察院检察长皮塔格罗斯。2017年10月，非洲法语区国家法律专家代表团一行访问我国最高人民法院。因此，中非司法机构间交流合作的特点是交流次数少、未形成互访。

3. 中非执法外交

根据《北京行动计划（2013—2015）》和《约堡行动计划（2016—2018）》，中非执法机构间的交流合作也是中非法律外交中的一项重要内容。2013年以来，中非执法机构在国际执法合作方面取得了积极效果，内容涵盖跨境追逃、打击走私珍贵动植物制品、解救被扣中国公民等，下面试举一些事例予以说明。

2013年7月，公安部工作组在我驻马达加斯加使馆的大力支持和马国内安全部和司法部的密切配合下，将杀人犯罪嫌疑人刘某某和非法经营犯罪嫌疑人夏某某、黄某某成功从马达加斯加押解回国。这是中国警方开展国际执法合作的一个成功范例。

2014年1月，中非首次合作跨境缉捕走私象牙团伙主犯，中方工作组到达肯尼亚首都内罗毕后，协助肯尼亚野生动物管理局、警察总局以及移民局实施抓捕行动，在成功抓获象牙走私团伙主要犯罪嫌疑人薛某后立即启动遣返程序，我方工作组将其押解回国。特别值得一提的是，2014年在世界经济论坛非洲峰会全会发表演讲时，李克强总理直面中非合作中存在的问题，提出中方将侧重绿色低碳领域的中非合作，促进在非的中国企业履行社会责任，并要求他们严格遵守当地环保法律，严厉打击走私红木、象牙等违法行为。为此，中国政府将向非洲提供1000万美元援助，专门用于保护非洲野生动物资源。

近年来，随着非法入境淘金的中国人增加，加纳逐渐加大了打击力度。2013年6月，200多名中国人被逮捕，多名中国公民向国内求救。中国政府与加纳政府交涉，要求加方在治理行动中务必文明执法，制止当地居民的抢劫行为，并派遣由外交部、公安部、商务部等部门组成的联合工作组赴加纳与加方执法部门交流、协商，最终促使加方停止抓捕中国采金人员，释放全部被扣中国公民，并为中方采金者回国提供便利。

除了就一般犯罪行为进行交流合作，中非执法机构还专门就反腐败国际追逃追赃进行了合作。例如，在2015年公安部公布的"猎狐2014"专项行动二十大经典案例中，其中有三起案件涉及中非间执法合作。第一起是"浙江俞某案"，2014年7月1日，公安部派出的工作组会同乌干达警方在恩德培机场将违规借款2000万元潜逃的浙江女老板俞某抓获，并于7月3日下午将其押解回国。第二起是"江苏李某案"，李某非法吸收公众存款4000万元后潜逃至乌干达。公安部"猎狐2014"行动办派出工作组赴乌，在我驻乌大使馆协助下，会同乌警方开展摸排查缉，成功将其抓获并押解回国。第三起是"山东李某案"，2014年9月，公安部工作组奔赴尼日利亚，会同尼日利亚警方克服重重困难，成功将非法吸收公众存款3300多万元的李某抓获并押解回国。① 2015年3月起，"猎狐行动"升级为"天网行动"后，11月，在中央反腐败协调小组国际追逃追赃工作办公室的统筹指挥下，中国、加纳两国司法、执法和外交部门密切配合，将外逃至加纳的"百名红通人员"之一赵汝恒成功缉捕并押解回国。2017年8月，我国警方与加纳警方再次开展执法合作，将潜逃国外20年、涉案金额近3亿元的另一名"红通人员"韩路抓捕回国。2018年9月2日至4日，中非合作论坛北京峰会暨第七届部长级会议在北京召开。会议内容包含反腐败、领事、移民、司法与执法加强反腐败合作，充分利用《联合国反腐败公约》等现有国际法律文件开展追逃追赃个案合作，并在本国法律允许的情况下，以更加灵活的手段进行合作。

中国与非洲国家开展上述执法外交，既是保证中非关系健康发展的需要，也是双方共同预防和打击跨国有组织犯罪的需要；既是中国保障在非中国公民人身和财产权益的需要，也是中国缉捕在逃境外经济犯罪嫌疑人

---

① 参见《公安部公布"猎狐2014"专项行动二十大经典案例》，http://legal.people.com.cn/n/2015/0108/c42510-26349116.html，最后访问日期：2018年11月2日。

的需要。虽然中非开展执法合作还处于起步阶段,但六年多的实践表明,双方交流合作的频率正在增加、领域正在拓宽、成果正在扩大、效益正在显现。值得注意的是,上述执法合作的重大成果是在中非之间尚缺乏广泛完善的司法协助条约及引渡条约的情形下取得的(中非间的司法协助及引渡条约见表2-4)。中国和上述案例中的马达加斯加、肯尼亚、加纳、乌干达和尼日利亚等国并没有已经生效的司法协助条约或引渡条约,这一方面表明这些成果来之不易,另一方面表明中非双方加快这些条约谈判、签署和生效的迫切性。

表2-4 中非间的司法协助和引渡条约(截至2019年7月)①

序号	国家	条约名称	签署日期	生效日期
1	阿尔及利亚	《中华人民共和国和阿尔及利亚人民民主共和国关于刑事司法协助的条约》	2006年11月6日	2009年9月22日
		《中华人民共和国和阿尔及利亚人民民主共和国引渡条约》	2006年11月6日	2009年9月22日
		《中华人民共和国和阿尔及利亚民主人民共和国关于民事和商事司法协助的条约》	2010年1月10日	2012年6月16日
2	埃及	《中华人民共和国和阿拉伯埃及共和国关于民事、商事和刑事司法协助的协定》	1994年4月21日	1995年5月31日
3	埃塞俄比亚	《中华人民共和国和埃塞俄比亚联邦民主共和国关于民事和商事司法协助的条约》	2014年5月4日	2018年1月3日
		《中华人民共和国和埃塞俄比亚联邦民主共和国引渡条约》	2014年5月4日	2017年12月2日
4	安哥拉	《中华人民共和国和安哥拉共和国引渡条约》	2006年6月20日	2013年10月17日
5	肯尼亚	《中华人民共和国和肯尼亚共和国关于刑事司法协助的条约》	2017年5月15日	尚未生效
		《中华人民共和国和肯尼亚共和国引渡条约》	2017年5月15日	尚未生效

① 中华人民共和国外交部网站:《我国对外缔结司法协助及引渡条约情况》,http://www.fmprc.gov.cn/web/ziliao_674904/tytj_674911/tyfg_674913/default.shtml,最后访问日期:2019年10月24日。

续表

序号	国家	条约名称	签署日期	生效日期
6	刚果（布）	《中华人民共和国和刚果共和国关于刑事司法协助的条约》	2016年7月5日	尚未生效
		《中华人民共和国和刚果共和国引渡条约》	2016年7月5日	尚未生效
7	津巴布韦	《中华人民共和国和津巴布韦共和国引渡条约》	2018年9月5日	尚未生效
8	毛里求斯	《中华人民共和国和毛里求斯共和国引渡条约》	2018年9月2日	尚未生效
		《中华人民共和国和毛里求斯共和国关于刑事司法协助的条约》	2018年9月2日	尚未生效
9	纳米比亚	《中华人民共和国和纳米比亚共和国引渡条约》	2005年12月19日	2009年9月19日
		《中华人民共和国和纳米比亚共和国关于刑事司法协助的条约》	2006年5月26日	2009年9月19日
10	莱索托	《中华人民共和国和莱索托王国引渡条约》	2003年11月6日	2005年10月30日
11	摩洛哥	《中华人民共和国和摩洛哥王国关于民事和商事司法协助的协定》	1996年4月16日	1999年11月26日
		《中华人民共和国和摩洛哥王国关于刑事司法协助的条约》	2016年5月11日	尚未生效
		《中华人民共和国和摩洛哥王国引渡条约》	2016年5月11日	尚未生效
12	南非	《中华人民共和国和南非共和国引渡条约》	2001年12月10日	2004年11月17日
		《中华人民共和国和南非共和国关于刑事司法协助的条约》	2003年1月20日	2004年11月17日
13	突尼斯	《中华人民共和国和突尼斯共和国关于民事和商事司法协助的条约》	1999年5月4日	2000年7月20日
		《中华人民共和国和突尼斯共和国关于刑事司法协助的条约》	1999年11月30日	2000年12月30日
		《中华人民共和国和突尼斯共和国引渡条约》	2001年11月19日	2005年12月29日

续表

序号	国家	条约名称	签署日期	生效日期
14	塞内加尔	《中华人民共和国和塞内加尔共和国引渡条约》	2018年7月21日	尚未生效
		《中华人民共和国和塞内加尔共和国关于刑事司法协助的条约》	2018年7月21日	尚未生效

4. 中非条约外交

国际条约是国际法的重要渊源，是承载国际权利义务的重要载体，条约关系是国际关系的重要内容。因此，在中非法律关系中，条约关系无疑也是重要组成部分。从中非之间签订条约的数量及条约的内容，可以大致判断出中非关系发展的现状和走向。中非间已生效的这类条约的数量很少，这说明中非间开展实质性的司法和执法交流与合作亟待加强。再如，2013年至2019年3月间，中非间新签订的双边条约的数量不少，涉及签证协定、[①] 文化合作协定、[②] 联合声明、[③] 联合公报[④]等。而且，经贸投资类条约的数量也在增长，主要有：《中华人民共和国和安哥拉共和国对所得消除双重征税和防止逃避税的协定》（2018年10月9日）、《中华人民共和国政府与布基纳法索政府经济、贸易、投资和技术合作协定》（2018年8月31日）、《中华人民

[①] 如《中华人民共和国政府和安哥拉共和国政府关于简化签证手续的协定》（2018年1月14日）、《中华人民共和国政府和塞舌尔共和国政府关于互免签证的协定》（2013年5月6日）、《中华人民共和国政府和毛里求斯共和国政府关于互免签证的协定》（2013年8月29日）和《中华人民共和国政府和尼日利亚联邦共和国政府关于互免外交、公务（官员）护照人员签证的协定》（2013年7月10日）等。

[②] 如《中华人民共和国政府和乍得共和国政府文化协定》（2013年2月15日）、《中华人民共和国政府和坦桑尼亚联合共和国政府关于在坦桑尼亚设立中国文化中心的谅解备忘录》（2013年3月24日）和《中华人民共和国政府和佛得角共和国政府文化合作协定2013至2016年执行计划》（2013年6月19日）等。

[③] 如《中华人民共和国政府和肯尼亚共和国政府联合声明》（2014年5月11日）、《中华人民共和国和尼日利亚联邦共和国联合声明》（2014年5月8日）、《中华人民共和国和埃塞俄比亚联邦民主共和国联合声明》（2014年5月6日）和《关于全面深化中国非盟友好合作的联合声明》（2014年5月5日）等。

[④] 如《中华人民共和国与布基纳法索关于恢复外交关系的联合公报》（2018年5月26日）、《中华人民共和国和阿尔及利亚民主人民共和国关于建立全面战略伙伴关系的联合公报》（2014年2月24日）、《中华人民共和国和冈比亚伊斯兰共和国关于恢复外交关系的联合公报》（2016年3月17日）和《中华人民共和国和圣多美和普林西比民主共和国关于恢复外交关系的联合公报》（2016年12月26日）等。

共和国政府和加蓬共和国政府对所得避免双重征税和防止逃避税的协定》（2018年9月1日）、《中华人民共和国政府和刚果共和国政府对所得消除双重征税和防止逃避税的协定》（2018年9月5日）、《中华人民共和国政府和坦桑尼亚联合共和国政府关于促进和相互保护投资协定》（2013年3月24日）、《中国与肯尼亚避免双重征税协定》（2017年9月22日）和《中国和喀麦隆经济技术合作协定》（2018年3月22日）等，这表明六年多来中国与非洲国家的经贸投资条约关系已取得较大发展。

（二）中非民间法律外交

除了官方法律外交，民间法律外交也是中非法律外交的重要组成部分。近年来中非关系发展迅速，特别是2000年中非合作论坛召开，为国内开展非洲研究注入了强劲动力，国内因此掀起了非洲研究的热潮，非洲法研究开始受到国内学者的重视并产出了一些重要学术成果。与此同时，包括法学会、律师学会、法学院校、研究所和智库等在内的中非社会团体及学者之间的交流往来也日趋频繁，中非民间法律外交开始走上前台，成为中非法律外交的重要组成部分。在2012年7月，《北京行动计划（2013—2015）》决定"加强双方在法学研究、法律服务、法律人才培训以及非诉讼纠纷解决机制等领域的合作"之后，中非民间法律外交的步伐明显加快，六年多来开展了一系列法律外交活动，其中出现了一些标志性的重大交流活动。

1. 设立中非法学院院长论坛

2013年3月27~28日，首届中非法学院院长论坛在南非开普敦大学举行。中国法学教育研究会常务副会长、中国人民大学法学院院长韩大元教授作为中方团长，率中方16名法学院院长和教授组团赴开普敦参加了此次会议，与来自非洲不同国家和地区的15名法学院院长和教授共同就"中非法学教育的政治背景""中非在法学研究领域面临的挑战""中非法学院在课程改革和发展方面面临的挑战""中非法学院在教学和学习方面面临的挑战""中非法学院间的合作"等五个主题展开了讨论。2016年7月8日至9日，第二届中非法学院院长论坛在北京举行。论坛以"新中非合作背景下如何建立中非法学院间切实有效的合作机制"为主题，来自非洲各国的10名法学院院长以及我国国内二十余所国内法学院院长和教授出席论坛。在主论坛单元，中非法学院院长及学者就"中非法学院交流合作的现状与问题""中非法学院开展交流与合作的新机遇""中非法学院开展交流与合作的领域与途径""中非法学院教育合作的机制与模式"等主题展开深入研讨。中非法学院在此次论坛上达成共识,正式成立中非法学院联盟,秘书处设在中国人民大学法学院,协调中非法学教育具体事项。会议提出建议,设立中非法学教育基金,为开展不同法学院之间的学生交流提供经费支持。此次论坛将中非法学院院长对话发展为常态化机制,进一步加深了中非法学院校的相互了解,建立了中非法学院间切实有效的合作机制,增强了中非法学院法学教育合作与交流、共同培养中非法律人才,为"一带一路"倡议下推动中国与非洲各国在经济、贸易、金融、农业、基础设施建设、公共卫生领域的合作提供了坚实的人才后盾,对落实中非全面战略合作具有重要意义。[1] 2018年6月20日,以"新时代中非法学教育与法律服务"为主题的第三届中非法学院院长论坛在湘潭举行,论坛旨在进一步加强中国和非洲国家法学院院长对话交流机制,增进中非双方法学院的互相了解,共享中非法学院在人才培养、学术研究方面的丰富经验,拓展中非法学教育与法律服务的合作途径,为新时代推动中非关系全面快速发展提供坚实的智力支持。[2]

2. 开展中非法律人才交流项目

为落实《北京行动计划(2013—2015)》有关精神,由中国法学会组织的中非法律人才交流项目首期研修班项目于2014年9月在北京外国语大学举办,来自非洲近20个国家的30余位学员参加。研修班开设的课程主要以介绍中国法律制度和法律问题为主,如"中国法制建设和法治的发展"、"中国司法制度及涉外民事审判"和"中国金融法"等。通过这些课程及对中国法学会、最高人民法院、最高人民检察院、中国国际经济贸易仲裁委员会和一些著名律师事务所进行访问参观,非洲学员对中国法律制度和法治现状有了更加全面和深入的了解。之后,第二、三、四期研修班已分别于2015年5月、2016年6月和2017年5月举行。2018年6月举办了第五期研修班,这对于促进和深化非洲法学法律界对"一带一路"建设的认识和理解,对于巩固和强化广东在"21世纪海上丝绸之路"中的枢纽地位,对于推动中国法学法律界与非洲国家同行的交流与合作,都具

---

[1] 《第二届中非法学院院长论坛举行》,《法制日报》2016年7月27日,第9版。
[2] 《"第三届中非法学院院长论坛"成功举办》,http://edu.people.com.cn/n1/2018/0620/c1006-30069562.html,最后访问日期:2019年1月3日。

有重要的战略和现实意义。① 2019 年 6 月，中非法律人才交流项目第六期研修班分别在广州、深圳、金华和北京举行。中国法学会组织研修班学员参加研修班课程培训，全面系统介绍中国的法律体系与法治中国建设，宣传中国经贸法治模式、"一带一路"倡议以及"中非合作论坛北京峰会"最新成果，培养了解、认同中国法制建设和法治进程的非洲法律人才，树立我在非洲法治大国形象。

因此，从连续六届中非法律人才交流项目的举办情况及其效果来看，该项目已形成比较完善的机制，其影响力正在逐步扩大，在促进中非法学外交，推动中非全面战略合作伙伴关系的过程中发挥着引领作用。

3. 构建中非诉讼外纠纷解决机制

2014 年 9 月，"中非特色纠纷解决机制研讨会"在北京外国语大学举行，这是落实《北京行动计划（2013—2015）》的重要行动之一，是中国法学会倡议发起的"中非仲裁员互聘计划"的拓展与延伸。来自中国和非洲的近 70 名政府司法官员、法律专家学者、律师及仲裁员等参加了研讨会。此次研讨会除了对"中非仲裁机构现状与国际仲裁新发展"和"中非特色纠纷解决机制：友谊、文化与可持续发展"两个专题进行发言、评议及讨论外，还举行了一场圆桌会议，介绍成立"中非联合仲裁中心"的战略构想，并请所有中外与会嘉宾对该中心的仲裁规则展开深入探讨，集思广益，从而为建立中非特色纠纷解决机制献言献策。最后，会议通过了《关于共同成立"中非联合仲裁中心"的倡议书》。2015 年 8 月 12 日至 20 日，以副会长兼秘书长鲍绍坤为团长的中国法学会代表团对肯尼亚和南非进行了访问，与这两个国家的法律界人士进行了广泛深入的交流。访问肯尼亚期间，双方一致认为，应充分发挥肯尼亚作为东非枢纽国家的地缘优势，加快推进中非法律服务中心和研究分中心建设，尽快建成中非联合纠纷解决中心东非分中心以及中非法律中心。访问南非期间，来自中国和南非的 37 个法学、法律及仲裁组织共同签署了《约翰内斯堡共识》，这是在 2015 年 6 月《北京共识》基础上，双方法学、法律界共同推进中非联合仲裁纠纷解决机制的又一重要成果。在中国法学会的统一协调下，2015 年 11 月中非联合仲裁约翰内斯堡中心和上海中心开始运作；2017 年 3 月，

---

① 《中非法律人才交流项目第五期研修班情况综述》，http://www.clec.org.cn/plus/view.php?aid=1166，最后访问日期：2019 年 3 月 18 日。

中非联合仲裁北京中心、内罗毕中心和深圳中心相继揭牌。中非仲裁合作完成了在中国三个经济最发达区域的布局，形成了中非仲裁合作协同创新、全面合作的新格局。

4. 召开中非投资贸易法律研讨会

2013~2016年间，"中非投融资法律合作研讨会""中非投资贸易法律研讨会""中非投资经贸法律风险及对策研讨会"等会议相继举行。2018年8月20日，由中国人民大学与中国公共外交协会合作主办的"中非互助与人类命运的共同未来中非关系研讨会暨系列研究成果发布会"在中国人民大学召开。[①] 来自中非双方的法官、检察官、政府司法官员、法学专家、工商企业界代表、律师等参加了这些研讨会。这些研讨会围绕"非洲投融资法律环境""中国在非洲投资贸易的相关风险与防范""中非经济合作面临的问题和解决方案"等议题进行了研讨。这些研讨会，顺应了当前中非投资经贸蓬勃发展的大趋势，契合了当前中非经贸合作发展的需要。2019年6月，"国际投资经贸法律风险及对策"研讨会在广州召开。该会议旨在贯彻落实党的十九大精神，服务国家"走出去"战略和"一带一路"建设，帮助中国企业更好地了解"一带一路"沿线国家法律制度，防范和化解海外投资法律风险，搭建国际经贸合作法律桥梁。来自非洲15个国家和2个国际组织的共30位非洲法律界人士参会。

上述案例表明，2013年以来，中非之间为落实《北京行动计划》《约堡行动计划》的精神，开展了丰富多彩的民间法律外交活动。目前的中非民间法律外交具有以下特点。一是次数较多。中非真正开展民间法律外交只有短短十几年时间，但近年来保持了较高的交流频度，数量上要多于同期中非司法外交。二是形式多样。中非民间法律外交，既有法学院校教师与学生的交流交换，又有法学会、律师协会间的交流互访；既有合作举办的学术会议，又有对法律人才的专门培训；既有共同签署重要合作与交流文件，又有一起推动新机制的建设；等等。三是互动性强。这些形式多样的民间法律外交活动，具有很强的互动性，中非之间可以充分表达意见和建议，因此交流效果良好。四是层次很高。这些中非民间法律外交活动，

[①] 《中非关系研讨会在京举行》，http://www.cssn.cn/glx/glx_jdal/201808/t20180823_4547606.shtml，最后访问日期：2019年3月18日。

绝大多数是在中国法学会主导下开展的，并得到了中国外交部、商务部、最高人民法院、最高人民检察院等部门和机构的大力支持，交流的对象，除了非洲国家的法学院、律师协会、仲裁协会等民间团体，还包括它们的外交部、最高法院和最高检察院等官方机构。因此，中非民间法律外交具有很强的官方色彩，交流层次很高。

二 中非法律外交的成就

通过对2013年以来六年多时间里中非法律交流合作情况的一个简要回顾，我们可以看到，中非法律外交虽然起步较晚，但自2009年中非合作论坛建立，中非法律外交真正进入了提速期，总体上呈现出交流频繁、形式多样、渠道畅通、议题广泛、高层重视、成果丰硕等特点，取得了一些阶段性的成就。

（一）中非法律外交的次数创新高

2013年至2018年间，中非立法、执法、司法、条约等领域官方法律外交活动的次数都有所增多，访问的国家和次数都是前所未有的，这极大地促进了中非官方法律界之间深入开展对话、加深理解、求得共识。中非民间法律外交也是如此，通过频繁的交流活动，中非法学界和法律界也加深了相互间的了解，为双方进一步开展交流与合作打下了坚实的基础。

（二）中非法律外交的形式更多样

除了中非立法机构和司法机构目前在交流合作上主要采取友好访问和参观考察等形式，中非执法机构和民间的法律交流合作形式也日益多元化。就中非执法外交而言，其交流合作形式包括跨境追逃、打击走私珍贵动植物制品、解救被扣中国公民等；就中非民间法律外交而言，其交流合作形式不仅包括法学院校教师与学生的交流交换，法学会、律师协会间的交流互访，合作举办学术会议，还增加了培训中非法律人才，签署合作与交流文件，以及建设新机制等。

（三）中非法律外交的渠道更畅通

随着中非法律外交的日益频繁，上述形式多样的外交活动方式很多已成为一种常设性或定期性的交流平台或项目，如中非合作论坛—法律论坛、中非法学院院长论坛、中非法律人才交流项目、中非投资贸易法律研讨会等，它们为中非法律外交提供了稳定和通畅的交流渠道，成为推动中非法律外交的重要力量。

（四）中非法律外交的议题更广泛

近年来，中非法律外交的领域不断得到拓展。在立法、司法、执法和民间这些外交领域，交流合作议题呈现出广度和深度不断拓展的特点，历届"中非合作论坛—法律论坛"设立的主要议题就体现了这一特点。从传统的"中非各国法律制度介绍"到"中非经贸合作法律制度"，从"中非司法合作"到"国际司法合作：打击洗钱犯罪"，从"中非贸易和投资争议解决机制"到"有中非特色的纠纷解决机制"，这些议题的转变表明，随着中非关系的不断发展，中非法律外交的内容也在不断拓宽和深入，而且其交流合作内容日益以满足实际需求和解决实际问题为导向。例如，中非产能合作争议是中国公民和企业赴非开展产能合作活动出现争议后必须面对和解决的问题，因此历届"中非合作论坛—法律论坛"都将其作为一个重要议题。无独有偶，中非法律人才交流项目、中非投资贸易法律研讨会也将其作为一个重点培训或研讨的内容，至于构建中非纠纷解决机制，更是将落实构建以仲裁为核心的有中非特色的争议解决机制作为其工作的中心。

（五）中非法律外交更受高层重视

近年来，中非一直保持高层次的法律外交，受到了双方高层的大力推动。例如，从对双方最高立法机构的访问来看，很多来全国人大访问交流的是非洲国家议会的议长、政府首脑甚至是国家元首级人物，中国国家主席、总理和全国人大常委会委员长在访问非洲国家时也多次会见了这些国家的议长；参加"中非合作论坛—法律论坛"的很多代表是非洲国家最高法院院长及大法官、总检察长、司法部长、全国性法学法律组织的负责人等。

第四节　中非法律外交的不足与成因

目前，虽然中非法律外交取得了一些阶段性的成就，但同时存在交流合作机构与交流合作地区不平衡、交流合作数量有待提升、交流合作质量亟待提高、交流合作平台与机制须增加等问题。同时，目前学者们对中非法律外交机制建设与模式创新的实证研究还较为缺乏，零散成果之间的继承性不强，很多被识别出来的命题本身还是一种现象，使得中非法律外交的创新进入了一个新的瓶颈期。

一 中非法律外交的主要不足

（一）中非法律外交机构间的不平衡

2013年以来，中国对非法律外交中，全国人大接受非洲国家来访的数量最多，中非执法机构间也保持了比较密切的交流合作，中非民间法律外交特别是中国法学会主导的中非各项交流活动，更是呈现出交流次数较多、形式多样、互动性强和层次较高等特点。然而，中非司法机构间的交流次数总体偏少，特别是中国最高人民法院和最高人民检察院走进非洲的步伐明显迟缓，交流次数极少，尚未形成互访，远未达到《北京行动计划》和《约堡行动计划》的预期要求。

（二）中非法律外交地区间的不平衡

这主要是指全国人大对非洲各地区的访问交流以及来全国人大访问交流的非洲各地区的不平衡。因为中非司法机构间的交流次数极少，无法体现这种不平衡性，而中非民间法律交流整体上趋于平衡，所以此处的不平衡主要是指立法机构间的交流。如上所述，2013年以来，非洲各个地区的立法机构来全国人大访问的数量差异较大。其中，西部非洲和东部非洲来华国家和次数最多，尼日利亚与埃塞俄比亚访华次数最多。南部、北部非洲来华国家和次数次之，中部非洲来华访问最少。全国人大访问非洲也存在地区不平衡问题。访问东部、中部和南部非洲国家最多，访问北部、西部非洲国家次数最少。

（三）中非法律外交的数量待提升

中非法律外交的数量直接反映中非法律外交的频繁程度，也间接反映中非双方对中非法律外交的重视程度，因此中非法律外交的数量非常重要，只有数量上去了，交流水平才能提高。但是，中非法律外交的总体数量无疑是偏少的。目前，中国与非洲 53 个国家有外交关系，而且和非洲一些重要的区域性组织建立了联系，但中国现在对非法律外交的数量，远远无法满足中非关系快速发展的今天对中非法律外交的需求。增加中非法律外交的数量，不仅是进一步增强中非各方面关系的必然要求，而且是保障双方尤其是中方在非公民和企业利益的必然要求。

（四）中非法律外交的质量待提高

目前，中非法律外交，特别是官方法律外交，主要以机构或人员的互访和共同参加国际会议为主，在立法、司法、执法领域开展实质性交流与合作的不多，特别是在中非人员和财产往来日益频繁的今天，中非司法与执法机构间能否开展司法与执法合作，直接关系到中非双方公民和企业的利益，甚至影响两国间关系。例如，中非目前已签订的民商事领域和刑事领域的司法协助协定的数量还很少，由于缺乏正式的条约依据，中非在这些领域开展司法合作主要还是基于互惠原则，这给双方合作造成了相当大的困难和不便。

（五）中非法律外交的机制与平台需增加

中非合作论坛—法律论坛、中非法学院院长论坛、中非法律人才交流项目、中非投资贸易法律研讨会等论坛、项目或会议，为中非间法律外交搭建了较为顺畅的交流平台与机制。鉴于当前中非关系快速发展的需要，可以在上述平台与机制的基础上，进一步建立更多、更细的平台与机制，如中非法官、检察官、律师、仲裁员、法学家论坛等，而且目前中非间针对产能合作的法律机制与平台尚未建立，可以考虑专门就中非产能合作设立常设机制或论坛。

二 中非法律外交存在不足的成因

（一）外部因素影响

目前，现有国际经济以及法治体系仍然是以二战后西方国家为主导建立的。传统的狭隘价值观念以及根深蒂固的优越感使得西方国家对自身体系以外的新兴国家的崛起持排斥态度，而中国正是新兴国家的代表。在中非法律外交中，部分西方发达国家常常进行阻挠，大肆宣扬"中国威胁论""中国崩溃论"等,这些论调在一些非洲国家和地区仍有市场,对中非间平等合作、互利共赢的法律交流合作存在误解和误导,也进一步导致了中非法律外交的地区分布不平衡、交流合作的质量不高等问题。

(二) 内部因素制约

当前中国特色社会主义法律体系已经初具规模,但是涉外法律工作的相关法律法规还处于比较空缺的状态,中非间交流合作的相关法律法规更是屈指可数。同时,中国涉外法律的软实力还不够强,涉外法律体系仍不够完善,当前中非官方法律外交在很多方面还流于形式,缺乏实质性的交流与合作。同时,中国改革开放仅40多年时间,中国法律外交人才的数量、质量及其国际经验、阅历、能力、水平以及参与国际事务的积极性和主动性等方面与西方发达国家相关人员相比,还存在一定差距,尤其是因为对非法律外交起步晚,精通涉非交流合作的法律人才十分缺乏;并且中非公民和企业都有法律意识较淡薄的共同点,运用法治思维和法律手段处理中非法律外交任重而道远。加上非洲大陆有54个国家和6个地区,每个国家和地区都有自己的立法和习惯,中国对非法律外交主体繁多且情况复杂,中非法律外交缺少一定的整体规划和战略部署,相关统筹协调以及资源整合的工作都仍需进一步加强。

(三) 法律外交自身发展的影响

当前,法律外交理论研究刚刚启动,全面完整的理论体系还尚未形成。对法律外交理念的推广和重视程度都还不够,许多研究成果仍处于理论阶段,还没有具体的政策实践。这使得中非法律外交机制的基础比较薄弱,对建立中非法律外交机制和形式创新都增加了难度,导致中非法律外交缺乏长足发展的强劲动力。

第五节 中非产能合作下中非法律外交机制的构建

从法律外交的核心——法治出发,中非法律外交需要建立公平、正义、合理的交流合作体系和秩序。当前,中非正在共建"一带一路"、共推产能合作,中非法律外交已步入新的历史阶段,因此在中非共同制定的国际文件以及中国发布的对非政策等文件中都对中非法律外交提出了新要求，突出表现为要求法律交流合作各领域不断向纵深发展。在当前中非产能合作快速发展的背景下，中非法学、法律界应敏锐感知中非产能合作的具体法律需要，中非在各法律领域的交流合作也必须以促进中非产能合作安全、有序、持续进行为主要目标之一，就中非产能合作中的各项法律问题开展更紧密、更开放、更多元的法律交流合作，并且要建立健全相应的法律机制，为中非产能合作提供良好的法治基础和环境。

一　加强对中非法律外交的重视和研究，夯实中非法律外交的理论基础

当前，法律外交的理念已经得到广泛认可，其所涉领域不断扩大，并日益成为维护国家利益的优先手段，法律外交将成为我国外交的基本方式。[①] 非洲作为中国外交的首要目标，在中国外交全局中占据着不可替代的位置，而中非法律外交作为中非外交的一种基本形式，已经成为中非外交不可或缺的组成部分。在当前中非共建"一带一路"和共推产能合作的新时代背景下，中非都应高度重视法律外交的作用，不断推动中非法律外交向更多领域发展。

法律外交虽然由来已久，但在我国法律外交的概念才提出不久，因此其理论建设还需完善，将法律外交理论运用于实践还需探索。历经70年发展，尤其是2009年以来，中非法律外交已经取得了丰硕成果，其有益经验值得总结和推广，但其不足也值得研究和解决。为此，可加大研究投入力度，紧密联系中非法律外交实践，不断完善中非法律外交理论体系，挖掘中非法律外交内涵，探索新研究方法，特别是要激发我国学界对中非法律外交的研究热情。

二　建立中非官方法律交流互访机制，提升中非官方法律外交的数量与质量

目前，中非官方法律机构间的交流互访机制基本上还没建立。为了从中非官方层面为推进产能合作扫除障碍，这种交流互访机制应当建立起来，其主体包括中非议会、司法机构、执法机构等，其法律载体可以是双方签署的合作协议。通过合作协议这种软法在中非双方法律机构间建立定期的交流互访机制，不仅可以加大中国立法、司法、执法机构"走出去"

[①] 谷昭民编著《法律外交》，中国法制出版社，2018，第236～239页。

和将非洲国家相应法律机构"请进来"的力度，而且更重要的是，中非双方可就开展"一带一路"共建和产能合作等领域中出现的法律问题，如国内法律的立、改、废，开展定期的、灵活的对话沟通，并促进和加快中国与更多非洲国家在一些重要法律领域的合作。

中非官方法律外交，特别是司法外交与执法外交，无论是数量还是质量，都有很大的提升空间；中非立法外交虽然绝对数量不少，但鉴于与中国建交的非洲国家数量众多，相对数量其实不多。因此，中非法律外交首先应在数量上有所提升，为此应加大双方交往力度，"请进来"和"走出去"并举，不仅要加大对非洲官方法律机构或组织"请进来"的力度，更要加大中国立法、司法、执法机构"走出去"的力度。

无论是"请进来"还是"走出去"，在强化对中非产能合作非洲重点国家和地区法律外交的同时，要兼顾非洲各地区的平衡，即保持并加大与北部非洲、东部非洲、西部非洲、南部非洲和中部非洲中我国已确定的中非产能合作重点国家的已有的官方法律外交，在此基础上再增强与其他非洲国家，尤其是北部与中部非洲国家的官方法律外交。

此外，还要提升中非官方法律外交的质量。目前，中非官方法律外交在很多方面还流于形式，缺乏实质性的交流与合作。为此，除了加强中非法律机构或组织的互访和共同参与或组织国际会议等传统法律交流形式之外，中非还需进一步取得一些实实在在的成果。目前，迫切需要开展的交流合作主要有：一是与更多非洲国家商签产能合作协定；二是加快与中非产能合作重点国家签订贸易与投资方面的条约或协定；三是与中非产能合作重点国家签订更多的民商事和刑事领域的司法协助协定；四是加快与中非产能合作重点国家引渡条约的签订，目前除了突尼斯、南非、塞内加尔等国家，绝大多数非洲国家还未与中国签订引渡条约；五是加快与中非产能合作重点国家在相互承认与执行对方法院判决或仲裁机构裁决方面达成协议；六是与中非产能合作重点国家在跨境追逃、打击珍贵动植物制品走私和毒品走私等方面加强协调与合作。

三 发挥双方法学会的组织引领作用，拓展中非民间法律外交平台与机制

中非民间法律外交是中非法律外交的重要组成部分，它可以弥补中非官方法律外交涵盖面较小、形式较固定的不足，不仅可以将交流触角延伸

到中非法律关系的各个方面，而且可以采用灵活丰富的交流活动。在"中非合作论坛—法律论坛"这个制度性交流平台的引领之下，中非间可充分利用现有的法律机制与平台，或者设立一些新的法律交流合作机制与平台。首先应继续推进现有交流平台如中非法学院院长论坛、中非法律人才交流项目、中非投资贸易法律研讨会的开展，多组织关于中非产能合作中法律问题的研讨主题；同时，可为中非产能合作开拓中非民间法律交流的其他合作平台与机制，如中非知名法学家、律师、仲裁员论坛，着重邀请中非产能合作重点国家的法学家、律师、仲裁员来参加，重点就中非产能合作过程中的法律问题进行探讨；鉴于目前中非法律人才交流与培训项目主要是以中方培训非方法律人才为主，接下来可以开展中方法律人才在非洲国家，特别是在中非产能合作重点国家的交流与培训，从而对这些非洲国家的法律制度、司法体系、投资环境、产业政策等方面有一个系统的认识。此外，由于中非企业是产能合作的主体，所以应进一步优化中非民间法律交流活动参与人员的结构，鼓励中非企业积极参与，以提升中非法律交流合作的实效，中方为此可以提供必要的资金支持。在中非民间法律外交方面，双方法学会无疑具有重要的组织与引领作用，在中非民间法律外交平台建设上，它应当继续发挥这一作用。

四 建立中非法学院校间的交流合作机制，培养熟悉双方法律的人才

目前，中非法学院院长论坛已定期化，成为中非法学院校间开展交流合作的稳定平台。这个论坛应当是一个开放的合作平台，以后规模应进一步扩大，国内法科院校都可以参与进来。在首届中非法学院院长论坛上，尼日利亚大学法学院院长 Ifeoma Enemo 教授在其发言中指出，中非法学院校间的交流尚未开展，中非在经济、政治、贸易、金融、文化等领域的合作都需要有法律的支持，中非法学院校间的合作有利于促进这些领域的进一步合作。[①] 因此，接下来应利用好中非法学院院长论坛这个平台，尽快落实法科院校师生交流学习机制，专门设立交流基金，不仅支持非洲国家法科院校教师来华访学交流，而且支持非洲学生来中国法学院校进行交换或攻读学位。更重要的是，中国法科院校，应积极

---

① 《中国法学院院长代表团赴南非开普敦参加"首届中非法学院院长论坛"》，http://www.law.ruc.edu.cn/article/?42772.html，最后访问日期：2019年4月2日。

引导和支持师生到非洲开展访学、交换、攻读学位等活动。传统上，中国法科院校师生在出国访学、交换、攻读学位时，首选是欧美等发达国家或地区，通过积极宣传、引导，提供便利和资金支持，这种情况将能够得到改变。

现阶段的中非产能合作，可以重点选择那些与中国开展产能合作的重点非洲国家的知名法学院校，与其建立长期合作机制，将其作为中国法学师生赴非访学、交换、攻读学位的首选目的地，并为此加大政策倾斜和资金支持。通过这种机制，在较短时间内，就可以培养一批熟悉中非产能合作重点国家的法律和产业政策的专家。而且，就中非产能合作中的法律问题，中国法科院校还可以在非洲建立合作伙伴关系，例如在非洲知名法学院校建立中国—非洲法律研究中心，组成中非联合课题组，开展合作研究，也可以邀请非洲学者入职国内法科院校，利用其熟知本国法律环境与产能合作环境等优势，以及开展调研、收集案例等方面的便利，这样产出的合作研究成果将更有实践价值，能为中非产能合作的持续进行提供强有力的法律智力支撑。

目前，国内高校已经开始重视并开展对非洲高校法律交流合作平台的建设。以笔者所在的浙江师范大学为例，坦桑尼亚当地时间 2019 年 5 月 30 日，由浙江师范大学和达累斯萨拉姆大学主办，达累斯萨拉姆大学孔子学院承办的中非法律研究中心揭牌仪式暨"一带一路"与中非法律合作研讨会在达累斯萨拉姆大学孔子学院举行。这是目前为止，国内高校与非洲知名大学共建的为数不多的几个法律研究中心之一。该中心将为中非合作搭建法律沟通桥梁，对中非法律合作和法学研究提供稳定和可持续的重要支持。接下来，浙江师范大学与达累斯萨拉姆大学将开展法律专业本科生与研究生交流互换、开展法律研究项目、共同举办学术会议和设立工作室等活动。

五 采用区域或国别加实证的协同研究机制，提升中非法律外交的实效

2014 年 9 月 23 日，由中国法学会和上海交通大学共同主办的"国际贸易投资法律风险及对策研讨会——以非洲为视角"在上海举行。中国法学会副会长张鸣起在会上表示，目前在中国关于非洲法与社会发展研究的组织机构非常稀缺，研究模式多以介绍为主，密切联系实际的政策导向性研究就更少。学术界需要实质性地深化国内对非洲法与社会发展的研究，促进中非国际投资贸易与法律交流事业。① 造成上述情况的原因主要在于以下四点。其一，中国学术界一向重视对欧美日等发达国家法律的研究，普遍忽视对亚非拉发展中国家和地区的法律研究。其二，非洲国家数量众多，投资环境各有不同，各国在外商投资准入、税收、外汇、土地、劳工、知识产权、基础设施等领域的法律制度差异较大，分别受到大陆法系、英美法系、伊斯兰传统的影响，特别是受英美法影响的国家，判例繁多，加之非洲国家法律的稳定性往往不强，修改比较频繁，这些都加大了了解非洲国家法律运作情况的难度。其三，非洲各国法律受国内部族、宗教的影响较大，习惯法适用普遍；加上非洲国家语言种类很多，部分法律文本只以当地文字作成，这就为国内学者了解非洲法律制造了很大障碍。其四，实证研究的困难。例如，就目前非洲法研究中的一个热点问题，也即中国对非投资法律风险问题而言，虽然中国企业目前在非洲几乎所有国家都有投资，但投资最集中的主要有南非和尼日利亚等国家，而中国企业对这些国家投资的法律风险鲜少有经典案例出现，而且很多案例涉及商业秘密等原因，案例资料收集难度较大，这就给开展实证研究造成了很大障碍。

上述原因导致了目前国内对非法律研究不仅成果较少、多停留在理论层面，且多以介绍性为主，缺乏国别或区域与实证相结合的深入研究。但是，在中非产能合作背景下，国别或区域加实证相结合应是开展非洲法研究的基本模式。例如，对中非产能合作重点国家的法律环境，必须结合这些国家各自不同的法律风险和具体案例进行研究。只有这样，才能就中国企业投资某一个具体非洲国家存在的主要法律风险，为企业和政府相关部门等提供有针对性的行之有效的对策和建议。为此，可承接一些中资企业提出的涉非法律方面的课题，然后在国内各非洲法研究机构间开展协同研究，并组成中非联合课题组，深入非洲国家进行实地调研。通过建立国别或区域加实证研究机制，在深入研究非洲国家法律的基础上，开展中非法律外交，无疑也会提升外交的实效，更可能取得实质性的交流成果。

六 建立健全涉非法律服务机制，推进中非诉讼外争议解决机制建设

2017 年 1 月 8 日，司法部、外交部、商务部、国务院法制办公室联合

---

① 《中国法学会副会长：非洲法与社会发展研究亟待加强》，http://www.cssn.cn/zx/bwyc/201409/t20140926_1343223.shtml，最后访问日期：2019 年 5 月 2 日。

印发了《关于发展涉外法律服务业的意见》（以下简称《意见》），对发展涉外法律服务业作出全面部署。《意见》为我国发展涉外法律服务业提出了四方面的主要任务：一是为"一带一路"等国家重大发展战略提供法律服务；二是为中国企业和公民"走出去"提供法律服务；三是为我国外交工作大局提供法律服务；四是为打击跨国犯罪和追逃追赃工作提供法律服务。中非产能合作作为中国对非重大战略之一，自然也需要我国涉外法律服务业的支持。而且，就我国传统的法律服务对象而言，非洲一直属于洼地，无论是对非法律服务业的工作制度、机制、政策、措施，还是对非法律服务业的国际竞争力与高素质涉非法律服务人才，我国都处于长期不完善、不健全、不强劲、不充足等状态。我国对非法律服务业的现状，显然无法满足中非产能合作法律服务的现实需要。因此，根据《意见》的指示，在对非法律服务机制的健全上，应采取健全完善扶持保障政策、进一步建设涉非法律服务机构、发展壮大涉非法律服务队伍、健全涉非法律服务方式和提高涉非法律服务质量等具体措施。

在涉非法律服务机制中，中非诉讼外争议解决机制作为解决中非产能合作争议的重要机制，需要特别重视。目前，中非诉讼外争议解决机制已实现从构想到实施的转变。2015年11月中非联合仲裁约翰内斯堡中心和上海中心开始运作；2017年3月，中非联合仲裁北京中心、内罗毕中心和深圳中心相继揭牌。这些机构旨在为包括中非产能合作在内的中非经贸投资领域发生的争议提供公平、高效、便捷、经济的仲裁服务。但中非联合仲裁机制还处于初创阶段，需要明确仲裁员选聘、仲裁规则、仲裁程序等方面的制度，并需设立一种特别机制以保障未正式加入《纽约公约》的非洲国家，能够顺利承认和执行中非联合仲裁中心所做出的仲裁裁决。此外，鉴于调解方式在义乌涉外商事争议解决中的成功经验，中非还可以讨论构建独立的联合调解机制，专门通过调解方式来解决中非在产能合作中发生的争议。关于中非产能合作中的仲裁方式与调解方式，本书第六章将作深入探讨。

第三章　中非产能合作与国际条约保护机制

中非开展产能合作，除了双方应各自出台相关国内法律与政策，还需要国际条约的引导、促进与保护，因为国际条约是保障包括产能合作在内的中非间各种合作的最重要国际法制度。基于此，本章将从国际条约视角梳理中非产能合作的保护机制，包括硬法机制与软法机制，具体主要讨论三种类型的条约机制：一是中非双边投资条约机制，二是中非产能合作的多边化或区域性条约机制，这二者是国际硬法机制；三是中非产能合作的国际软法机制。

第一节　中非双边投资条约机制

一　中非双边投资条约的基本现状

双边投资条约（BITs）是国际上促进与保护投资的基本法律文件，无论是对资本输入国还是输出国都具有重要意义。1982年，中国与瑞典签订了第一个BIT，在之后又陆续与世界上许多国家签署了BITs。截至2019年4月，中国对外签署并生效的BITs达到了104个，[①] 拥有世界上仅次于德国的第二大BITs网络。通过这些BITs，中国企业开展海外投资能够得到较好的保护。但中外BITs也存在一定的问题，如中国还未和世界上不少国家签署BITs，包括美国、巴西等重要的投资伙伴；此外，中国对外签订的BITs还存在虽早已签署但一直未生效的尴尬处境以及有些BITs内容陈旧、保护水平相对较低等问题。

就非洲国家而言，虽然中国早于20世纪五六十年代便和埃及、几内亚等国家建立了外交关系，但直到1989年才和加纳签署中非间的第一个BIT，时间上远迟于欧美发达国家。截至2019年4月，中非间共签署了34

[①] 《我国对外签订双边投资协定一览表 Bilateral Investment Treaty》，中国外交部条法司网站，http://tfs.mofcom.gov.cn/article/Nocategory/201111/20111107819474.shtml，最后访问日期：2019年5月2日。

个 BITs，其中生效 18 个（见表 3-1），① 未生效 15 个。② 这 18 个已生效的中非 BITs 主要用两种名称：一是"相互促进与保护投资协定"，③ 二是"鼓励和相互保护投资协定"；④ 但无论用哪种名称，其内容主要由"定义""促进与保护投资"⑤"投资待遇"⑥"征收及其补偿""损害与损失的补偿"⑦"投资与收益的转移""代位""缔约双方间的争议解决""缔约一方与缔约另一方投资者间的争议解决"等主干条款组成，此外还有序言及一些附带条款（如协定的解释、生效和生效期等）。

表 3-1　中非间已生效 BITs 一览

序号	非洲国家	签署日期	生效日期	备注
1	加纳	1989 年 10 月 12 日	1990 年 11 月 22 日	
2	埃及	1994 年 4 月 21 日	1996 年 4 月 1 日	
3	摩洛哥	1995 年 3 月 27 日	1999 年 11 月 27 日	
4	毛里求斯	1996 年 5 月 4 日	1997 年 6 月 8 日	
5	津巴布韦	1996 年 5 月 21 日	1998 年 3 月 1 日	
6	阿尔及利亚	1996 年 10 月 17 日	2003 年 1 月 28 日	
7	加蓬	1997 年 5 月 9 日	2009 年 2 月 16 日	
8	尼日利亚	1997 年 5 月 12 日		已废除
		2001 年 8 月 27 日	2010 年 2 月 18 日	重新签订
9	苏丹	1997 年 5 月 30 日	1998 年 7 月 1 日	
10	南非	1997 年 12 月 30 日	1998 年 4 月 1 日	
11	佛得角	1998 年 4 月 21 日	2001 年 10 月 1 日	

① 在这 18 个中非间已生效的 BITs 中，中国与坦桑尼亚间的 BIT 是最新签署且生效的，中国与刚果（布）间的 BIT 则是中非间最晚生效的 BIT，但其签署时间较早。
② 15 个未生效的中非 BITs 对应的非洲国家分别是：赞比亚、喀麦隆、刚果（金）、博茨瓦纳、塞拉利昂、利比亚、肯尼亚、科特迪瓦、吉布提、贝宁、乌干达、纳米比亚、几内亚、塞舌尔、乍得。
③ 中国与毛里求斯、加蓬、尼日利亚、赤道几内亚、马达加斯加、马里、坦桑尼亚和刚果（布）签订的 BITs 用这一名称。但在这一名称使用上，也存在细微差别，如中国与刚果（布）的 BIT 的名称没有使用"相互"二字。
④ 中国与加纳、埃及、摩洛哥、津巴布韦、阿尔及利亚、苏丹、南非、佛得角、埃塞俄比亚和突尼斯签订的 BITs 用这一名称。
⑤ 中国与马达加斯加的 BIT 用了"促进与接受投资"这一表述。
⑥ 包括国民待遇、最惠国待遇、公平与公正待遇等。
⑦ 中国与马达加斯加间的 BIT 用了"战争和冲突损失赔偿"这一表述。

续表

序号	非洲国家	签署日期	生效日期	备注
12	埃塞俄比亚	1998年5月11日	2000年5月1日	
13	突尼斯	2004年6月21日	2006年7月1日	
14	赤道几内亚	2005年10月20日	2006年11月15日	
15	马达加斯加	2005年11月21日	2007年7月1日	
16	马里	2009年2月12日	2009年7月16日	
17	坦桑尼亚	2013年3月24日	2014年4月17日	
18	刚果（布）	2000年3月20日	2015年7月1日	

二 中非 BITs 的主要特点与问题

通过考察现有中非 BITs 的数量和内容，结合国内一些学者的论述，可以发现中非 BITs 主要有以下特点和问题。

一是与非洲国家的数量相比，已生效的中非 BITs 数量少。非洲共有 54 个国家，目前与中国建交的有 53 个，[①] 中国企业已投资的也已达 52 个，[②] 但与中国有生效 BITs 的非洲国家只有 18 个，已签署但未生效的有 15 个，与中国没有 BITs 的非洲国家仍多达 20 多个，其中包括当前中非产能合作布局中的一些重点国家，如利比里亚、莫桑比克和安哥拉等。

二是相较于国际上新一代 BITs，中非 BITs 对投资者的保护水平整体不高。中非已生效的 18 个 BITs 按照签署时间可分为四代。第一代是 8 个 BITs（加纳、埃及、毛里求斯、津巴布韦、阿尔及利亚、苏丹、佛得角和埃塞俄比亚）；第二代是 2 个（摩洛哥、加蓬）；第三代是 7 个 [尼日利亚、南非、赤道几内亚、马达加斯加、突尼斯、马里、刚果（布）]；第四代则只有 1 个（坦桑尼亚）。这四代 BITs 的立法价值取向有所不同：第一、二代中非 BITs 偏向于保护东道国利益；第三代中非 BITs 更重视保护投资者的利益；第四代中非 BITs 则在东道国利益与投资者利益间实现了较好的平衡。从数据可见，中非间近 60% 的 BITs 属于第一、二代条约，

---

① 《中华人民共和国与各国建立外交关系日期简表》（截至 2019 年 9 月），See http：//www.fmprc.gov.cn/web/ziliao_674904/2193_674977/，最后访问日期：2019 年 10 月 27 日。
② 中华人民共和国商务部：《中国对外投资合作发展报告（2017）》，第 100 页。

与第三、四代 BITs 在"待遇标准""征收""投资者与东道国争议解决""对战争和武装冲突造成损失的补偿"等方面都有一定的差距,对投资者总体的保护水平不高。①

三是相较于国际上新一代 BITs,中非 BITs 的内容总体上比较陈旧,缺失现代 BITs 的一些重要内容。如上所述,中非间 BITs 主要由"定义""促进与保护投资""投资待遇""征收及其补偿""损害与损失的补偿""投资与收益的转移""代位""缔约双方间的争议解决""缔约一方与缔约另一方投资者间的争议解决"等主干条款组成。中非间的 BITs 主要是第一、二、三代 BITs,其很多内容与国际上第四代 BITs 相比,有明显的落后之处,不能反映国际社会的新发展、新需要。例如,随着国际经济的发展和法律维权的深入,可持续发展、企业社会责任、健康安全、环境保护、劳工标准、反腐败等内容开始不断进入 BITs 之中,而中非间签订的 BITs,除了中国与坦桑尼亚间的 BIT 有这些内容,其他中非 BITs 都没有,因此中非 BITs 整体上不能反映国际社会 BITs 的最新发展趋势。

四是中非 BITs 除了有上述缺漏,还有不少不明确之处。国内有学者曾经就中非 BITs 的主要内容逐一做了分析,指出其在序言、投资及投资者的界定、间接征收的认定、征收的补偿的计算、投资争议解决等方面,都有一些不明确的地方,需要作出更细致、更具体的规定。② 笔者也通过研究发现,中非 BITs 中的征收与争议解决等条款都存在这样的问题。就征收条款而言,在一些中非 BITs 中对其只作了非常原则性的规定,需要明确征收特别是间接征收的具体情形,对此,下文将有阐述。而对于争议解决条款,中非 BITs 中普遍存在着对仲裁规则适用情形规定不明确等问题。近年来随着中国对非投资规模不断扩大,领域不断拓宽,中非间投资争议有增多的态势,但中非双边投资条约中的争议解决条款无法有效发挥作用,为此有必要对其进行改进。该问题由于涉及争议解决,所以将在本书第六章"中非产能合作中与争议解决机制"中重点进行探讨。

---

① 韩秀丽:《中非双边投资条约:现状与前景》,《厦门大学学报》(哲学社会科学版) 2015 年第 3 期,第 51~52 页。
② 朱伟东:《中非双边投资条约存在的问题及完善》,《国际经济法学刊》第 22 卷,2015 年第 1 期,第 150~166 页。

三 中非双方推进 BITs 的举措

中资企业投资非洲是中非开展产能合作的基本形式，因此中非 BITs 对于推动中非产能合作，特别是对促进及保护中国在非投资可发挥重要作用。但鉴于中非 BITs 中存在的上述问题，中非 BITs 目前还不能为中非产能合作发挥所应有的强有力的推进和保护作用。针对这些问题，中非双方可以采取以下措施。

（一）中非双方应积极推进 BITs 的谈判、签署、生效或修订工作

就缔结 BITs 的现实意义，国内有学者曾指出："尽管对于 BIT 是否能够促进或增加外国直接投资存在不同观点，但不可否认，在大多数情况下，BIT 能够促进缔约双方的经济利益，而且能够表达双方促进经济关系和增进友好关系的政治意愿。从另一个角度看，BIT 可能促进东道国的整体发展，对于其政治、法律、社会和经济均有重要含义。也许正因如此，在一些国家否定 BIT 的同时，有更多的国家在积极缔结 BIT。"[①] 确实，一方面，目前在国际社会，包括一些非洲国家内部，存在反对 BITs 的声音和行动，其典型是南非。南非曾经与 41 个国家签订了 BITs，但经过两年时间的审查，南非贸易与工业部（DTI）于 2012 年决定终止南非缔结的"第一代"BITs，其理由是这些 BITs 使南非不必要地遭受国际仲裁，或者造成了南非国内政策的冲突。南非缔结的"第一代"BITs 约有 30 个，且大多数是与欧盟国家缔结的。南非已单方面终止了与一些欧盟国家如荷兰、德国、瑞士、西班牙等国的 BITs。2013 年 11 月，南非又公布了《投资促进与保护法》，旨在对南非境内的所有投资进行规范，并用该法保护外资，其在"投资"的界定、投资待遇、征收及补偿以及投资争议解决等几个方面，与南非签署的 BITs 中的有关规定相比已有很大变化，且体现的外资保护水平有所降低。[②]

但是，另一方面，世界上有不少国家也在积极寻求通过缔结 BITs 来实现吸引外资、促进经济发展的目标。例如南非虽然终止了一些条约，但

[①] 韩秀丽：《中非双边投资条约：现状与前景》，《厦门大学学报》（哲学社会科学版）2015 年第 3 期，第 54 页。

[②] 朱伟东：《南非〈投资促进与保护法案〉评析》，《西亚非洲》2014 年第 2 期，第 7～13 页。

它"在未来可能会采用一个新的 BITs 范本,该范本将排除投资者与东道国争议条款和征收条款,并推动包括《广义黑人经济振兴法案》(B-BBEE)在内的政府各项经济转型目标的实现"。① 因此,即使反对 BITs 的国家,最后也还是可能根据本国需要,通过采用新的 BITs 范本等手段,缔结新的 BITs 来实现本国的经济政策。

鉴于此,中非双方都应高度重视 BITs,特别是考虑到当前与非洲开展产能合作、加大对非投资的实际需要,中国更应积极推进中非间 BITs 的谈判、签署与生效。目前中国对非投资已遍及非洲 52 个国家,但中非间已生效的 BITs 只有 18 个,比例不到 40%,这显然不能为中国对非全面投资带来有效保护。在中国承诺加大对非投资和中非产能合作火热开展的大背景下,中国应加快与利比里亚、莫桑比克、安哥拉等中非产能合作重点国家和中国投资较多的非洲国家之间的 BITs 的商签工作,同时积极将与赞比亚、喀麦隆、刚果(金)等国间已签署但尚未生效的 BITs 落实生效,或者重新进行谈判,对其内容进行一些修订。

(二)中非 BITs 在理念和内容上应实现现代化转型

当前,国际上一些新的 BITs 范本和新的 BITs 本身,与先前的 BITs 相比,无论是在指导理念还是具体内容上,都有了不小变化。在指导理念上,新一代 BITs 在其序言中,往往有关于可持续发展、企业社会责任等的表述;在具体内容上,新一代 BITs 与以往 BITs 相比,往往会插入关于国内健康、安全和环境的条款,指出国内健康、安全与环境的重要性,强调为保护这些目标,不会放宽对外资的准入限制。新一代 BITs 序言和内容中的上述新表述,体现了其对资本输入国即东道国的"经济主权和政府规制权的强调"。②

就中非 BITs 而言,目前中国只有与坦桑尼亚的 BIT 的序言中有关于可持续发展、企业社会责任的表述,③ 在其主干条款中有关于国内健康、

---

① 美国国务院:《2016 年南非投资环境报告》,http://www.state.gov/e/eb/rls/othr/ics/investmentclimatestatements/index.htm?year=2016&dlid=254245,last access:02/03/2017。
② 韩秀丽:《中非双边投资条约:现状与前景》,《厦门大学学报》(哲学社会科学版)2015 年第 3 期,第 52 页。
③ 在中国和坦桑尼亚《促进和相互保护投资协定》的序言中,除了有关于"相互鼓励、促进和保护投资"这些传统的政策性宣示,新加了"鼓励投资者尊重企业社会责任""愿加强两国间的合作,促进经济健康稳定和可持续发展,提高国民生活水平"等新内容。

安全和环境措施的专门规定,[①] 这是中坦 BIT 被认为符合国际发展趋势,因此是第四代 BITs 的重要原因之一。在一些非洲国家有反对 BITs 的声音和行动的当下,中非在商签新的 BITs 或者在更新原有的 BITs 时,更应该对上述新的指导理念和具体内容予以考虑和引进。具体可参照中国与坦桑尼亚间的 BIT,加入上述内容,或在其基础上,根据非洲国家的具体需要,加入一些新的内容,例如有关劳工保护的内容。在这些新理念指导下和新内容规范下的中非 BITs,一方面能够顺应 BITs 的国际发展趋势,完成现代化转型;另一方面反映非洲国家的利益诉求,符合其既吸引中资以发展经济,又保护本国经济可持续发展、满足国内安全和环境保护等方面的特定需要,缓解和消除其政府、媒体、公众的担忧或不满,从而有利于推进中非 BITs 谈判、签署与生效工作的开展。

(三) 中非 BITs 应适当提升投资保护水平

先前的三代 BITs 要么侧重对投资东道国的保护,要么偏向对投资者的保护,而新一代的 BITs 则试图在二者利益之间实现更好的平衡,因此新一代 BITs 在指导理念和具体内容等方面考虑东道国利益、强调其经济主权与政府规制权的同时,适当提升其对外资的保护水平也是顺理成章的事情。鉴于此,在新近的一些 BITs 中有关外资待遇的条款,与先前的 BITs 相比,已有了一些改进,如普遍规定了公平公正待遇、国民待遇和最惠国待遇,且有关征收及其补偿的规定更为细致。

就中非 BITs 而言,在将可持续发展、企业社会责任、国内健康、安全和环境保护等理念与内容引进的同时,自然应相应提升其对投资保护的水平,以实现中非双方的利益平衡。例如,近年来中国投资者在一些非洲国家因其武装冲突、紧急状态、骚乱或其他类似事件而遭受损失,典型的是 2012 年 1 月,中国水利水电建设股份有限公司在苏丹的乌姆—阿布公路工程项目的主营地被苏丹反政府军控制,造成 1 名中方员工遇难、29 名

[①] 中国和坦桑尼亚《促进和相互保护投资协定》第 10 条 "健康、安全和环境措施" 规定:"一、缔约双方认识到放宽国内健康、安全或环境措施来鼓励投资的做法是不恰当的。因此,缔约一方不得放弃或贬损有关措施或承诺放弃或贬损有关措施,以鼓励投资者在其领土内设立、并购、扩大或保留投资。二、只要不是以专断或不合理的方式采取有关措施,或有关措施不构成对国际投资的变相限制,本协定不应解释为阻止缔约一方为保护人类、动物或植物的生命或健康而采取或维持必要的环境措施。"

中方人员被劫持（后获释），并使该项目处于停工状态。对于此种损失的赔偿，中国与苏丹间的 BIT 第 5 条规定："当缔约一方的投资者在缔约另一方领土内的投资，因在缔约另一方领土内发生战争、全国紧急状态、叛乱、骚乱或其他类似事件而遭受损失，如缔约另一方采取有关措施，则其给予缔约一方投资者的待遇，不应低于其给予第三国投资者的待遇。"但该条款显然对"采取有关措施"的规定不明确，且对遭受损失的投资者应给予的待遇方面只规定了最惠国待遇，没有规定国民待遇。

鉴于中非 BITs 中存在投资待遇偏低问题，为对中非双方投资者尤其是中方企业实施更好保护，中非间在商签新的 BITs，或者在更新原有的 BITs 时，要加大对投资的保护力度，尤其是在条约中的投资待遇标准、征收及其补偿等核心内容中，要对此有所反映。例如，就上述因国内武装冲突、紧急状态、骚乱或其他类似事件遭受损失而给予投资者的待遇方面，中非 BITs 中可以规定既给予其最惠国待遇，又给予其国民待遇，并规定适用二者中的最优者。①

（四）中非 BITs 在具体规定上应更细致明确

国际条约是规定国际法主体权利义务的重要载体，其内容细致明确与否，直接关系到条约的遵守、执行效果和条约当事国享受条约权利的程度，尤其是具体涉及东道国与投资者重大利益的 BITs，其条款应尽可能明确细致，不能模棱两可或存在缺漏。

然而，中非间的大多数 BITs，在一些关键条款中都存在概念界定不清、条件适用不明等问题。例如，一些非洲国家近年来由于实施本土化法律政策，对中资企业产生了征收风险。具体而言，20 世纪 90 年代以来，南非、津巴布韦、尼日利亚、加纳、乌干达、安哥拉等一批非洲国家以振兴经济、提升黑人经济地位、减少贫困等名义相继颁布了本土化法律政策，其核心内容是在本国某些行业投资的外资企业必须将一定的股份售让给本国人。从国际法视角看，强制售让外资股份的本土化措施是公认的

---

① 具体可以参照中国和坦桑尼亚《促进和相互保护投资协定》第 7 条有关"损害与损失的补偿"的规定："一、缔约一方的投资者在缔约另一方领土内的投资，如果由于发生在缔约另一方领土内的武装冲突、紧急状态、骚乱或其他类似事件而遭受损失，在给予其恢复原状、赔偿、补偿或采取其他措施的待遇方面，该缔约另一方应给予前一缔约方的投资者和投资不低于相似条件下其给予本国国民或者第三国投资者的待遇中最优者。"

"间接征收"。但由于本土化是一些非洲国家的一项基本政治经济政策，所以其产生的间接征收风险具有很强的政治因素，中资企业本身对这种风险的控制力很弱。非洲国家本土化政策的典型是津巴布韦2007年《本土化与经济授权法案》，它对资源行业的外企规定了高达51%的股份售让要求。2016年3月以来，津国试图强力实施该法，中资企业由于缺乏相应的应对措施，所以受到很大冲击。中国与津巴布韦间的BIT有关于征收及其补偿的规定，但其对间接征收的界定并没有规定具体的标准，实践中容易导致分歧。[1] 为此，对于间接征收的界定，中非间在更新原有的BITs或商签新的BITs时，可以在其"征收"条款中规定具体的判断标准，并规定应依据案件实施逐案确定，[2] 这样更能维护中非投资者尤其是中资企业的利益。

（五）中非BITs可以给予非方某些特殊和差别待遇

考虑到中非经济发展水平的差距和一些非洲国家的实际需要，一些中非BITs中规定了给予缔约双方或一方某些特殊和差别待遇的条款。例如，中国与坦桑尼亚间的双边投资条约规定了给缔约双方的特殊待遇："在不对缔约另一方投资者的投资和活动产生重大影响的前提下，缔约一方可以依据其法律和法规，为实现发展和激励本地企业之目的给予其国民奖励和

---

[1] 中国与津巴布韦的《鼓励和相互保护投资协定》第4条规定："一、缔约一方不应对缔约另一方的投资者在其领土内的投资采取征收、国有化或其他类似措施（以下称'征收'），除非符合下列条件：（一）为了公共利益；（二）依照国内法律程序；（三）所采取的措施是非歧视性的；（四）给予补偿。二、本条第一款（四）项规定的补偿应等于实际的或即将发生的征收为公众知晓前一刻被征收投资的真实价值。补偿款额的计算应考虑由独立的会计师事务所确定的净资产价值以及市场价值。该补偿应被不迟延地支付，应包括直至支付之日为止的通常商业利息，应可有效实现并可自由转移。对上述补偿款额支付的规定应在征收时或之前以适当方式制定。"

[2] 例如，中国和坦桑尼亚《促进和相互保护投资协定》第6条第2款就采取这种做法："在某一特定情形下确定缔约一方的一项或一系列措施是否构成第一款所指间接征收时，应当以事实为依据，进行逐案审查，并考虑包括以下在内的各种因素：（一）该措施或该一系列措施的经济影响，但仅有缔约一方的一项或一系列措施对于投资的经济价值有负面影响这一事实不足以推断已经发生了间接征收；（二）该措施或该一系列措施在范围或适用上对缔约另一方投资者及其投资的歧视程度；（三）该措施或该一系列措施对缔约另一方投资者明显、合理的投资期待的干预程度，这种投资期待是依据缔约一方对投资者作出的具体承诺产生的；（四）该措施或该一系列措施的性质和目的，是否为了公共利益和善意采取，以及前述措施和征收目的之间是否成比例。"

优惠。"① 中国与南非双边投资条约规定了给予南非单方面的优惠待遇："南非共和国在其境内给予缔约另一方投资者的投资和收益的待遇不应低于其给予本国投资者的投资和收益的待遇,但全部或主要关于税收的国内立法或旨在专为促进、保护和提高由于南非共和国过去的歧视性做法而受到损害的人或人群的计划或经济行动除外。"② 这些特殊和差别待遇,不管是给予中非 BITs 的缔约双方还是一方,其主要目的都是考虑非洲国家的特殊国情,满足其实现经济发展或照顾特殊人群的需要。中非间在更新原有的 BITs 或商签新的 BITs 时,对于非方提出的类似需求,应当积极予以考虑和回应,在不对中方投资造成损害或障碍的前提下,在 BITs 中加入这些特殊条款。

第二节 中非产能合作的多边化或区域性条约机制

一 中非产能合作多边化或区域性条约机制的提出

（一）中非产能合作多边化或区域性条约机制的提出背景

当前,非洲区域经济一体化成效显著,已形成西非国家经济共同体（ECOWAS, 1975）、西非经货联盟（UEMOA, 1994）、东非共同体（EAC, 2001）、东南非共同市场（COMESA, 1994）、南部非洲关税同盟（SACU, 1969）、南部非洲发展共同体（SADC, 1992）、中非经济与货币共同体（CEMAC, 1994）、阿拉伯马格里布联盟（UMA, 1989）、萨赫勒—撒哈拉国家共同体（CEN - SAD, 1988）、中部非洲国家经济共同体（CEEAC, 1983）等 10 余个非洲次区域经济一体化组织,此外还有非盟（AU, 2002）这个将经济一体化作为其目标之一的集政治、经济和军事于一体的全非洲性的政治实体。这些组织在削减关税、扩大贸易、促进投资、建立自贸区等方面取得了不小成就。与此同时,非洲还于 2001 年 7 月和 2015 年 1 月分别出台了"非洲发展新伙伴计划"与"2063 年议程",决心加快非洲一体化包括经济一体化进程,"2063 年议程"更是提

---

① 《中华人民共和国政府和坦桑尼亚联合共和国政府关于促进和相互保护投资协定》第 3 条第 2 款。
② 《中华人民共和国政府和南非共和国政府关于相互鼓励和保护投资协定》第 3 条第 3 款。

出积极促进由东南非共同市场、东非共同体和南部非洲发展共同体发起的三方自由贸易区（TFTA）的成立，以实现2017年建成非洲大陆最大自贸区的目标。2015年6月，非洲26个国家的领导人在埃及签署协议，决定建立三方自贸区，通过整合上述三个自贸区，非洲将形成一个新的、最大的单一自贸区，包括非洲从南到北26个国家，GDP占整个非洲的一半以上。2018年3月，非洲44个国家的领导人在卢旺达首都基加利签署协议，以创建非洲大陆自由贸易区。2019年5月30日，非洲大陆自由贸易区协议（AfCFTA）正式生效，于2019年7月7日正式实施。该协议旨在进一步降低关税、消除贸易壁垒，促进区域内贸易和投资发展，实现商品、服务、资金在非洲大陆的自由流动，从而形成非洲单一大市场。截至2019年6月，非洲联盟55个成员中有52个已签署协议，仅有尼日利亚、贝宁、厄立特里亚这3个国家尚未签署。联合国非洲经济委员会执行秘书松圭（Vera Songwe）认为，到2040年，在去除非洲内部贸易壁垒后，非洲内部贸易额将增加15%~25%。以人口和成员数量论定，这将是WTO成立以来全球最大的自贸区。①

同时，在当前全球范围内自贸区数量不断增加，涵盖议题快速拓展，自由化水平显著提高，而我国经济发展进入新常态，外贸发展机遇和挑战并存，引进来、"走出去"正面临新的发展形势的情况下，加快实施自贸区战略，也成为中国新一轮对外开放的重要内容。党的十七大把自贸区建设上升为国家战略，党的十八大提出加快实施自贸区战略，党的十八届三中、五中全会进一步要求以周边为基础加快实施自贸区战略，形成面向全球的高标准自贸区网络。《中华人民共和国国民经济和社会发展第十三个五年（2016~2020年）规划纲要》也指出：加快实施自由贸易区战略，逐步构筑高标准自由贸易区网络。积极同"一带一路"沿线国家和地区商建自由贸易区，加快区域全面经济伙伴关系协定、中国—海合会、中日韩自贸区等谈判，推动与以色列、加拿大、欧亚经济联盟和欧盟等建立自贸关系以及亚太自贸区相关工作。由此，加快实施自贸区战略是我国适应经济全球化新趋势的客观要求，是全面深化改革、构建开放型经济新体制的必然选择。

---

① 《非洲大陆自由贸易区协议5月30日正式生效》，http://www.mofcom.gov.cn/article/i/jyjl/k/201905/20190502868918.shtml，最后访问日期：2019年6月8日。

中非产能合作正是在非洲区域经济一体化方兴未艾和我国加快实施自贸区战略、构建全球自贸区网络的背景下提出和开展的。虽然在中国目前的全球自贸区战略版图中，非洲并非重点或优先的自贸区合作伙伴，但鉴于非洲是中国未来经济可持续发展不可替代的伙伴，是中国富余优质产能的主要对接地区，又是中国"一带一路"倡议的重要方向和落脚点，因此为了有力推进和保障包括产能合作在内的中非各领域合作，中非双方在积极推进 BITs 的谈判、签署与生效等工作的同时，也有必要尝试建立有关自贸区、多边投资等中非间多边化或区域性的条约机制。

（二）中非产能合作多边化或区域性条约机制的意义

中非间构建涉及产能合作的多边化或区域性条约机制，对进一步增强中非产能合作的法治保障、改善中非间的经贸投资环境、提升中国在非洲的经贸话语权、提高中国在非洲的国家竞争力等方面都有重要的现实意义。

1. 进一步增强中非产能合作的法治保障

如上所述，中非产能合作需有明确的法律规范来协调、平衡、固定合作各方的权利和义务。就国际法规范而言，作为硬法的国际条约是协调、平衡、固定中非双方权利和义务的最重要手段和载体。因此，在中非 BITs 的基础上，中非间构建多边化或区域性条约机制能够进一步为中非产能合作提供国际法治保障。

2. 进一步改善中非间的经贸投资环境

目前，中非间的 BITs 无论是数量还是质量都还有很大的提升空间，特别是中国还未与 20 余个非洲国家签署 BITs，目前已经签署的也还有 10 多个未生效。在中非间 BITs 的谈判、签署、生效工作进展缓慢的情况下，尝试与非洲一些区域组织开展诸如自贸区的谈判，也不失为一条值得中国考虑的新路径。

3. 进一步提升中国在非洲的经贸制度话语权

从 2009 年起，中国就已经超过美国并连续 9 年成为非洲最大的贸易伙伴。目前中国也已经成为非洲的最重要投资来源国之一，但总体上，中国在非洲是一个后来者，在非洲的投资存量并不大。美国智库布鲁金斯学会的一份最新研究报告指出：中国在非洲的直接投资既大又小，"纵向比较，近些年，由于中国企业加大'走出去'力度，中国在非洲的投资很大；横向比较，与其他国家相比，中国在非洲投资总量中只是一个小角色"。"中国的投资约占非洲直接投资存量的3%",相对于其他发达经济体,"中国的投资仍相对较少"。① 商务部《中国对外投资合作发展报告(2017)》也指出,截至2016年末,中国在非洲地区的投资存量为398.8亿美元,占中国对外投资存量的3.0%。② 因此,中国对非投资无论是相对于发达经济体对非投资存量,还是相对于自身的整个海外投资存量,都只占很小的一个比例。在此背景下,中国在非洲的经贸制度话语权与发达经济体相比自然就小得多。

目前,"提高我国在全球经济治理中的制度性话语权,构建广泛的利益共同体"已被提上我国重要议事日程。③ 而当前中国在实施"一带一路"倡议、开展国际产能合作中的经贸规则尚不足以提升中国的经贸制度话语权。要改变这一现状,须有重点、分阶段地推进中国在世界上一些地区的经贸制度话语权建设,非洲应该是这些重点地区之一,而且是应该首先开展经贸制度话语权建设的地区之一。中非间构建多边化或区域性条约机制,便利和保障中非产能合作的顺利进行,是中国在非洲增强经贸制度话语权的重要举措。

4. 进一步提高中国在经贸投资领域与发达国家竞争的能力

如上所述,非洲已经成为世界上一些大国、强国的"竞技场",不少国家已经出台了对非经贸投资战略与政策,在与非洲构建多边化或区域性条约机制方面也是如此。例如,2015年2月26日,美国与东非共同体签署了一份贸易合作协议,该合作协议旨在促进东非共同体的经济一体化和深化美国与东非共同体的经贸关系,而且该合作协议被认为将为美国与东非共同体未来达成全面自贸协定奠定基础。④ 此外,美国与东南非共同市场、西非经济货币同盟等非洲区域性组织签订了贸易投资框架协议或贸易、投资及发展协议,这些软法性国际文件为美非开展经贸投资领域对话和进一步开展地区性投资条约或自贸协定的谈判提供了战略框架与基础。面对美国等国家的强有力竞争,中国也应在非洲积极构建多边化或区域性

---

① Wenjie Chen, David Dollar, and Heiwai Tang, *Why is China Investing in Africa? Evidence from the Firm Level*, Brookings Research Papers Series, August 2015, p. 3.
② 中华人民共和国商务部:《中国对外投资合作发展报告(2017)》,第100页。
③ 参见《2015年十八届五中全会工作报告》,《人民日报》2015年10月30日。
④ 《美国与东非共同体签署贸易合作协议》,http://news.21cn.com/caiji/roll1/a/2015/0227/12/29112642.shtml,最后访问日期:2017年1月2日。

条约机制，提升自己在非洲的竞争力。①

二 中非产能合作多边化或区域性条约机制的构成

中非间多边化或区域性条约机制应主要由两种机制构成：一是中非间的多边化或地区性自贸区协定，二是中非间的多边化或地区性投资条约。

（一）中非多边化或地区性自贸区协定

中非间多边化或地区性自贸区是指中非间为实现相互间贸易自由化而通过缔结自贸区协定所形成的特定区域。作为中非自贸区基本载体的中非自贸区协定，既可以是中国与某个或某些非洲国家间的协定，也可以是中国与非洲内部的某个或某些区域组织之间的协定，因此其整体上具有多边化和地区性的特点；其不仅涵盖中非间的货物贸易自由化，而且涉及服务贸易、投资、政府采购、知识产权保护、标准化等众多领域的相互承诺；其目标是在中非间增加贸易、促进投资、消除贸易壁垒，实现中非投资贸易便利化等，因此有利于实现中国对非产业产能转移。

截至 2019 年 10 月，我国已经和 25 个国家或地区签署了 17 个自由贸易协定，自贸伙伴遍及亚洲、拉美、非洲、大洋洲、欧洲等地区。② 在这 17 个已签署的自贸协定中，涉及非洲的只有毛里求斯一个国家。③ 我国正在推进的 12 个自贸区谈判，④ 以及正在研究的 8 个自贸区中，都没有非洲

---

① 中国已经与东非共同体和西非国家经济经济共同体先后于 2011 年和 2012 年签订了《经济贸易合作框架协定》，这也为中国与这些共同体在未来包括自贸协定在内的多边化或区域性条约机制的签订奠定了基础。

② 这些自贸协定分别是内地与港澳更紧密经贸关系安排、中国—东盟、中国—东盟（"10 + 1"）升级、中国—巴基斯坦、中国—巴基斯坦第二阶段、中国—智利、中国—智利升级、中国—新加坡、中国—新加坡升级，以及中国分别与格鲁吉亚、马尔代夫、新西兰、秘鲁、哥斯达黎加、冰岛、瑞士、韩国、澳大利亚、毛里求斯签署的自贸协定。See http://fta.mofcom.gov.cn/，最后访问日期：2019 年 10 月 30 日。

③ 2019 年 10 月 17 日签署的中国—毛里求斯自贸协定是我国商签的第 17 个自贸协定，也是我国与非洲国家的第一个自贸协定。参见《中国与毛里求斯签署自由贸易协定》，http://fta.mofcom.gov.cn/article/chinamauritius/chinamauritiusnews/201910/41643_1.html，最后访问日期：2019 年 10 月 30 日。

④ 我国正在推进的 12 个自贸区谈判包括：《区域全面经济伙伴关系协定》（RCEP）、中国—海合会、中日韩、中国—挪威、中国—斯里兰卡、中国—以色列、中国—摩尔多瓦、中国—巴拿马、中国—巴勒斯坦、中国与新西兰自贸协定升级谈判、中国与韩国自贸协定第二阶段谈判、中国与秘鲁自贸协定升级谈判。See https://www.fmprc.gov.cn/web/ziliao_674904/2193_674977/，最后访问日期：2019 年 10 月 30 日。

国家。① 此外,"商务部国际司在《推动面向全球的自贸区网络的报告》中,已将埃及、摩洛哥、尼日利亚和南部非洲关税同盟列入中国自贸区谈判中长期(2019~2023)计划"。② 因此除了毛里求斯,我国与非洲各个国家或各个区域性一体化经济组织的自贸区基本上没有取得实质性成果。

(二) 中非多边化或地区性投资条约

中非多边化或地区性投资条约是指中国与非洲一些国家或区域组织为相互促进与保护投资而达成的一种类似 BITs 的协定。跟 BITs 一样,中非多边化或地区性投资条约,只涉及中非间的投资问题,因此其具体内容可以参照中非间的现有 BITs,并考虑国际上 BITs 的发展趋势来协商确定。它与中非多边化或地区性自贸区协定不同,因为后者涵盖货物贸易、投资、政府采购、知识产权保护、标准化等众多领域。而且,作为类似于中非 BITs 的协定,中非多边化或地区性投资条约既可以是一种过渡性的安排,即在当前中非 BITs 举步不前、自贸区协定还没研究的情况下,可以将其作为一种暂时的安排,待条件成熟后在此基础之上开展中非自贸区建设;它也可以是永久性的,即成为与 BITs 和自贸区协定并行不悖的条约机制。由于这种条约机制和上文已经探讨的 BITs 间具有极高的相似度,因此下文将重点对中非自贸区协定进行探讨。

三 中非多边化或地区性自贸区协定

(一) 中非多边化或地区性自贸区协定的谈判路径

中非自贸区协定谈判,可以从整个非洲、非洲次区域、非洲个别国家三个层面开展。在当前条件下,整个非洲层面肯定不可行,而非洲的次区域组织数量众多,其成员国普遍也不少且各国经济发展水平参差不齐,因此中国与非洲次区域组织开展自贸区谈判,须在这些次区域组织中谨慎进行选择。如果与这些非洲次区域组织商签自贸区协定一时难有

---

① 我国目前正在研究的主要是和哥伦比亚、斐济、尼泊尔、巴新、加拿大、孟加拉和蒙古等国的自贸区,此外,中国与瑞士正在开展自贸协定升级联合研究。See https://www.fmprc.gov.cn/web/ziliao_674904/2193_674977/,最后访问日期:2019 年 10 月 30 日。
② 梁明:《中国在非洲实施自由贸易区战略的路径选择——以西非国家经济共同体为例》,《国际经济合作》2015 年第 12 期,第 31 页。

成果，我国可以选择某些非洲国家作为突破口，从而推进我国在非自贸区战略的运行。

2004年6月，我国就已经与南部非洲关税同盟启动了自贸区协定谈判，南非并承认我国的市场经济地位；我国还于2011年和2012年，与东非共同体和西非国家经济共同体分别签订了《经济贸易合作框架协定》。这些谈判与文件为我国与非洲这些次区域组织开展自贸区协定谈判奠定了一定基础，我国可以在充分尊重这些次区域组织及其成员国意愿的基础上，推动自贸区协定的谈判早日进入实质性阶段。从历史与现状来看，我国与南部非洲关税同盟的自贸区协定谈判启动最早，也最有可能率先取得实质性进展。在南部非洲关税同盟五个成员国中，[1] 南非国内生产总值和进出口贸易额占整个关税同盟的90%以上，因此南非在其中扮演着极其重要的角色。我国与南非各领域关系良好，与该关税同盟各成员国的经济互补性很强，贸易和投资的发展潜力很大，如果能够达成自贸区协定，将对双方都有利。另外，在非洲"三方自由贸易区"建成后，中国可以采用"三方自由贸易区 + 1"的方式开展自贸区协定的谈判。

就非洲国家而言，目前与中国达成自贸区协定的只有毛里求斯。中毛自贸区协定谈判于2017年12月正式启动，2018年9月2日正式结束谈判，2019年10月17日签署协定。协定涵盖货物贸易、服务贸易、投资、经济合作等内容，实现了"全面、高水平和互惠"的谈判目标。在货物贸易领域，中方和毛里求斯最终实现零关税的产品税目比例分别达到96.3%和94.2%，占自对方进口总额的比例均为92.8%。在服务贸易领域，双方承诺开放的分部门均超过100个。在投资领域，协定较1996年中国—毛里求斯双边投资保护协定在保护范围、保护水平、争端解决机制等方面有较大升级。此外，双方还同意进一步深化两国在农业、金融、医疗、旅游等领域的经济技术合作。[2] 中毛自贸区协定，预计将产生良好的示范效应，带动其他非洲国家与中国启动自贸区协定的研究与谈判工作。

纵观目前世界范围内的区域经济合作，主要有四种典型模式：一是相对封闭的欧盟区域经济合作模式，二是北美自贸区半封闭的南北合作模式，三是开放的亚太体制合作模式，四是多样化的发展中国家间的南南合

---

[1] 这五国分别是南非、博茨瓦纳、纳米比亚、莱索托和斯威士兰。
[2] 参见《中国与毛里求斯签署自由贸易协定》，http://fta.mofcom.gov.cn/article/chinamauritius/chinamauritiusnews/201910/41643_1.html，最后访问日期：2019年10月30日。

作模式。① 中非都是发展中国家和地区,其自贸区在性质上属于南南合作,其模式也可采用南南合作模式。

(二) 中非多边化或地区性自贸区协定的主要难点及其解决

中非开展自贸区谈判,可能遭遇非洲内部的政治、经济、社会、法律等方面的困难,例如非洲某些国家或区域组织可能存在政治意愿不强、负面社会舆论过大、经济产业界忧虑过甚等情况。为此,中方"应充分考虑双方经济发展水平、贸易结构、产业结构等问题,并且考虑到非方对开放市场顾虑较大"等因素,遵循"不宜跟风盲目推进""合理评估现实困难""充分尊重对方意愿"等策略。②

除了政治、经济、社会等宏观因素,在中非开展自贸区协定的谈判中,还可能遇到诸如市场开放、关税削减、技术标准、劳工权益、环境保护、出口补贴等一系列具体复杂的问题。非洲大多数国家以对外出口原材料为主,工业基础薄弱,没有什么强势行业。相较而言,中国的绝大多数产业在非洲有压倒性优势,无论是货物贸易还是投资,中国的竞争力都很强。在此情形下,要让非洲国家削减关税,限制、禁止各种非关税壁垒,完全放开市场,实现中非贸易与投资的自由化肯定行不通。对此,中国在开展对非自贸区协定谈判时,必须遵循平等互利、合作共赢的原则,考虑非洲的实际情况和重要关切,做出一定的让步,并可以将自贸区谈判与对非援助、技术合作、人员培训相捆绑。

在中非自贸区协定谈判中,另一个难点是技术标准。我国《产能合作指导意见》将中国标准国际化推广和推动与主要贸易国的标准互认作为"强化服务保障和风险防控"的首要措施。③ 就非洲的技术标准而言,"由于非洲国家不参与国际标准和规则的制定,从而未能保护本国产业,使这

---

① 参见对外经济贸易大学国际经济研究院课题组著《中国自贸区战略——周边是首要》,对外经济贸易大学出版社,2010,第1~11页。
② 梁明:《中国在非洲实施自由贸易区战略的路径选择——以西非国家经济共同体为例》,《国际经济合作》2015年第12期,第30页。
③ 我国《产能合作指导意见》指出:"加快中国标准国际化推广。提高中国标准国际化水平,加快认证认可国际互认进程。积极参与国际标准和区域标准制定,推动与主要贸易国之间的标准互认。尽早完成高铁、电力、工程机械、化工、有色、建材等行业技术标准外文版翻译,加大中国标准国际化推广力度,推动相关产品认证认可结果互认和采信。"

些产业大都被迫接受其他国家制定的标准和规则（成为'标准实施者'），还必须尽力遵循这些标准和规则（'标准遵守者'）；而且，因为他们达到上述标准有困难，所以还会在贸易中面对发达国家实施的和上述标准导致的'新型'非关税壁垒（成为'标准受害者'）"。① 这种情况在中非自贸区谈判中应予以避免，即中国在就中非自贸区协定中的技术标准与非方磋商时，不仅应让非洲国家尽量接受中国的技术标准，成为中国标准的"实施者"和"遵守者"，而且也应让其成为"受益者"。随着"亚吉铁路"的正式通车，中国标准开始逐步被非洲国家所认知和认可。② 对于中国标准走进非洲以及中非标准协调中的障碍及其解决，中国学界应做好与非洲有关双边、多边标准化合作及自贸区建设等标准化专题研究，为中国标准在非洲推广以及中国标准与非洲标准协调提供理论支撑，为进一步推进中非互联互通和开展标准化合作提供技术支撑。

第三节 中非产能合作的国际软法机制

一 中非产能合作国际软法的界定与作用

（一）中非产能合作国际软法的界定

对于何为软法，历来都有争议，国内外学者根据不同的语境、不同的领域，从不同的角度做了一些界定。其中被广为接受的是 1994 年法国学者 Francis Snyder 对软法所下的定义："软法是原则上没有法律约束力但有实际效力的行为规则。"③ 在此定义下，在国内法和国际法的不同语境中，软法的界定有所不同。在国内法中，有学者将软法界定为一种"法律效力结构未必完整、无须依靠国家强制保障实施、但能够产生社会实效的法律规范"。④

---

① Henri Nkuepo：《非洲国家和新型非关税壁垒》，《WTO 经济导刊》2015 年第 5 期，第 81 页。
② "亚吉铁路"西起埃塞俄比亚首都亚的斯亚贝巴，终点位于东非最大的现代化港口之一吉布提港，是中国企业首次在海外采用全套中国标准和中国装备建造的一条现代铁路。2016 年 10 月 5 日，"亚吉铁路"正式通车。
③ Francis Snyder, "Soft Law and Institutional Practice in the European Community", in Stephen Martin, The Construction of Europe：Essays in Honour of Emile Noel, Kluwer Academic Publishers, 1994, pp. 199 – 200.
④ 罗豪才、宋功德：《认真对待软法——公域软法的一般理论及其中国实践》，《中国法学》2006 年第 2 期，第 3 页。

在国际法中,有学者指出软法是主要依靠非政府行为体的参与和资源来构建、运作和实施的一种治理安排。[1] 还有一些学者认为软法主要存在于国际法领域,但国内法中也有。前者的制定主体一般不是国家正式立法机关,而是非国家的人类共同体(超国家的和次国家的共同体),如 UN(联合国)、SC(安理会)、WTO(世贸组织)、ILO(国际劳工组织)、WIPO(世界知识产权组织)、EU(欧盟)、ASEAN(东盟)等超国家共同体,以及国家律师协会、医师协会、注册会计师协会、高等学校、村民委员会、居民委员会等次国家共同体,它们制定的规则或达成的协议构成了国际法领域的软法。[2] 国内法中的软法指我国公共治理领域中的一些软法形式,包括公法的基本原则,已经形成和正在形成的宪法和行政法惯例,执政党的党内法规,宪法、法律中的宣示性、倡导性条款,已经形成和正在形成的公民社会规则,司法判例,行政执法基准等。[3]

中非产能合作中的软法,主要是国际软法,即国家之间制定的或在整个国际社会中形成的没有法律约束力但有实际效力的国际行为规则。具体而言,就是指为实现平等合作、互利共赢这一目标,中国与非洲一些国家或区域组织共同制定或认可的一系列虽无正式法律约束力,但包含了开展产能合作的实质性行为准则,并能够对中非产能合作产生实际效力和影响的原则、规范和决策程序。在中非产能合作国际软法机制中,其制定主体主要是中国与一些非洲国家,非盟与非洲的其他国际组织、中非企业、非政府组织、高校、智库、个人等也可以参与制定。中非产能合作国际软法的类型主要有:中非政府间的产能合作框架协议;中国与非洲国际组织签署的涉及产能合作的文件;中国相关政府部门与非洲国家对应政府部门签订的合作协议(如上文所指,在中非法律交流合作机制中,中非的议会、司法机关和执法机关为保障中非产能合作可签订相关的交流合作协议);中非间的高校、智库、行业协会等非国家行为体签订的合作协议等。中非产能合作国际软法的具体名称也是灵活多样的,如谅解备忘录、框架协议、纲要、宣言、联合宣言、行为准则、行动计划等。由于中非产能合作软法没有法律约束力,其实施主要依靠各主体的自觉行动,而各主体的自

---

[1] John J. Kirton, Michael J. Trebilcock, *Hard Choices, Soft Law : Voluntary Standards in Global Trade, Environment and Social Governance*, Ashgate Publishing Limited, 2004, p. 9.
[2] 姜明安:《软法的兴起与软法之治》,《中国法学》2006 年第 2 期,第 28 页。
[3] 姜明安:《软法在推进国家治理现代化中的作用》,《民主与法制时报》2015 年 3 月 5 日。

觉行动在很大程度上要受其开展中非产能合作所秉持的观念、所获取的利益影响和驱动。下文将就中非政府间的产能合作框架协议和中国与非洲国际组织签署的涉及产能合作的文件这两种软法作一简要阐述。

(二) 中非产能合作国际软法的作用

中非产能合作框架协议等中非产能合作中的软法性文件,在推进中非产能合作过程中可以发挥一种中非 BITs 等硬法所没有的独特作用。

首先,正如本章第一节已指出的,中非间的 BITs 绝大多数属于第一代和第二代,属于第四代的只有一个,不能很好地适应中非投资关系的新发展、新需要。但目前由于各种原因,中非间对这些 BITs 又不可能重新进行谈判、签署和生效。在此情况下,中非产能合作框架协议等国际软法可以对中非 BITs 中的相关规定进行细化、更新,供中非双方根据需要进行考虑和适用。而且由于它是软法,一般中非双方签署就可以生效,可以避开 BITs 等硬法所需要的批准等严格的国内生效程序。

其次,中非产能合作涉及非洲国家的经贸投资法律政策,涵盖环保、知识产权保护、劳工保护等具有很强主权敏感性的问题,[①] 非洲国家的民众对与中国开展产能合作可能会产生顾虑甚至恐惧,非洲国家的媒体也可能会出现反对的声音。受这些因素的影响,非洲国家的政府在与中国开展产能合作问题上会存在较大的不确定性。产能合作框架协议这种软法形式,可以避开具有主权敏感性的问题,缓解非洲国家民众和媒体的担忧或不满,从而有助于非洲国家提升与中国开展产能合作的意愿。

再次,中非产能合作框架协议等软法可以为中非开展产能合作指明方向,提供具体的制度安排,有利于双方产能合作的顺利、持续开展。

最后,中非双方也可以视情况需要,将中非产能合作框架协议等软法发展成硬法,即中非间可以根据中非产能合作的发展阶段和具体需要,将这些软法中的一些机制、内容、程序等以正式条约的形式确定下来,成为对双方都有正式法律约束力的硬法。

鉴于中非产能合作国际软法的上述积极作用,中国应加紧与更多非洲国家商签、推进产能合作框架协议等软法,实现合作领域、项目、规划、政策、机制等多层面的对接。

---

① 石佑启:《"一带一路"法律保障机制研究》,人民出版社,2016,第110页。

二 中国与非洲国家间有关产能合作的软法性文件

这方面主要是中非间的产能合作框架协议和谅解备忘录等。为稳妥有效地推进国际产能合作，截至 2019 年 10 月，中国已与 137 个国家和 30 个国际组织签署 197 份"一带一路"合作文件，其中有发展中国家，也有发达国家，还有不少发达国家的公司、金融机构与我国合作开拓第三方市场。[①]

产能合作框架协议及相关谅解备忘录等软法文件，主要为中外双方在产能合作领域、项目、规划、步骤、政策、机制等方面提供一种制度性安排，其本身虽无严格的法律约束力，但可促进双方加快规划、政策、项目和机制的出台与对接，并可根据相关国家的实际需要，为其"量身定制"产能合作的具体领域与项目，实现双方产能的科学性、持续性对接与合作，因此产能合作框架协议对国际产能合作可以起到积极的引导与促进作用。

以中国与中亚国家哈萨克斯坦之间的产能合作框架协议为例。首先，中哈两国间的产能合作框架协议肇始于 2014 年 12 月李克强总理访问哈萨克斯坦期间提出的"中哈产能合作计划"，试图创造性地将哈萨克斯坦基础设施的巨大缺口与中国富余优质产能对接起来。为此，中哈双方讨论了推进和深化两国产能与投资合作问题，交流了各自重点产业发展现状、规划和政策，就采矿业、化工、石油化工、建筑材料、汽车组装及轻工产品、旅游、道路交通、电力等领域的合作达成了共识。经过磋商，双方签署了《会议纪要》，初步确定了 16 个早期收获项目和 63 个前景项目清单。其次，2015 年 3 月，李克强总理与来华访问的哈萨克斯坦总理马西莫夫共同见证了《中哈加强产能与投资合作备忘录》的签署，涉及产能合作双边商业协议 28 个，总金额约 236 亿美元。再次，2015 年 8 月，中哈双方正式签署《关于加强产能与投资合作的框架协议》，选定第二批 42 个项目，涉及金额达 300 亿美元。中哈产能合作由此成为中国推进国际产能合作的"新样本"。在框架协议中，中哈双方确定了产能合作模式，即以投资建厂为切入点，探索建立涵盖投资、生产、销售、配套服务的一条龙产能合作

---

① 《中国已与 137 个国家、30 个国际组织签署 197 份"一带一路"合作文件》，http://www.xinhuanet.com//fortune/2019-11/15/c_1125237972.htm，访问日期：2019 年 11 月 16 日。

模式。采取部门间对接的政府磋商机制，以丝路基金对接哈萨克斯坦出口与投资署，共同建立中哈产能合作基金，为合作项目提供资金来源。① 最后，目前中哈产能合作正按照上述框架协议的安排与部署快速、有效地开展。双方贸易发展势头迅猛，中国企业在哈投资增长迅速，其中民企仍然主要集中于商贸领域，产能合作投资以国企为主。截至 2015 年年中，中铁国际、中石化、中国机械等央企的在哈投资项目也已经完成审批。截至 2015 年底，中广核、中国能源建设、中铁集装箱、中铁十六局、中石油长城钻探、中国水电顾问集团在哈投资项目已经得到核准。2015 年 12 月 14 日，丝路基金与哈萨克斯坦出口与投资署签署框架协议，决定由丝路基金出资 20 亿美元，建立中哈产能合作专项基金，重点支持中哈产能合作及相关领域的项目投资。

中哈产能合作的成功经验表明，要快速有效地推进产能合作，必须由双方根据各自的实际情况和具体需要，就产能合作的重点领域、项目、规划、模式等重要方面进行充分磋商，在此基础上开展产能合作框架协议的谈判、签署工作，循序渐进地推进实质性的产能合作。

中哈产能合作框架协议的发展进程和产能合作推进过程可以作为中非产能合作框架协议的一个样本。目前与中国签署产能合作框架协议的非洲国家的数量还很少，主要是埃塞俄比亚、埃及、津巴布韦等国，尼日利亚、南非等非洲主要经济体还未与中国签署此类协议。2015 年 12 月中国与津巴布韦签署了产能合作框架协议。根据该框架协议，中津就深化两国在基础设施建设、资源加工、装备制造、冶金建材、轻工、电子、纺织、产业集聚区等领域的合作，重点协调与推动重大项目，开展中长期规划、政策研究、政府能力建设、投融资等方面的合作做出了明确规定。在具体开展产能合作的过程中，中津可以根据中哈产能合作的推进过程，循序渐进地开展实质性合作。

三 中国与非洲区域组织间涉及产能合作的软法性文件

目前，中国与非洲的某些区域组织已达成一些涉及产能合作的软法性国际文件，其典型是中国与非盟间达成的涉及中非产能合作的协议，如

---

① 周睿杰：《中亚产能合作分析——以哈萨克斯坦为例》，《大陆桥视野》2016 年第 9 期，第 48 页。

《中国商务部与非盟委员会关于非洲跨国跨区域基础设施合作行动计划》《中国和非洲联盟加强中非减贫合作纲要》等；此外，中国还与东非共同体和西非国家经济共同体先后于2011年和2012年签订了《经济贸易合作框架协定》，内容涉及开展跨境基础设施合作、推进贸易便利化、深化投资合作、加强发展援助合作等。本节以《中国和非洲联盟加强中非减贫合作纲要》（以下简称《中非减贫合作纲要》）为例，就这种国际软法文件的内容及其对促进与保障中非产能合作的意义进行探讨。

《中非减贫合作纲要》是中国国务院总理李克强在2014年5月5日对位于亚的斯亚贝巴的非盟总部进行访问时，与非盟就中非开展减贫合作达成重要共识后发表的一个软法性国际文件。其中涉及中非产能合作的内容主要是第9项和第10项共识。第9项共识："发挥双方比较优势，加强产业合作，促进非洲劳动密集型产业发展，创造更多就业机会。双方认为此举有利于非洲制造业发展和工业化进程，实现自主、可持续发展，加速减贫进程。中方将积极引导企业参与在非洲的经贸合作区建设。非方愿为此营造更为有利的投资贸易环境。"第10项共识："双方认为，基础设施有助于破解发展瓶颈，对减贫至关重要。双方同意继续将其作为中非合作的优先领域，加强在交通、通信、水利、电力、能源等基础设施建设领域的合作。中方将继续深化与非方建立的跨国跨区域基础设施建设合作伙伴关系，落实好已签署的《中国商务部与非盟委员会关于非洲跨国跨区域基础设施合作行动计划》。"在这两项共识中，中国与非盟就一些具体领域的产能合作达成了初步协议。为了落实这些初步协议以达到减贫的真正目的，《中非减贫合作纲要》还强调了中方提供的一系列配套的措施，如继续为非洲援建职业技术培训设施，帮助非洲加强技术和职业教育与培训，为非洲国家培训职业技术人才，并重点帮助非洲青年和妇女提高就业技能；继续举办针对非洲国家需求的减贫政策与实践研修班，并为非洲国家提供减贫与发展专业学位教育奖学金，帮助非洲培养减贫专业人才；双方将加强农业科技、教育、培训合作，开展优质高产农作物品种示范、推广活动，进一步发挥现有援非农业技术示范中心作用；等等。①

中国与非洲区域组织达成的类似《中非减贫合作纲要》的软法性国际文件对推动和保障中非产能合作有重要意义。一方面，这些软法性国际文

---

① 这些具体措施，详见2014年5月5日《中国和非洲联盟加强中非减贫合作纲要》。

件往往与非洲区域组织的政治、经济、社会、减贫、教育等方面的发展战略相契合，而且往往不涉及具体非洲国家，与非洲普遍关心的环保、知识产权保护、劳工保护等敏感性问题的关联性也不大，因此能够在中非间迅速达成共识，其所包含的中非产能合作的内容与措施自然也就会被非洲区域组织所有成员国接受或认可。有利于非洲区域组织层面中非产能合作的开展。另一方面，《中非减贫合作纲要》等国际软法中所宣示的中非产能合作的内容、措施等，可以在非洲各国间起到良好的示范效应，推动非洲各国根据本国实际情况和需要，与中国开展产能合作与对接。

第四节 中非产能合作中国际条约保护机制的构建

本章主要探讨了三种保障中非产能合作的国际条约机制：一是中非产能合作的 BITs 机制；二是中非产能合作的多边化或区域性条约机制；三是中非产能合作的国际软法机制。其中，前两种是国际硬法机制，后一种是国际软法机制。就这些国际条约机制的构建，上文提出了一系列意见和建议，特总结如下。

一 提升中非 BITs 的数量与质量，提高保护水平并兼顾非方的特殊要求

中非 BITs 是目前保障中非产能合作、促进与保护中国在非投资的最重要的国际硬法机制，但目前存在数量不多、内容比较陈旧、保护水平低下、不明确之处较多等问题。为此，中非双方尤其是中国应主动积极推进中非 BITs 的谈判、签署、生效或修订工作，在中国承诺加大对非投资和中非产能合作火热开展的大背景下，中国尤其应加快与利比里亚、莫桑比克、安哥拉等中非产能合作重点国家和中国投资较多的非洲国家的 BITs 的商签工作，同时积极将与赞比亚、喀麦隆、刚果（金）等国已签署但尚未生效的 BITs 落实生效，或者重新进行谈判，对其内容进行一些修订。此外，中非 BITs 在理念和内容上要实现现代化转型，在其序言与主干条款中将国内健康、安全、环保、劳工保护等内容纳入其中。鉴于中非 BITs 中投资待遇偏低的问题，为对中非双方投资者尤其是中方企业实现更好的保护，中非间在商签新的 BITs，或者在更新原有的 BITs 时，要加大

对投资的保护力度，尤其是在条约中的投资待遇标准、征收及其补偿等核心内容中，要对此有所反映。在有关"间接征收"等术语的界定上，可以进一步明细化。此外，考虑非洲国家的特殊国情，满足其实现经济发展或照顾特殊人群的需要，在中非BITs中可以规定某些特殊或差别的待遇。

二 研究和构建中非多边化或区域性条约机制，推进中非自贸区建设

当前，非洲区域经济一体化方兴未艾，我国加快实施自贸区建设，构建全球自贸区网络。为有力推进和保障包括产能合作在内的中非各领域合作，中非有必要尝试订立自贸区协定、多边投资条约，构建多边化或区域性的条约机制。这既是增强中非产能合作法治保障和进一步改善中非经贸投资环境的需要，又可以提升中国在非洲的经贸制度话语权。在当前条件下，我国可以选择某些非洲国家如毛里求斯或某些非洲区域组织如南部非洲关税同盟作为突破口，推进中非自贸区建设。在中非自贸区协定谈判中，除了政治、经济、社会等宏观因素，还可能遇到诸如市场开放、关税削减、技术标准、劳工权益、环境保护、出口补贴等一系列具体问题。对此，中国在开展对非自贸区谈判时，必须遵循平等互利、合作共赢的原则，考虑非洲的实际情况和重要关切，将自贸区谈判与对非援助、技术合作、人员培训相结合。同时，中国应加大中国标准走进非洲的力度，不仅要让非洲国家接受中国的技术标准，成为中国标准的"实施者"和"遵守者"，而且应让其成为"受益者"。对于中国标准走进非洲以及中非标准协调中的障碍及其解决，中国学界应做好与非洲有关的双、多边标准化合作及自贸区建设等标准化专题研究，为中国标准在非洲推广以及中国标准与非洲标准化协调提供理论支撑，为进一步推进中非互联互通和加快标准化合作提供技术支撑。

三 发挥国际软法的作用，促进双方产能合作政策、机制等的出台与对接

为实现平等合作、互利共赢这一中非产能合作的目标，中国与非洲一些国家或国际组织可以共同制定或认可一些虽无正式法律约束力，但包含一些实质性的原则、规范、程序或准则的国际软法。这种国际软法机制，可以对中非BITs中的相关规定进行细化、更新，供中非双方根据需要进

行考虑和适用；可以避开 BITs 等硬法所需要的批准等严格的国内生效程序；可以避开非洲国家的经贸投资法律政策中的环保、知识产权保护、劳工保护等具有很强主权敏感性的问题；可以为中非开展产能合作指明方向，提供具体的制度安排，有利于双方产能合作的顺利、持续开展；可以由中非双方视情况需要，将这些软法发展成具有强制法律约束力的硬法。鉴于此，中国应加紧与更多非洲国家或非洲区域组织商签、推进产能合作框架协议，促进双方有关产能合作领域、项目、规划、政策、机制等的出台与对接。

第四章 中非产能合作与法律风险防控机制

中国企业在非洲开展产能合作，难免会遭遇包括法律风险在内的各种风险。如何有效防控这些风险，需要中国政府、企业和学界共同构建一个风险防控协同机制。本章首先就中非产能合作中法律风险的类型、特点及防控风险的不足进行简要阐述；其次，以埃及新投资法和坦桑尼亚新矿业法为例，对中资企业如何防控中非产能合作重点国家和重点领域中的典型法律风险开展国别研究；再次，在 2016 年 8 月笔者对肯尼亚蒙内铁路项目实地调研的基础上，就中资企业如何防控中非产能合作重点项目中的典型法律风险开展实证研究，比较系统地展示该项目如何建立健全各项制度以从源头上防控风险和如何采取措施防控具体的环保、劳工、用地等典型法律风险；又次，就中国企业对非投资项目、对非投资合同行为以及对非投资中知识产权等三项很重要但实践中容易被忽视的非典型法律风险及其防控措施进行探讨；最后，就如何构建由中国政府、企业和学界共同参加的中非产能合作风险防控机制提出一些建议。

第一节 中非产能合作中的法律风险及其防控现状

一 中非产能合作中的法律风险

非洲国家在政治、经济、社会、文化、地理和法律制度等基本国情上存在差异，因此中国在非洲开展产能合作不可避免地存在不同程度的相关风险。其中，法律风险是指中资企业因自身的不当投资活动和经营行为或者由非洲国家政治、经济、社会、市场等外部环境的重大变化所引起的不利法律后果的可能性。从不同的角度，中非产能合作中的法律风险可以作不同分类。例如，有学者根据中国企业海外投资项目开展的顺序，将其海外投资法律风险概括为以下类型：①投资项目所在国当地的法律环境风险；②海外收购项目本身存在的法律风险；③收购目标存在的法律风险；④与初期谈判和报价相关的法律风险；⑤与收购协议条款相关的法律风险；⑥签约后出售方的违约风险；⑦签约后当地国家法律变化的风险；⑧投资项目所在国的政治审批风险；⑨收购后经营中遇到的法律法规和法律诉讼风险。① 但也有人对投资风险作了如下分类：①不了解东道国的投资法律环境；②缺乏深度尽职调查，不能知己知彼；③不认真设计投资结构，不设离岸公司，导致收益风险；④逃避境内主管部门的审批，导致合规风险以及项目转让时的瑕疵；⑤不重视谈判签约，给自己制造交易陷阱或者违约风险；⑥轻视项目流程管理，造成谈判失利或者项目前期的违约风险；⑦法律文件管理混乱，导致项目退出和诉讼时由于证据不充分等而失利；⑧政治风险。② 很明显，上述两种分类既有相同的地方，也有明显的区别。

由于中国企业在非洲开展产能合作受多种因素的影响，所以也存在着上述多种法律风险，其主要特征有以下几个。

（1）中国企业对非开展产能合作的法律风险存在较大的不确定性，容易受非洲国家政治局势、市场变化、政策法规的变更等众多因素的影响。有些非洲国家的经贸法律不健全，跟不上现代经济的发展的需要，而有些国家的法律又更新太快，中国企业不知应该适用哪部法律。中国企业对于非洲市场并不了解，不能很快适应市场变化，更增加了中国企业在非开展产能合作法律风险的不确定性。

（2）中国企业对非产能合作中的法律风险与政治风险紧密结合。对非产能合作面临的政治风险包括因非洲国家的政治环境发生变化或者因政府行为而对在当地经营的国际企业及其经济利益可能产生负面影响的不确定性。③ 在实践中，政治风险往往通过法律风险来表现，比较典型的情况是，非洲国家政府在违约之前，经常在中国企业签订的合同内容或其履行条约过程中挑毛病，如果认为该合同内容违反法律，或者条约

---

① 张利宾：《对中国企业海外投资风险的研究》，《北京仲裁》第78辑，第58页。
② 程军：《中国企业海外投资八大法律风险防范策略》，http://www.zhonglun.com/blog/cn/articles.aspx? article = 133，最后访问日期：2016年10月8日。
③ 罗会钧、黄春景：《中国企业对非洲投资的政治风险管理》，《云南财经大学学报》2009年第4期，第140页。

履行过程有违约现象,那么非洲国家政府就可以此为由要求修改甚至终止协议。

(3) 相对于以市场或者其他因素为基础的风险来说,中国企业在非开展产能合作的法律风险可控性较差。这主要是因为非洲国家投资环境尤其是其政治环境不稳定。非洲国家的法制化程度不高,法律不健全,内战及政权更替等都是不稳定因素。

二 中非产能合作法律风险的防控现状

就中非产能合作中包括法律风险在内的各种风险,目前中国政府、企业和学界的应对能力总体上相对缺乏。

就中国政府而言,一方面,其对中资企业投资非洲缺乏有效监管,使得部分中资企业尤其是一些中小企业缺乏海外投资引导;另一方面,中国政府尚未建立起对包括法律环境和风险在内的中非产能合作宏观环境评估机制和风险预警机制。这些机制如果能够建立,依赖中国政府强大的信息收集能力,可以获取充分的非洲国家相关信息,从而为中资企业在非开展产能合作提供重要的投资环境评估和风险预警服务。目前由于这些机制的缺乏,主要还是要依靠中资企业自身开展投资环境评估和风险预防。中资企业由于受资金与信息等资源的限制,在这些方面往往做得并不全面。

就中资企业而言,大部分中资企业在非进行投资经营的盲目性较大,缺乏明确的非洲投资定位和发展战略;在执行层面上,中资企业的管理层普遍缺乏海外管理能力,无法针对当地情况进行有效的市场开发和属地化管理;在危机应对上,缺少对突发危机的应对处理能力;风险防控能力也很弱,对法律风险不够重视,不愿花时间熟悉非洲国家的法律政策,往往导致因不熟悉当地法律而出现投资经营活动不合格的负面后果。一个典型例子是,南非为了振兴经济、提升黑人经济地位、减少贫困,相继颁布了《黑人经济振兴法案》和《广义黑人经济振兴法案》,中国企业在南非开展产能合作,首先要了解这些法律政策,但实际上很多中国企业不熟悉或者不重视这些法律政策,结果导致其在南非长期无法正常开展业务。此外,在中非产能合作的法律风险中,因一些非洲国家近年来实施本土化法律政策会产生征收风险。20 世纪 90 年代以来,南非、津巴布韦、尼日利亚、加纳、乌干达、安哥拉、肯尼亚等一批非洲国家以振兴经济、提升黑人经济地位、减少贫困等名义相继颁布了本土化法律政策，其核心内容是在本国某些行业投资的外资企业必须将一定的股份（26%~51%不等）售让给本国人，其典型是津巴布韦2007年《本土化与经济授权法案》，它对资源行业的外企规定了高达51%的股份售让要求。2016年3月以来，津国试图强力实施该法，中资企业由于缺乏相应的应对措施，所以受影响最大。从国际法视角看，强制售让外资股份的本土化措施是公认的"间接征收"。由于本土化是一些非洲国家的一项基本政治经济政策，所以其产生的间接征收风险具有很强的政治因素，中资企业本身对这种风险的控制力很弱。

就中国学界来说，尚未真正重视中非产能合作中的法律风险，其研究现状基本上还是以理论研究和立法介绍为主，缺乏对中国政府和企业实用有效的研究成果。在本书第一章第四节的"中非产能合作国际法律保障机制研究现状评析"这一部分中，笔者曾经就国内有关中资企业投资非洲的主要法律风险防控的一些主要论文作了列举并指出，目前国内关于中非产能合作法律风险的研究不仅成果较少且多停留在理论层面，基本未形成对中企在非洲重点投资区域内就重点国家与产业投资中典型风险的系统性、应用性、比较性研究。

总之，目前中国政府、企业和学界在中非产能合作法律风险的防控上，应对能力总体上相对缺乏，更没有形成一套完整的风险防控协同机制。许多中国企业去非洲开展产能合作，其本身盲目性就很大，如果再没有一套由中国政府、企业和学界共同参与的有效的投资风险防控协同机制，去防控非洲包括法律风险在内的各种风险，那么中国企业在非洲开展产能合作将面临很大的风险，而这反过来又将影响中国企业在非洲的可持续发展。

中非产能合作中的法律风险防控是一个错综复杂的问题，既涉及中非产能合作具体国家中的法律风险防控，又涉及中非产能合作具体项目上的法律风险防控；既涉及某些典型法律风险的防控，也涉及一些非典型法律风险的防控。下文将分别以埃及新投资法、坦桑尼亚新矿业法和肯尼亚蒙内铁路项目为例，就如何防控中非产能合作中重点国家和重点项目的典型法律风险进行研究；此外，还将探讨如何防控中非产能合作中的某些非典型法律风险。

第二节 中非产能合作典型法律风险防控的国别研究：
以埃及新投资法为例

一 埃及新投资法的产生背景与主要内容

2015年3月，埃及制定了新投资法，这是埃及为摆脱2011年以来的经济低迷而采取的一项重大法律举措。经过近两年的征求意见和修改，2017年1月，埃及国家事务最高委员会完成对新投资法的审议和修订。2017年5月，埃及议会和总统先后通过和签署新投资法。新投资法于当年6月1日正式生效。2017年10月，埃及政府内阁又通过了新投资法实施细则。新投资法对投资范围、投资机制、外资审查、资本构成、外汇使用、国有化与征用、解决投资争议、刑事社会责任等内容进行了完善和更新，其中关于政策透明度和投资促进的条款体现了埃政府在吸引外资和鼓励私有部门发展方面的决心。本节将详细探讨埃及新投资法的主要内容及其可能产生的法律风险，并对此提出系列防控建议。

（一）埃及新投资法的产生背景

在历史上，埃及对1997年《投资保障与促进法》已有三次修订，分别是在2000年、2004年和2005年。此次埃及原本希望出台一部全新的统一投资法，但由于埃及投资部提出的新投资法草案遭到政府部门和商业团体的广泛反对，所以隶属于埃及内阁的法律改革委员会决定搁置该统一投资法，转而对1997年《投资保障与促进法》进行了修订。[1]但即便如此，这次对1997投资法的修订很多方面是实质性的，这反映了埃及在国内外形势发生重大变化的情况下，试图通过改善国内投资环境以大力吸引外资的迫切愿望。

受"阿拉伯之春"运动的影响，埃及政局自2011年1月以来持续动荡，经济陷入困境，外国投资大幅下滑，投资环境总体上严重恶化。在2013年埃及临时政府上台并得到海湾阿拉伯国家大量财政支持后，埃及

---

[1] "Government Decides not to Issue New Investment Law", see http://www.egyptindependent.com/news/government-decides-not-issue-new-investment-law, last access: 2018-09-06.

经济情况才有所好转，但仍然相对低迷。在2014年6月塞西当选埃及总统时，经历了4年低迷期的埃及经济已开始呈现恢复性增长态势。据埃及财政部公布的数据，埃及2014~2015财政年度第一季度（7~9月）经济增长率为6.8%。2014年12月15日，惠誉评级机构将埃及主权信誉评级由"B-"上调至"B"，持"稳定"展望。在2015年6月21日发布的世界银行《为可持续复苏铺路》的报告中，世界银行预计2014/2015财政年埃及经济增长率为4.3%，并预计到2017年埃及经济增长率为4.5%，而且在以后会进一步增长。该报告认为，埃及经济增长除了归功于埃及政局趋于稳定、新政府出台系列宏观调控和经济刺激政策之外，还有一个很重要的原因是大量外资的注入。2014年，埃及成为非洲第一大吸收外资国，共吸收外资180亿美元。埃及计划部部长指出，在接下来的四年时间里，埃及的目标是吸引600亿美元投资，并把失业率下降到10%以下。[①] 鉴于外资对维持埃及当前经济热度、促进埃及经济持续增长方面的重要性，吸引外资自然成为埃及新政府成立后的一项重大课题。但是，2015年3月，埃及在沙姆沙伊赫市召开了经济发展会议，这次峰会发现投资者对于埃及投资的态度仍然不明朗。境外投资家们对埃及的官僚作风表现出严重关切，比如获取土地的艰难、发放许可证的时间过长以及需要与多个部委打交道等。官僚作风的问题马上引起埃及总统塞西的直接过问和干预，他要求在这方面迅速进行改革，并且制定新的投资法来激励投资，同时为投资者与埃及联邦机构之间的对话和反馈机制创造便利条件。在此背景下，埃及政府对1997年《投资保障与促进法》进行第四次修订也就成为一件顺理成章的事情。

与此同时，埃及新投资法的颁布正值中埃互利合作不断深化以及中国"一带一路"倡议得到包括埃及在内的沿线国家积极响应和广泛参与之时。传统上，埃及是中国的重要贸易伙伴和投资目的地国，"埃及投资总局统计，截至2014年6月，在埃及参与投资的中国公司及项目总数达到了1192个，投资领域集中在工业、建筑业、金融业、信息技术产业以及服务业"。[②] 同时，埃及也是中国"一带一路"倡议布局中的一个重要节点，

[①] Luke Lorenz, "Egypt's Economic Ambitions", see https://www.americansecurityproject.org/egypts-economic-ambitions/, last access: 2018-09-10.

[②] 《中国资本涌入埃及市场：公司及项目超千个》，http://finance.sina.com.cn/world/20140919/231020365787.shtml，最后访问日期：2016年9月18日。

是建设"一带一路"的重要力量,因此深化中埃互利合作对推动"一带一路"倡议的顺利实施非常重要。2014年12月,埃及总统塞西在访华时表达了支持和共同推动"一带一路"倡议和希望更多中国企业赴埃及投资的强烈意愿,并指出埃及起草了新的投资法,将"努力改善投资环境,保护外国投资者的利益"。① 2016年1月,习近平主席访问了开罗,并特别强调中国将与埃及以苏伊士运河为中枢并肩推动在"一带一路"倡议下的合作,并且着力发展能源和基础设施建设。埃及总统塞西对此做出了积极肯定的回应,特别是在振兴古丝绸之路方面的发展合作。目前,中国已经与埃及就10个项目达成了合作协议,它们都旨在扩大电力、运输和基础设施的生产能力。这些项目的总投资预计将达到150亿美元。因此,在"一带一路"背景下埃及颁布新投资法,不无搭上中国"一带一路"便车、大力吸引中国投资的动机。

(二) 埃及新投资法的主要内容

在对1997年《投资保障与促进法》的前三次修订中,2000年和2004年的修订相对内容较少,前者主要是增加了对新追加的投资予以5年免税的条款;后者则规定了埃及投资与自由区管理总局(以下简称"埃及投资总局")是埃及投资的最高管理机构,并在该总局设立了"一站式"投资管理部门;2005年的修订内容较多,如放宽对投资者在埃及购买土地和设立公司的限制,公司转让免缴任何税收和货物进口税,便利自由区内公司的设立等。此次修订的内容则比2005年还多,不仅保留了1997年《投资保障与促进法》中的大多数修订内容,而且整合了原先分散规定在各个法律法规中的内容。

1. 投资保障

埃及新投资法规定了许多对外国投资者的保护措施,主要包括:

(1) 外国投资者享受国民待遇。作为例外,埃及内阁可以发布决定,根据对等原则,给予外国投资者优惠待遇。(第3条)

(2) 投资者财产不得被侵占或歧视(第3条)。投资项目不得被国有化(第4条)。未经适当警告、正当程序和给予合理时间以纠正违规项目,

---

① 《埃及总统塞西:"一带一路"倡议给埃及带来新机遇》,http://news.xinhuanet.com/world/2014-12/23/c_1113751535.htm,最后访问日期:2016年9月22日。

行政部门不得吊销投资项目许可，或暂停许可，或收回划拨给项目的不动产。（第 5 条）

（3）在项目实施期间，外国投资者被允许在埃及居住。（第 3 条）

（4）投资者有权将其取得的利润汇往国外。（第 6 条）

（5）在项目用工总额的 10%～20% 之内，使用外国工人。他们有权将全部或部分财务所得汇往国外。（第 8 条）

2. 投资激励

为吸引外国投资者，新投资法也规定了一系列投资激励措施，主要包括：

（1）一般激励政策。为设立公司而进口的必要机器、设备和仪器，按照货值 2% 的统一税率缴纳海关关税。投资项目自商业注册登记起五年内，免除公司或机构成立合同、与公司经营有关的信用便利合同、抵押合同的印花税和公证费。（第 10 条）

（2）专项激励政策。根据投资地图，享受从应税净利润中核减一定比例的投资激励：A 类区域，投资成本核减 50%；B 类区域，投资成本核减 30%。（第 11 条）

（3）附加激励政策。内阁可作出决定对投资项目给予附加激励，如国家承担员工技术培训的部分费用，对部分战略性项目免费划拨土地，工业项目自接受土地两年内投产的，国家返还一半的土地款等。

3. 投资者的社会责任

为实现长远的全面发展目标，投资者应提取年利润的一定比例，在投资项目之外，参与某些领域的活动，包括采取必要措施保护和改善环境，在医疗、社会或文化领域提供服务，资助科研和启蒙活动，培训和科研等，从而为建立社会发展机制作出贡献。（第 15 条）

4. 投资管理

埃及新投资法 70% 的内容涉及行政管理，主要是简化审批程序，缩短审批时间等。

（1）一次性审批。对于为设立旨在参与国家发展的战略性项目，或以私营与国家、国有企业、公共事业企业合营的方式，设立从事公共设施、地下基础设施、新能源、再生能源、公路、交通、港口建设的投资项目而组建的公司，内阁可颁布决定，对于这类项目的设立、运营和管理，其中包括建设许可，划拨必要的不动产等，进行一次性审批。该批准文件无须

经过任何其他程序而自行生效。(第20条)

(2) 一站式服务。① 新的投资审批程序已大大简化。现在投资申请人可以在一个工作日内就得到投资管理总局的答复,而过去他们需要为此等上三个月。埃及投资总局(GAFI)将设立一个投资者服务中心,投资者可从该中心获得各种许可,而不需要与其他机构接触。GAFI将提供公司设立及其之后的各项服务,并将提供互联网注册服务。(第21条)

(3) 投资区域。内阁总理可决定在不同投资领域设立专门投资区,包括物流区、工业区、农业区(第28条)。在为信息、通信科技工业领域设立的科技园区,运营项目所需的一切种类的必要工器具、机械、设备,不征收海关税费。(第32条)

(4) 投资地图。GAFI将制定投资地图,确定投资种类和机制、地理区域和范围。同时确定准备向投资者提供的政府或其他公共法人拥有的不动产。(第17条)

5. 投资争议解决

新投资法修改了关于投资者与埃及政府间投资争议的解决方式,废除了将这种争议诉诸国际投资仲裁或国际投资争议解决中心(ICSID)仲裁的原有规定,② 而是规定新设三个庭外争议解决机构,并鼓励投资者以一种友好协商方式解决其与埃及政府间的投资争议(第90条),并将设立一

---

① 1997年《投资保障与促进法》没有为埃及政府部门办理投资审批规定时间限制,导致整个审批程序历时较长,一般需4个月至一年时间(参见张怀印《论"埃及投资法"对埃经济发展的影响》,《阿拉伯世界研究》2007年第5期,第36页)。为了减轻投资者负担,简化投资手续,2004年埃及在对《投资保障与促进法》进行第二次修订时,在埃及投资总局设立了"一站式"管理机构,规定投资者办理营业执照只需在该机构进行,而不再需要到不同的政府部门分别办理。这个"一站式"管理机构于2005年1月开始运行,但实践表明,由于其在为投资者办理营业执照时经常在埃及各政府部门那里"卡壳",拖延了办理时间,没有真正起到"一站式"管理的应有功能。此次埃及新投资法重申了这种"一站式"管理体系,要求投资与自由区管理总局进一步统一和简化办理营业执照的程序,投资者在该总局下面的一个窗口就能办完所有手续,其目的显而易见,就是要建立一个真正的"一站式"服务体系。
② 近年来,包括一些非洲国家在内的发展中国家在其投资法中排除了ICSID仲裁。其主要原因是,在投资者与东道国争端解决机制(ISDS)中,投资者提起国际仲裁是一种主要形式,但近年来,"随着此类案件的爆炸式增长,有关仲裁制度的内在缺陷也逐步显现,主要表现在四方面:一是投资者利用ISDS仲裁挑战东道国施政,影响东道国公共利益;二是ISDS仲裁机制沦为大型跨国公司的'大棒',发展中国家受益较少;三是仲裁裁决标准不一致,导致法律规则'碎片化';四是仲裁庭存在扩权或滥权倾向,助长了ISDS仲裁的滥用势头"。参见徐宏《当前国际形势和我国外交条法工作》,《武大国际法评论》2017年第3期,第6页。

个名为"埃及仲裁中心"的具有法人资格的独立仲裁机构（第91条）。这三个替代性争议解决机构如下。

（1）申诉委员会。GAFI将设立一个或多个委员会，负责审议对总局或颁发批准证书、执照或许可的有关部门依据本法规定发布的决定提出的申诉。委员会由一个司法机构的参赞担任主席，由该机构的专门委员会确定人选（第83条）。委员会在听取各方观点和意见后的30天内，对申诉作出说明理由的决定。与投资者有权寻求司法途径不冲突，该决定为最终决定，有关各方均须遵守。（第84条）

（2）处理投资纠纷部际委员会。负责审议提交或移交的投资者申请、投诉或投资者与国家或有关部门或国有公司之间可能发生的争议。内阁总理颁布决定组建委员会。由埃及国务委员会的行政事务委员会确定一位国务委员会副主席，作为委员会成员（第85条）。委员会在听取各方观点和意见后的30天内，对申诉作出说明理由的决定（第86条）。与投资者有权寻求司法途径不冲突，该决定由内阁核准后，须付诸实施，有关各方均须遵守，负有履行的义务。（第87条）

（3）处理投资合同纠纷的部际委员会。专门处理以国家或有关部门或国有公司为一方的因投资合同产生的纠纷。内阁总理颁布决定组建委员会。由埃及国务委员会的行政事务委员会确定一位国务委员会副主席，作为委员会成员（第88条）。委员会将调解结果报告内阁，该调解意见经内阁核准后，须付诸实施，有关各方均须遵守，负有履行的义务。（第89条）

二 埃及新投资法的预期效果与可能风险

（一）埃及新投资法的预期效果

埃及此次制定投资法，很多方面涉及1997年《投资保障与促进法》的关键内容，不但加大了优惠力度（如税收和土地使用方面的优惠）和保护力度（如对企业管理人员的免责规定），而且将统一、简化的程序（主要是"一站式"管理）真正落实到实处，还设立了三个新的机构来处理不同类型的投资争议，试图实现投资争议在埃及国内的及时友好解决。这些修订内容，既表明了埃及较高的立法水平，也体现了埃及在新的国内外形势下创造一个更具吸引力投资环境的努力。通过改善投资环境，新投资法可能对埃及产生如下积极影响。

其一，吸收来自更多国家的更多投资。传统上，沙特、阿联酋等海湾国家是埃及外资的主要来源，但21世纪以来，埃及的外资来源已呈现多元化趋势，中国、美国、英国、欧盟、日本、韩国、印度等都是埃及重要的外资来源地。此次修订，是在埃及经济经历四五年低迷后开始企稳向好和引进外资稳步增加并成为非洲第一大吸引外资国的背景下进行的。埃及在此时颁布新投资法，通过税收优惠和"一站式"服务等优惠或便利措施，预计能够吸引更多国家的投资者前往埃及做更多投资，埃及能够继续保持非洲吸引外资大国的强劲势头。

其二，优化埃及的产业结构。新投资法对自由区内能源类投资作了限制，规定不应准许以自由权机制设立炼油项目，化肥项目，钢铁项目，天然气加工、液化和运输项目，最高能源委员会确定的高耗能项目等（第34条）。这意味着，对化肥、钢铁、水泥、石油生产、天然气生产与运输等高能耗的产业不再颁发许可证。这些规定向外界传递的一个清晰信息是，高能耗产业将不再是埃及自由区吸引外资的重点产业，埃及自由区更欢迎对绿色环保产业的投资。这一规定，既与近年来埃及加大新能源开发和利用以优化产业结构、促进经济多元化发展的国内趋势相一致，也和发展低碳环保产业的世界潮流相契合。

其三，促进埃及落后地区发展。首都开罗一直是埃及吸引外资的主要地区，因此对开罗投资出现了日益"拥堵"的情况。为了改变这一状况，埃及政府对开罗地区制造业的投资一般不予批准，而且通过一些刺激政策鼓励现有的制造业搬离开罗。经投资者请求，埃及政府官员将帮助投资者就其投资项目进行选址，通常是开罗之外的某一新工业区。除了新工业区，为了吸引外资对经济发展水平普遍低于埃及全国水平的上埃及地区进行投资，埃及政府已经将上埃及地区作为吸引私人投资者的一个重要地区，规定上埃及之内的工业区可以无偿提供土地。同样，为了促进对经济落后的西奈半岛的投资，2007年7月，埃及投资部颁布了授予投资者获取西奈半岛土地使用权的程序，包括便利不动产登记、将土地使用权作为贷款担保、银行对不动产抵押进行登记以及不付款取消抵押物的赎回权等。此次埃及在上述原有措施的基础上，通过新投资法进一步试图以免税优惠将更多外资吸引到开罗之外的其他地区，特别是经济落后地区，应当能在一定程度上缓解埃及地区经济发展不平衡问题。

其四，实现投资争议的国内友好解决。能否妥善解决投资争议是一国投资环境的重要组成部分,对此各国在其投资法中都会规定解决投资争议的方式,特别是规定各种诉讼外方式,如仲裁、和解等。此次埃及新投资法废除了将投资争议提交 ICSID 仲裁的原有规定,规定了三个庭外争议解决机构,其目的是鼓励投资者尽可能在埃及国内就妥善解决其与埃及政府间的投资争议。提交 ICSID 仲裁是世界上通行的解决投资争议的主要方式,埃及在1974年投资法中曾经明确规定"应当"将 ICSID 仲裁作为投资争议的解决方式,这被 ICSID 视为埃及单方面同意将投资争议交由 ICSID 管辖,即在发生投资争议时,ICSID 可以根据埃及 1974 年投资法的这一规定直接对该争议行使管辖权,而不需要埃及政府和投资者之间就投资争议达成交由 ICSID 管辖的协议。在之后的 1989 年和 1997 年埃及投资法中,出于对 ICSID 这种强制管辖权的担忧,埃及对有关 ICSID 管辖的规定作了修改,将"应当"改成了"也许",意在要求将投资争议提交 ICSID 仲裁前,争议当事方须达成协议。但正如有学者指出的:"虽然同意 ICSID 仲裁从不应被推定,但以往经验表明,如果国内法在嗣后'协议'问题上未作非常明确的规定,那么仲裁庭倾向于将'同意'这一要求作宽泛解释从而认定具有管辖权。这可以通过诸如'善意'、投资者的'合理预期'以及'避免模棱两可的义务'等理论来主张。"[1] 鉴于此,埃及新投资法删除了原先立法中将投资争议提交投资条约仲裁或 ICSID 仲裁的规定,而是只规定了将投资争议提交给争议当事方同意的争议解决方式和埃及仲裁法解决。这意味着,投资争议的当事方,即埃及政府和投资者,只有达成一致意见后才能将争议提交国际仲裁。但这并非表明,埃及将限制或减少对投资者的保护,因为一方面,争议当事方同意后仍可以把争议交由国际仲裁,而且埃及对外已经签订了 100 多个双边投资条约,而这些条约中的大多数规定了以国际仲裁方式解决投资争议;另一方面,埃及新投资法提供了仲裁和诉讼之外的三种投资争议解决替代方式,而且这些方式也不具有强制性。因此,通过对投资争议解决方式作出新规定,埃及政府试图实现两方面目的:一是对投资争议是否提交 ICSID 仲裁自己有决定权,从而避免 ICSID 实行强制管辖权;二是主要以三个新机构来解决争议,尽可能实现投资争议的国内解决。如果这三个机构能顺利开展工作并证明行之有

---

[1] Fatma Salah, Ibrachy & Dermarkar, "Egypt: New Investment Law – ADR for Investor – State Disputes", http://kluwerarbitrationblog.com/blog/2015/04/14/egypt – new – investment – law – adr – for – investor – state – disputes/, last access: 2017 – 10 – 02.

效，那么预计埃及投资争议的很大一部分可能通过它们解决。

（二）埃及新投资法的可能风险

埃及新投资法对埃及可能产生积极影响，但由于埃及新投资法在内容和实施等问题上仍然存在疑问甚至不足之处，亟待埃及制定实施细则和加强执法来予以澄清或完善，否则会给埃及吸引外资的努力蒙上阴影。

首先是外资审批方面的风险。这跟埃及投资管理机构之间在投资审批职能上的协调问题有关。埃及投资总局是埃及主管投资的机构，原来是埃及经贸部下面负责投资管理的主要机构，设立于1971年。新投资法规定，相关部长除了任命埃及投资总局的两位副主席之外，还要主持总局董事局工作。部长和总局董事局之间的这种联系，意味着埃及投资总局本身并不能完全处理与投资有关的全部事项。由于新投资法保留了埃及2004年修改投资法时设立的旨在统一和简化投资审批手续的"一站式"投资管理部门，而埃及其他部门也有批准投资的职能。鉴于埃及各投资管理部门间的长期利益冲突，埃及投资总局能否在此期间与埃及其他政府部门实现投资审批的协调，将直接关系到埃及"一站式"投资服务体系能否真正建立，也关系到埃及试图通过统一和简化投资审批手续以改善环境的愿望能否顺利实现。

其次是投资竞争方面的风险。在2014年透明国际全球清廉指数排行榜中，埃及在175个国家中排名第94位，属于腐败较严重国家。达沃斯世界经济论坛发布的《全球2014—2015年竞争力报告》指出，腐败问题是影响在埃及行商的第五大不利因素。[1] 根据埃及新投资法，当在某一项目上存在投资竞争时，投资批准程序将不受埃及招投标法的规范，但是新投资法并没有具体规定投资者开展竞争以赢得项目所需的能够保证透明度的标准，而是规定了当投资竞争者的资金和技术条件差不多时，政府土地的划拨将通过抽签决定，这显然将为埃及在投资领域的腐败打开方便之门，[2] 这种缺乏透明度的做法有可能加剧投资者对埃及投资监管体系的不信任，不

---

[1] World Economic Forum, "The Global Competitiveness Report 2014 – 2015", p. 172, Available at http：//www3.weforum.org/docs/GCR2014 – 15/EGY.pdf, last access：2017 – 10 – 08.

[2] Radwa Elsaman, "Will the New Investment Law launch Egypt's Investment Recovery?", See http：//www.dailynewsegypt.com/2015/07/26/will – the – new – investment – law – launch – egypts – investment – recovery/, last access：2017 – 10 – 15.

利于埃及投资环境的改善。

再次是投资争议解决中的风险。通过设立三个庭外争议解决机构，埃及新投资法试图实现将投资争议以诉讼外方式在埃及国内得到解决。鉴于埃及法院系统在处理案件时程序运行缓慢，有些案件需要历时数年时间，不符合投资者快速解决投资争议的需求，埃及新设三个诉讼外争议解决机构，分别处理不同类型的投资争议，无疑是可圈可点之举。但投资者对这三个机构是否信任以及它们的实际效果如何，需要在今后的投资争议解决实践中进行检验，其结果好坏不仅将直接关系到投资者的权益能否得到及时有效的维护，而且将影响埃及改善投资环境的目标能否实现。

最后是因埃及执法问题产生的风险。一直以来埃及遭受诟病的并非其立法水平，而是其执法能力。包括新投资法在内，埃及已颁布了包括公司法、招投标法、资本市场法、土地与不动产法、保险法、电力法、海商法和商法等与投资相关的法律，形成了较完善的投资法律体系。但在实施这些法律过程中，埃及已经暴露出外资保护意识淡薄、执法水平有限等问题。具体而言，主要有以下两个方面：一是过于保护国家利益，而损害投资者利益。这方面的一个显著例子是，近年来埃及出现了很多针对投资者的诉讼，这些投资者在穆巴拉克政府推行私有化政策时期，购买了埃及的国有资产。在大多数案件中，埃及法院的倾向性非常明显，即废除原先的国有资产销售合同，要求对被出售的相关公司重新进行国有化。这些案件已经引起了埃及国内外投资者的普遍警觉，引发了对埃及投资环境和执法水平的广泛担忧。二是政府部门利益根深蒂固，相互缺乏协调，不利于投资审批手续的统一与简化。埃及政府一直致力于统一和简化政府审批手续，提高政府工作效率和透明度，但此过程往往遭到根深蒂固的政府部门利益的不断阻挠。"一站式"服务体系于2005年埃及第二次修订投资法时就提出来，但由于埃及政府部门间利益一直都不能得到很好的协调，从来没有真正实施，导致此次埃及新投资法不得不重申予以落实。对于这些暴露出的执法问题，埃及政府不仅应予以足够重视，而且应加大力度进行解决或协调，只有这样才能充分发挥新投资法的吸资效应，真正产生各种积极影响。

三 中国企业防控埃及新投资法风险的举措

虽然埃及新投资法为吸引外资规定了不少优惠措施，但为了减少投资风险、提高投资效益、解决投资争议,中国企业在投资埃及时应主要做好三个方面的工作,即管理投资风险、调整投资策略和解决投资争议。

(一) 投资风险管理

在前往埃及投资之前,中国企业首先要管理好投资风险,特别是要做好"法律大尽调"工作,即在投资埃及前,应组建熟悉埃及国情的法律专家团队对埃及"投资行业法律环境、投资对象和投资交易本身做全面的尽职调查",[1] 以熟谙"游戏规则"。其次,在订立合同过程中,要注意规避与投资准入审查(包括反垄断审查、国家安全审查等)和经营相关的法律风险。例如,对于某投资项目,中国企业需要了解埃及法律对外国投资者的市场准入机制,对资源、能源类投资的限制性规定,对投资所得征税的相关规定等。[2] 再次,在企业经营、项目运营过程中,要严格遵守埃及相关法律法规和政策,特别是埃及税法、劳工法、环保法的相关规定,规范经营才能最大限度减少风险。最后,在法律风险发生后选择最优的争议解决方案。

(二) 投资争议解决

埃及新投资法规定了三个新的投资争议解决机构,目的是鼓励投资者在埃及国内就妥善解决其与埃及政府间的投资争议,因此,在产生投资争议后,中国企业应首先积极诉诸这三个新机构,利用好这些新机构在解决各种投资争议中所具有的专有职能和程序,尽可能实现投资争议在埃及国内的及时友好解决。这样做,既可以不伤和气,为投资的可持续性创造良好的感情基础,又可以避免将争议提交国际仲裁产生的高成本与长耗时等问题。此外,埃及新投资法仍然保留了投资者将争议提交国际仲裁或ICSID仲裁的权利,因此,当埃及新投资争议解决机构无法解决中国投资者与埃及政府的投资争议时,中国企业仍然可以将投资争议提交仲裁。

(三) 投资策略调整

根据埃及投资法的新变化,在投资策略上,中国企业尤其要注意投

---

[1] 张晓慧:《解读"一带一路"新形势下境外投资的法律风险管理》,《国际工程与劳务》2015年第1期,第35页。
[2] 张利宾:《对中国企业海外投资法律风险的研究》,《北京仲裁》第78辑,第58~59页。

资领域、投资地域以及对"中埃苏伊士运河经贸合作区"投资项目的选择。

（1）投资领域。埃及新投资法规定对大量用工项目、中小型投资项目等实行投资成本核减30%的优惠待遇。这一新规定对中国企业无疑是一个利好消息。这些领域很多都是中国的传统优势产业，如纺织服装、交通运输、能源电力等，因此不仅中国国有企业如国家电网、中石油等大有可为，而且目前国内产能过剩的中小民营企业也有很大的发展空间，可以积极鼓励和引导这些企业赴埃及投资。

（2）投资地域。新投资法规定在埃及偏远落后地区投资也享受免税优惠。该规定主要是为了改变首都开罗地区投资日益"拥堵"的情况，以及缓解埃及地区经济发展不平衡问题。埃及近年来积极鼓励投资者到经济相对落后的上埃及和西奈半岛进行投资，中国企业可以考虑到这些地区投资，以享受相关的免税优惠。

（3）对"中埃苏伊士运河经贸合作区"投资。新投资法对自由区内能源类投资作了限制，规定对化肥、钢铁、水泥、石油生产、天然气生产与运输等高能耗的产业不再颁发许可证。这一新规定传递的一个清晰信号是，高能耗产业将不再是埃及自由区吸引外资的重点。中国目前在埃及设立了"中埃苏伊士运河经贸合作区"，以后中国企业的高能耗项目可以避开在该自由区内投资，可以考虑到埃及其他地区，特别是经济落后地区投资；同时，中国企业可以积极投资一些低碳环保产业，特别是中国在光电、光热等太阳能应用领域已经形成很大的产业规模，迫切需要"走出去"，因此这些产业可以积极考虑在这个自由区内投资落户。

第三节　中非产能合作典型法律风险防控的领域研究：以坦桑尼亚新矿业法为例

长期的殖民统治，不仅造成非洲大量的矿产资源被掠夺，而且严重阻碍了非洲自主发展矿业的能力。在摆脱殖民统治后直至现在，非洲国家的许多矿产资源仍然被西方矿业公司实际控制。为摆脱这一困境，独立后的非洲国家一直试图通过制定矿业法等方式来增强其发展矿业的自主能力。近年来，以坦桑尼亚为代表的一些非洲国家在其修订矿业法时增加了一些比较激进的内容，如大幅增加政府在矿业企业中的持股比例、赋予政府撕毁和重新谈判矿业合同的权利等。这些内容应被视为后殖民时期的非洲矿业大国为挣脱自殖民时期就存在且延续至今的由西方国家强加在非洲矿业身上的枷锁，从而更大限度地实现矿业发展自主权所做的最新努力。中非矿业合作起步晚，且面临来自西方、亚洲和非洲本土矿业公司的激烈竞争，并受"新殖民主义"等污名化言论的不利影响。而且，非洲矿业国家修订矿业法，给中国企业造成了不小的法律风险，需要中国企业在对非洲矿业投资前景保持审慎乐观态度的同时，积极采取相应措施有效预防和应对，以最大限度降低这些风险。

一　非洲矿业法的历史沿革

（一）20世纪五六十年代之前：受制期

在被西方殖民的数百年中，非洲作为殖民地没有自主权，其矿业法律政策主要由殖民政府制定。殖民政府根据殖民公司的发展需要制定矿业法律政策，矿产品主要出口到殖民宗主国或国际市场，而其利润由殖民公司和殖民政府所有，非洲国家基本享受不到其矿业生产所产生的效益。由此，非洲矿业发展严重依赖殖民宗主国市场或国际市场需要，一些非洲矿业大国形成了严重依赖矿产出口的单一的、畸形的经济结构。

（二）20世纪60~80年代：自主期

二战后，非洲国家纷纷摆脱了殖民统治，成为独立主权国家。政治上独立的非洲国家，迫切希望实现经济上的独立，于是对殖民经济实施大规模改革，包括对矿业企业进行国有化政策，或增加在矿业企业中的股权。20世纪六七十年代，受欧洲、日本战后重建以及苏联推进工业化的推动，全球矿产品价格大幅度上涨，这为非洲国家自主制定矿业法律政策奠定了经济基础。

但在20世纪70年代中期之后，受国际矿业需求和矿产品价格下行影响，再加上非洲国家自身的问题，非洲多数国家在20世纪80年代陷入经济困境、债台高筑。为摆脱困境，非洲国家试图采取集体应对措施，一起制定并通过了一些强调自主发展的规划，其典型是1980年非统组织制定的《拉各斯行动计划（1980—2000年）》。在该计划中，特别强调要提升非洲国家的矿业自主发展能力，包括建立相关基础工业和提高矿业开发技术。但受非洲矿业对外依赖性高、市场价格波动大、非洲国家政策调整空间小和手段单一等因素制约，非洲国家并没有具体有效的矿业政策。

(三) 20世纪90年代：受挫期

1992年，针对非洲矿业的不良表现，世界银行专门开出了"药方"，提出了"非洲矿业战略"。其主导思想是要求非洲国家进行自由化和私有化改革，通过提供税收优惠、降低非洲政府在矿业公司的股权、允许矿业企业自由汇出利润等手段，吸引并扶持外国私人资本投资非洲矿业。为获取国际金融机构的资金支持，非洲国家被迫接受上述药方，在矿业领域进行改革。由此，非洲国家不得不中断自主发展矿业的努力，其在独立后通过国有化或购买等方式获得的矿业股权再次被私有化。

(四) 21世纪以来：自主与协调期

进入21世纪，受中国等新兴经济体对矿产品需求的持续增长以及国际矿产品价格的持续上扬影响，非洲的经济地位提升，又开始调整矿业法律政策，以实现资源开发利益最大化，并增强发展矿业的自主能力。其主要方式有：①增加政府在矿业公司的股权，如南非、津巴布韦、几内亚、纳米比亚、安哥拉等；②增加特许费和税收，如南非、赞比亚、坦桑尼亚、博茨瓦纳等；③收回或重新评估矿权，吊销许可证，如南非、纳米比亚、利比里亚、津巴布韦、尼日利亚等；④强调本土化和可持续发展，如南非、津巴布韦、刚果（金）、坦桑尼亚等。与20世纪60~80年代相比，21世纪以来非洲国家在矿业法律政策调整上的自主能力有了显著提升，这具体表现为其采取的矿业法律政策的多元化，以及重视通过矿业开发实现社会经济的可持续发展。

在自主制定或调整矿业法律政策的同时，非洲国家注重在矿业政策上的协调。在这方面，联合国非洲经济委员会（UNECA）发挥了重要作用。2007年9月，非经委成立了"国际研究集团"，探索非洲矿业发展的新机制，它提出了"非洲矿业愿景"。该愿景旨在建立一个透明、公平、最优的矿产资源开发机制来支持广泛的可持续增长和社会经济发展，它为非洲矿业指明了发展方向，包括改善矿业投资环境、加大矿业开发监管、促进矿业上下游产业的发展、矿业发展的可持续性以及实现矿业与当地、国家和区域的发展政策更好结合等。2008年10月和2009年2月，首届非盟矿业部长会议和第 12 届非盟首脑会议分别通过了该愿景。2011 年 12 月,第二届非盟矿业部长会议又通过了该愿景的执行方案。该愿景已经对非洲矿业产生了重要影响。一些非洲国家在制定或修正其矿业法律政策时,会考虑并纳入该愿景。例如,2017 年乍得新出台的矿业法律政策就被认为是符合该愿景的宗旨和原则。[1] 同年 8 月,在马达加斯加召开的"非洲矿业愿景研讨会"上,马达加斯加也表达了将该国矿业政策与规划跟"非洲矿业愿景"相结合的意愿。

然而需指出的是,虽然近 20 年来非洲在矿业法律政策的自主与协调能力上有了显著增强,但仍然受到一些因素或问题的制约和干扰,如急功近利只考虑现实利益而忽视长远利益、国际矿业需求和价格的不稳定性以及国际金融机构和矿业巨头的影响等。

二 近年非洲矿业法的调整:以坦桑尼亚为例

自 2012 年达到高峰之后,全球矿业市场行情一直处于下行之势,到 2016 年开始触底回升,2017 年市场逐渐走强。伴随全球矿业市场走势的变化,一些国家相应调整了本国的矿业法律政策。这种调整是全球性的,涵盖亚非拉和欧美地区的印度尼西亚、菲律宾、南非、巴西、阿根廷、萨尔瓦多、卢森堡、美国和加拿大等国家。[2] 在这一波全球矿业法律政策大调整的背景下,南非、赞比亚、肯尼亚、尼日利亚、刚果(金)和坦桑尼亚等非洲国家纷纷实施新矿业法。

例如,2016 年 5 月,肯尼亚新矿业法生效。该法规定,对于大规模矿业开采项目,肯尼亚政府应免费获得 10% 的利益,矿业权持有人应在生产活动开始后的 3 年内将至少 20% 的股权在当地证券交易机构上市。为促进矿区当地社区的发展,该法还要求大规模矿业的持有人与当地社区签订社区发展协议,同时将特许权使用费的 20% 上交当地县级政府,特许权使用费的 10% 上交当地社区。对于因矿业权而产生的争议,该法规定只能在肯尼亚当地通过矿业部长或双方当事人约定的仲裁或调解程序,或肯尼亚有管辖权的法院解决。2017 年南非新矿业法要求黑人在矿业公司持有的股

---

[1] Bob Koigi, "Chad Adopts Mining Policy and Code Aligned to the Africa Mining Vision", https://africabusinesscommunities.com/news/chad-adopts-mining-policy-and-code-aligned-to-the-africa-mining-vision/. last access:2017-10-15.

[2] 沈承珂:《各国矿业法规近期调整与变化》,《中国矿业报》2018 年 6 月 8 日,第 4 版。

份必须从 26% 提高到 30%，对于新的探矿权，则需要矿业公司有超过 50% 的黑人股份。2018 年 6 月，刚果（金）新矿业法生效，它提高了矿产特许使用费，钴由 2% 上涨到 10%，对超额利润征收 50% 的税（利润超出 25% 时即为超额利润），外国公司必须预留 5% 做资本给本地私营企业，刚果（金）国家免费占有份额从 5% 上涨到 10%，矿产许可三十年降为二十五年。矿业分包、手工开矿、买卖及加工处理由当地公司及人民参与。

在这些新矿业法中，坦桑尼亚 2017～2018 年的新矿业法及其条例被认为是最激进的。坦矿产资源丰富，矿业分类政策日趋完善。此次坦新矿业法主要由三部新法组成，都已于 2017 年 7 月生效。这三部新法分别是《自然财富和资源合同（不合理条款审查和重新谈判）法》（以下简称《自然资源合同法》）、《自然财富和资源（永久主权法）》（以下简称《自然资源主权法》）和《成文法（杂项修订）法》（以下简称《成文法修订法》）。为了实施这些法律，2018 年坦政府又制定了一些条例，比较重要的是《矿业（采矿权）条例》和《矿业（当地成分）条例》（以下分别简称《采矿权条例》和《当地成分条例》）。这些法律和条例对坦矿业法作了重大修改，将对矿业领域和外国投资产生实质性影响。

（一）坦桑尼亚新矿业法的主要内容

1.《自然资源合同法》

该法旨在赋予坦国会和政府对自然资源合同中的不合理条款进行重新谈判并纠正的权力，其主体由"国会的合同审查权"和"政府对不合理条款的重新谈判权"两部分组成。

就坦国会的合同审查权而言，该法赋予国会审查由坦政府签订的所有（包括已有的和新的）涉及自然资源协议的权力；[1] 所有由坦政府签署的与自然资源有关的安排与协议，须在其作出后的坦国会六个开会日内向国会报告。坦国会如果发现这些协议中包含不合理条款，它可以通过决议直接授权坦政府对这些协议进行重新谈判。在本法生效之前的相关安排或协议中，如果坦国会认为不合理条款损害了坦国家和人民的利益，它也可以通过决议授权坦政府进行重新谈判。[2]

---

[1] 《自然资源合同法》第 4 条第 1 款。
[2] 《自然资源合同法》第 5 条。

就坦政府对合同中不合理条款的重新谈判权而言，其一，该法要求坦政府在坦国会通过决议后的 30 天内，就安排或协议中的不合理条款通知另一方进行重新谈判；除非双方协议延展，否则这个期限最长是 90 天；在重新谈判结束后，坦政府应当就谈判结果向坦国会报告。① 其二，就什么是不合理条款，该法也作了详细列举说明，包括：①旨在限制国家对其财富、自然资源和经济活动的完全主权的；②限制国家根据其国内法对其境内的外国投资行使权力的；③对国家不平等和苛刻的；④有关安排或协议具有永久性，限制了国家对其进行定期性审查的；⑤安排或协议中有给予某一特定投资者优惠待遇，从而为其利益单独创设一个歧视性的法律体制的；⑥限制了国家对其境内跨国公司的规制权力和为确保其活动符合本国法律的采取措施权力的；⑦剥夺了坦人民来源于其对本国自然资源的选矿权的经济权益的；⑧从本质上授予跨国公司干涉坦内政权利的；⑨使国家受外国法律和法院管辖的；⑩明示或默示损害国家保护环境或使用环保技术的有效性的；⑪旨在损害或有害于全国人民福利或经济繁荣的其他行为的。② 其三，该法赋予坦政府纠正和删除不合理条款的权力，即如果政府通知了重新谈判但另一方不同意，或虽然重新谈判但双方最终未达成协议，那么这些不合理条款就自然终止，并且应被认为已经从合同中删除。③

2. 《自然资源主权法》

该法旨在宣示和保护坦对其自然资源的永久主权并确保其从中获得实际利益。其主体由"对自然财富和资源的永久主权"和"永久主权的保护"两部分组成。

在"对自然财富和资源的永久主权"这一部分中，该法首先宣告坦人民对所有的自然资源拥有永久主权，不能以任何方式剥夺；④ 除非坦人民的利益受到完全保障并经坦议会批准，否则任何有关对自然资源的勘探、开发、获取或使用的安排或协议都是非法的；任何涉及自然资源的安排或协议，无论是官方或私人的资金投资、货物或服务的交换，还是技术援助或科学信息的交换，都应基于自然资源的永久主权促进坦桑尼亚的独立。⑤

---

① 《自然资源合同法》第 6 条第 1、4、5 款。
② 《自然资源合同法》第 6 条第 2 款。
③ 《自然资源合同法》第 7 条第 1 款。
④ 《自然资源主权法》第 4、5 条。
⑤ 《自然资源主权法》第 6 条。

在任何相关安排或协议中,应确保从这些活动中产生或添加的收益进入坦的经济,而且这些安排或协议中应保证坦政府和人民获得公平合理的份额;①任何相关安排或协议应保证没有坦的原始资源被出口到坦境外的采矿活动,并且应在坦境内建立采矿设施;②任何相关安排或协议应要求来自处分或交易的收益保留在坦境内的银行和金融机构中,在坦境外的银行或金融机构保留这些收益是非法的,除非根据坦法律这些被分配的利润被调回坦国内。③

在"永久主权的保护"部分,该法规定对自然资源的永久主权不受制于任何外国法院或法庭的司法程序,因自然资源的勘探、开发、获取或使用所产生的争议由根据坦法律并在坦境内建立的司法机构或其他机构裁判;④所有有关自然资源勘探、开发、获取或使用的安排或协议可由坦国会审议,并可由坦负责宪法事务的部长制定实施细则。⑤

3. 《成文法修订法》

该法对坦桑尼亚的矿业法、石油法、所得税法、保险法和税收管理法等五部法律作了修订。限于主题,本节主要探讨矿业法的重大修订。该法规定,坦政府在矿业公司资金中应持有不少于16%的不可稀释的且无偿持有的股份;而且除无偿持有的股份外,政府还有权获得矿业公司50%的股份以抵消政府为支持矿业公司而产生的税收总支出。⑥同时,该法还将金、银、铜、铂等矿产出口的特许权使用费从4%提高到6%。⑦

4. 《采矿权条例》和《当地成分条例》

根据这两个新条例,外资银行、保险公司和律所与坦矿业公司开展业务将受到限制,矿业公司的承包商、分包商和被许可人应在坦桑尼亚本土银行保留账户并通过这些银行开展业务;他们应只接受坦桑尼亚执业律师或其主要办事处在坦的律所的服务;与坦桑尼亚矿业活动相关的可保风险应通过坦桑尼亚本土的经纪公司或再保险经纪人投保;坦本土企业在授予采矿执照上具有优先权;对于外国矿业企业,除了坦政府应无偿拥有矿业

---

① 《自然资源主权法》第7、8条。
② 《自然资源主权法》第9条。
③ 《自然资源主权法》第10条。
④ 《自然资源主权法》第11条。
⑤ 《自然资源主权法》第12、13条。
⑥ 《成文法修订法》第10条。
⑦ 《成文法修订法》第23条。

公司 16% 的股份外，坦本土企业应拥有至少 5% 的股份；如果采矿公司违反《当地成分条例》中的要求，将被处以 500 万美元的罚款。

(二) 坦桑尼亚新矿业法的特点

从坦桑尼亚新矿业法的上述内容来看，它有以下几个方面的突出特点。

1. 新矿业法强化了坦对其自然资源的永久主权

自然资源永久主权是在二战后由广大新兴独立国家提出并得到联合国大会认可的一项主权，已经成为国家主权不能分割的组成部分。在 1962 年联合国大会第 1194 次会议上，通过了《关于自然资源永久主权的宣言》，正式宣布了"各个国家拥有其自然资源的永久主权"；在 1981 年制定的《非洲人权和民族权宪章》中，也规定了"所有民族能够以其本身为目的自由处置其自然资源"。在这些国际文件的基础上，坦《自然资源主权法》明确宣告对其自然资源的永久主权，要求对其自然和战略资源所采取的任何投资措施必须基于对坦自由处分这些资源这一不可分割权力的承认，必须符合坦国家利益和尊重坦经济独立。

2. 新矿业法加大了坦政府对矿业公司的持股比例

《成文法修订法》强制性要求坦政府有权持有采矿项目 16% 的股权，而且政府还保留了进一步增持采矿公司股份的权利，即"除无偿持有的股份外，政府还有权获得矿业公司 50% 的股份以抵消政府为支持矿业公司而产生的税收总支出"。据此规定，原来为鼓励外资进入坦矿业而给予的税收优惠或其他支出，很可能被用作坦政府增持采矿公司股份的理由，坦政府的税收支出越多，其可增持的采矿公司的股份就越多。这实际上减少甚至取消了坦对外资在坦矿业投资的税收优惠，对外资进入坦矿业实施了限制。而且，关于 50% 权益的补偿计算公式非常不明确，给坦政府留下了很大的操作空间。

3. 新矿业法赋予坦政府撕毁和重新谈判矿业合同的权力

《自然资源合同法》赋予坦政府就其签订的涉自然资源合同中的不合理条款进行重新谈判并纠正的权力，对于不合理条款的界定，它列举了 10 个条款，从其措辞来看非常宽泛，矿业合同中的条款很轻易地就能被认定为不合理条款。据此认定，坦政府可以要求对矿业合同重新进行谈判，如果坦政府通知了重新谈判但另一方不同意，或虽然重新谈判但双方最终未达成协议,那么这些不合理条款就自然终止,并且应被认为已经从合同中删除。基于此,坦政府就可以轻易撕毁矿业合同。

4. 新矿业法加大了对本土化的要求和对坦本土企业的保护

矿业公司只能通过坦本土银行开展业务,只能接受坦桑尼亚执业律师或律所的法律服务,只能通过坦本土的经纪公司或再保险经纪人投保;坦本土企业在授予采矿执照上具有优先权;对于外国矿业企业,除了坦政府应无偿拥有矿业公司16%的股份外,坦本土企业应拥有至少5%的股份;如果采矿公司违反《当地成分条例》中的要求,将被处以500万美元的罚款。

5. 新矿业法取消了外国投资者寻求国际仲裁的权利

《自然资源主权法》规定对自然资源的永久主权不受制于任何外国法院或法庭的司法程序,因自然财富和资源的勘探、开发、获取或使用所产生的争议由根据坦法律并在其境内建立的司法机构或其他机构裁判;《自然资源合同法》则规定有关"使国家受外国法律和法院管辖的"合同条款为不合理条款而须被重新谈判和纠正。这些规定,实际上取消了外国投资者就这些争议诉诸国际仲裁的权利。国际仲裁因其中立、灵活、经济、快速和裁决可执行性等优点,已经日益成为国际经贸投资争议的最优解决方式。[①] 但新矿业法强制性要求外国投资者放弃这一方式,将对这些争议的解决产生不利影响。

三 近年非洲矿业法调整的原因与影响

(一) 近年非洲矿业法变化的原因

非洲国家这一轮对矿业法律的修订,既有国际原因,又有国内原因。首先是国际大气候的影响,它们的新矿业法,是在金融危机时代全球资源民族主义浪潮重新兴起的背景下,资源出口国纷纷通过修改国内矿业法律和颁布新的税收政策、行政措施来推行资源民族主义政策的一个缩影。

其次是非洲国家在后殖民时代为回收矿权和提升矿业自主能力所作努力的最新延续,是其试图通过立法手段改变矿权被西方矿业公司实际控制的具体表现。根据 SNL 的统计,在非洲 239 座优质矿山中(按价值量排名),由非洲国家控股公司持有的有 86 个,仅占总数的 36%;西方发达

[①] 吴卡、刘益:《中非经贸投资争议仲裁地的选择——兼论非洲仲裁环境的改善》,《浙江师范大学学报》(社会科学版)2013年第1期,第40页。

国家矿业公司掌控超过60%，其中由英国控股公司获取的矿山有59个，占总数的24.7%。其余依次为加拿大32个，占总数的13.4%；澳大利亚20个，占总数的8.4%；中国公司仅占有5个优质矿山，占总数的2.1%。[①] 可见，非洲的优质矿产实际上在很大程度上被西方矿业公司控制，非洲国家迫切需要改变这一现状，所以在这一轮的矿业法修订浪潮中，出现了坦桑尼亚新矿业法中直接授予坦政府撕毁和重新谈判矿业合同的权力这种相当激进的做法。

最后是非洲国家近年来在经济下行压力下试图加强对矿权的控制来促进经济增长。例如，近十多年来，坦GDP的年均增长率达到约7%，但2017年上半年坦经济增长率为6.8%，而2016年同期的经济增长率为7.7%，坦经济下行压力增大。在此背景下，2015年10月上台的马古富力政府希望通过修改矿业法来缓解这一压力。事实上，通过修改矿业法加强对坦国内矿产等自然资源的保护，已被坦政府宣布为马古富力总统在执政两年期间取得的十大成就之一。

（二）近年非洲矿业法变化的影响

1. 积极影响

（1）提升了非洲国家的矿业自主能力。从非洲矿业法律政策的历史沿革来看，通过制定矿业法律来加强矿业自主能力是非洲国家的一个基本策略。根据非洲国家近年来对矿业法的修订内容，其在矿业自主能力上又有了较大提升。

（2）加强了非洲大陆内部矿业政策的协调。此次非洲国家矿业法律的调整，采用了增加政府在矿业公司的股权、增加特许费和税收、收回或重新评估矿权，以及强调本土化和可持续发展等类似措施。这一方面表明非洲国家对矿业所采取的多元化手段，另一方面表明非洲国家在利用这些手段来加强对矿业的控制方面越来越趋于一致。

（3）增强了非洲对外开展矿业合作的话语权。"非洲矿业愿景"的行动计划就行动的关键动力指出："在如何使用矿产资源促进增长和发展方面，需要有非洲共同的声音。"在非洲国家增强矿业自主能力，特别是加大非洲大陆内部矿业政策协调的基础上，非洲国家也提升了对外开展矿业

---

① 谢锋斌：《中国对非洲矿业投资浅析》，《中国矿业》2015年第12期，第4页。

合作的话语权。

2. 消极影响

（1）对外资进入非洲矿业的阻遏。坦桑尼亚以保护自然资源永久主权的名义大幅度修改矿业法，将对坦矿业的几乎每个领域和外资对坦矿业的投资产生实质性影响。对此，有人指出："（新矿业法）显然将对坦桑尼亚矿业和能源行业造成巨大影响，并且它们代表了非洲目前管辖资源行业投资的法律制度中最激进的一部分修订……在可预见的将来，坦桑尼亚的矿业或石油天然气行业不太可能吸引到任何重大投资。我们认为，能源行业很多现有投资者可能不得不撤回投资。"① 事实上，在新矿业法通过后，数家在坦投资的澳大利亚矿业公司股票价格应声下跌，迫使澳大利亚证券交易所采取非常措施，宣布10余家澳大利亚矿业勘探公司停牌。

（2）提高了矿业领域外资的运营成本和法律风险。坦新矿业法规定，对于外国矿业企业，除了坦政府应无偿拥有矿业公司16%的股份外，坦本土企业应拥有至少5%的股份；如果采矿公司违反《当地成分条例》中的要求，将被处以500万美元的罚款。这些都加大了外资的运营成本与法律风险。

（3）违反双边投资条约和WTO相关规则。坦与他国签订的双边投资条约中都规定了征收条款，新矿业法强制性要求坦政府无偿持有采矿项目16%的股权，而且可以进一步无偿增持采矿公司股份到50%的规定，很可能已经构成"间接征收"。而且，在双边投资条约的"争端解决"条款中，一般有将投资争议提交国际争端解决机制特别是国际仲裁的规定，坦新矿业法取消外国投资者将争议提交国际仲裁的权利，也构成对双边投资条约的违反。此外，坦是WTO成员方，其新矿业法中有关限制原材料出口的规定可能构成出口配额，因而违反GATT一般禁止数量限制的原则，其他WTO成员方可能据此向WTO争议解决机构申诉。

四 中非矿业合作及对非洲矿业法变化的应对

（一）中非矿业合作的现状

不断加强并深化与坦桑尼亚等非洲资源大国的关系，既是我国开展资

---

① 罗伯特·埃德尔：《立法改革对坦桑尼亚资源领域的影响》，see http://www.kwm.com/zh/knowledge/insights/tanzania - natural - resources - mining - legislative - reform - changes - 20170710，最后访问日期：2018年8月15日。

源外交的基础，也是我国推进"一带一路"倡议和我国企业"走出去"战略的重点。进入21世纪以来，中非矿业合作发展势头良好，中国从非洲进口矿产品的贸易额总体呈上升趋势，非洲已成为中国的矿产资源主要供应地，供应了约15%的矿产价值；非洲在2013年成为中国海外矿业投资项目的最大目的地，主要投资铜、铝、钻石、金、铀矿等矿产。目前，中国对非洲矿业投资呈现以下几个特点：①投资目的国，南部非洲多于北部非洲，非洲沿海国家多于非洲内陆国家；②投资主体，国有企业处于绝对的主导地位，但民营企业近年来呈现逐渐增加的趋势；③投资领域，主要集中在矿产品开采生产领域，其次是技术设备输出领域等。[①] 但中非矿业合作也有不少挑战，首先是中国企业投资非洲矿业面临着西方、亚洲、非洲本土等矿业公司的激烈竞争；其次是非洲国家通过修改矿业法不断加大对本国矿业的实际控制，中国企业的经营成本与法律风险加大；最后是中国对非投资、援助被西方妖魔化为"新殖民主义"，而矿业是其中的重灾区，中国被污名为掠夺非洲的矿产资源。

中国企业对坦桑尼亚矿业投资符合上述特点，也面临类似调整。坦桑尼亚是非洲东南沿海国家，矿产资源丰富，现已查明的主要矿产包括黄金、金刚石、铁、镍、铀、磷酸盐、煤及各类宝石等，总量居非洲第5位，是名副其实的非洲矿业大国，矿业也是坦吸收外资最多的领域之一。中坦经贸投资关系发展势头良好，中国已成为坦最大的贸易伙伴。据坦官方数据显示，截至2016年底，中国在坦投资的各类企业超过120家，投资金额超过26亿美元，其中从事自然资源开发的企业有6家以上，以国有企业为主。但中坦矿业合作也面临与西方、亚洲、坦本土矿业企业激烈竞争，坦大幅度修改矿业法造成法律风险提升以及中国在坦矿业投资被污名化等挑战。

（二）对非洲矿业法变化的应对

此次坦桑尼亚等非洲国家资源民族主义抬头并纷纷修订矿业法，给已经和将来投资该国矿业的中国企业造成了不小的法律风险，需要中国企业在对非洲矿业投资前景保持审慎乐观态度的同时，积极采取相应措施有效

---

① 参见赵琪等《中国对非洲矿业投资现状分析》，《资源与产业》2016年第1期，第8～12页。

预防和应对，以最大限度降低这些风险。

一方面，中国企业应把握非洲矿业法律政策的发展大势，并顺势而为。从非洲矿业法律政策的历史发展来看，非洲国家通过制定或修改矿业法律政策以加强其矿业自主能力是一个基本趋势。对此，首先中国企业应全面了解并遵守非洲国家矿产资源管理制度，例如，坦桑尼亚的矿产资源管理制度包括矿业主管部门及立法框架、矿业许可证制度、矿业权管理制度、矿业资源税费政策和矿山环境保护政策等，应正确评估其法律风险。此次对矿业法的修订，只涉及坦矿产资源管理制度的部分变化。中国企业投资坦矿业，仍要对坦矿产资源管理制度的其他内容进行全面了解并切实遵守。其次，中国企业在投资前，应认真分析国际矿产市场的发展走势，并对非洲国家矿产资源现状和开发前景进行正确评估。复次，中国企业应以发展眼光看待非洲国家的矿产资源市场，加强与当地的国内外企业的联系与合作。再次，中国企业还要做好自身的能力与机制建设。中国企业在非洲投资的风险防控经验表明，中国企业投资非洲矿业的风险防控必须与其他相关制度、机制与措施结合起来，即必须将风险防控与中国企业的组织管理、制度建设、风险管理、社会责任管理、质量管理、安全管理等相结合，将它们作为一个有机整体，才能实现既在源头上尽可能预防和减少各种风险，又能够专门有效应对各种法律风险。最后，中国企业投资非洲矿业，还应主动承担更多的社会责任，特别是要重视矿山生态环境保护和矿山环境恢复治理工作，并更好地为矿区居民和社区服务，平衡好与当地政府及矿区居民之间的利益，让当地及其居民切实从矿产开发中获得好处。

另一方面，就因非洲国家实施新矿业法所造成的损失，中国企业可以通过法律途径积极维权。具体就坦桑尼亚而言，中坦《促进和相互保护投资协定》（以下简称《协定》）已于2013年生效。新矿业法强制性要求坦政府无偿持有采矿项目16%的股权，而且还可以进一步无偿增持采矿公司股份到50%的规定，很可能已经构成《协定》第6条规定的"间接征收"。《协定》第12条规定了投资争议解决办法，其第2款规定："如果该争议6个月内未能友好解决，根据缔约任何一方的要求，应将争议提交专设仲裁庭解决。"也就是说，当包括间接征收和合同取消在内的争议发生后，中国企业有权要求在坦境外进行独立的国际仲裁。但是，坦新矿业法实际上取消了包括中国企业在内的外国投资者就投资争议诉诸国际仲裁的权利。因此，新矿业法和《协定》存在冲突。根据"条约必须遵守"这一重要的国际法原则，"条约当事国不得以国内法或国际组织的规则为由而不遵守条约"。① 据此，当坦新矿业法与《协定》相冲突时，后者应优先适用，坦政府仍应履行《协定》的规定。因此，因坦实施新矿业法而造成的对中国企业的间接征收和合同取消等争议，中国企业仍然可以依据《协定》提起国际仲裁。

第四节　中非产能合作典型法律风险防控的实证研究：以肯尼亚蒙内铁路项目为例

2016年8月，作者随浙江师范大学非洲研究院一行10人赴肯尼亚进行了为期11天的参观考察，在此期间实地调研了从蒙巴萨到内罗毕的蒙内铁路西站、港站和经济特区等中国产能走进肯尼亚重点工程建设项目，并与项目中方负责人和肯方员工就项目的实施进展及其遭遇的主要问题、风险防控等进行了会谈交流。通过这次调研，作者对中非产能合作在促进非洲经济社会发展方面的重要意义有了更深刻的认识，对中资企业在中非产能合作中面临的包括法律风险在内的各种风险及其防控也有了更全面的体会。本节将主要就中国交通建设股份有限公司（以下简称"中国交建"）和中国路桥工程有限责任公司（以下简称"中国路桥"）等中资企业在建设蒙内铁路过程中所采取的风险防控措施进行系统介绍，以期为中资企业在非开展其他项目的产能合作提供参考借鉴。

一　蒙内铁路项目及其意义

（一）蒙内铁路项目简介

蒙内铁路是蒙巴萨至内罗毕铁路的简称，它连接东非最大港口城市蒙巴萨和肯尼亚首都、东非重要交通枢纽内罗毕，是一条全线采用中国技术、中国管理、中国资金、中国装备建造，中国运营维护的标轨铁路。主线全长472公里，设计运力2500万吨，由中国路桥承建，中国进出口银行提供16亿美元优惠出口买方信贷以及20亿美元商业贷款。项目于2015

---

① 曾令良主编《国际公法学》，高等教育出版社，2016，第368页。

年 1 月实质性开工，于 2017 年 5 月 31 日建成通车。

中肯两国领导人对该项目高度重视，亲自关心和督导相关工作，项目也得到两国社会各界的广泛支持，是一条友好、合作、共赢之路。2013 年 8 月，习近平主席与肯尼亚总统肯雅塔在北京共同见证了蒙内铁路融资谅解备忘录的签署仪式。2014 年 5 月，李克强总理访问肯尼亚期间与肯雅塔总统及其他东非国家领导人共同见证项目融资协议签署仪式。2016 年 3 月，全国人大常委会委员长张德江访问肯尼亚期间，考察了项目建设情况。肯雅塔总统高度重视蒙内铁路建设，亲自指导建立由肯尼亚内政部牵头，军、警、情等相关部门和中方承建企业参与的蒙内铁路安保体系，并且自 2015 年项目实质性开工以来，每季度均亲自主持召开项目进展现场办公会，发现并解决项目实施中遇到的困难和问题，为蒙内铁路建设提供政治支持和保障。肯方也高度重视蒙内铁路的外宣工作，总统每次视察项目、主持现场办公会都会受到媒体广泛突出的报道，肯雅塔总统并表示将在项目建成后第一个乘列车从蒙巴萨旅行至内罗毕，反映出其对领导实施蒙内铁路这一重大项目建设的自豪之情。

（二）蒙内铁路项目的意义

蒙内铁路项目作为中非产能合作的重点项目，对促进肯尼亚当地乃至整个东非地区的经济社会发展、推动中国产能与标准走进非洲和"一带一路"倡议在非洲实施都有重要意义。

1. 促进肯尼亚当地乃至整个东非地区的经济社会发展

蒙内铁路是肯尼亚独立以来最大的基础设施建设工程，是实现肯尼亚国家工业化目标和《2030 年远景规划》的旗舰项目，对于促进肯尼亚经济社会发展、提升肯尼亚工业化水平和自主发展能力具有重要意义。该铁路项目累计创造工作岗位将超过 3 万多个，带动肯尼亚 GDP 增长达 1.5%。

蒙内铁路还能促进整个东非地区的经济社会发展。蒙内铁路被誉为东非铁路网咽喉，是东非铁路网的起始段，根据肯尼亚 2030 远景规划，该铁路将连接肯尼亚、坦桑尼亚、乌干达、卢旺达、布隆迪和南苏丹等东非 6 国。蒙内铁路建成后将有助于促进肯尼亚与东非地区其他国家的互联互通及工业化进程，在进一步提升肯尼亚区位优势、将蒙巴萨和肯尼亚建设成为东非地区的物流中心和制造业中心的同时，强化肯尼亚对周边内陆国家的经济辐射作用，促进东非现代化铁路网建设和地区经济融合，加速东非"三网一化"建设进程。因此,蒙内铁路的建造对于建成东非立体交通网、促进东非一体化将起到积极的推动作用。

2. 推动中国产能与标准走进非洲和"一带一路"倡议在非洲实施

蒙内铁路既是中非产能合作的示范项目,也是中国"一带一路"倡议在非洲的桥头堡工程。它全线采用中国标准和中国装备,是首条海外全中国标准铁路,是"中国制造"走向世界的一次精彩亮相。首先,蒙内铁路的标准新,它采用中国Ⅰ级铁路设计和施工标准,较蒙巴萨至内罗毕之间现有的米轨铁路具有明显优势。其设计客运时速120公里/小时、货运时速80公里/小时,配以现代化的调度、控制等系统,将极大提升蒙巴萨至内罗毕之间的货运效率。其次,蒙内铁路的质量高。对该项目的实施,中国路桥以建设"百年不朽工程"为目标,以机械化、工厂化、专业化、信息化、属地化等手段为支撑,落实质量分级责任,强化现场及过程控制,确保项目工程质量稳定可控,开工至今全线施工质量合格率100%。再次,蒙内铁路的建设速度快。这一肯尼亚的"百年工程"于2013年8月签署融资谅解备忘录,2014年5月签署融资协议,2015年1月实质性开工,于2017年完工。如此"世纪工程",仅仅耗时3年左右时间建成,在非洲和国际上都堪称典范。

蒙内铁路对中非产能合作与"一带一路"倡议的实施有着关键性意义。肯尼亚是中国"一带一路"倡议在非洲的唯一支点,蒙内铁路又是东非铁路网的咽喉,处于打通港口和内陆的要道位置,它全部采用"中国标准"来建造,意味着今后所有和蒙内铁路相连接的铁路,中国都会采用相同的标准与质量来建造,而且只要当地国家需要,中国企业也会以很快的速度推进项目建设。因此,蒙内铁路是中国优质产能标准新、质量高、速度快的典型代表,它对推进中非产能合作和"一带一路"倡议在非洲落地实施有极其重要的意义。

二 蒙内铁路项目的主要法律风险识别

蒙内铁路项目意义重大,但其风险也不小,作者试举几例予以说明。首先是环保风险。肯尼亚的环保立法标准高、执法严。肯尼亚宪法规定,享有健康的环境是每个公民"不可剥夺的权利",同时,肯尼亚《2030年远景规划》写入了"以健康环境支持经济发展并实现减贫"的愿景。同时,肯尼亚的环保执法也很严格,实施严格的项目审批制,对于任何可能影响环境的建设项目，需要先向肯环保局申请，施工前后还需要其来审批，这项程序实施非常严格，根本不可能绕行。蒙内铁路项目沿线经过多处野生动物保护区，包括举世闻名的察沃国家公园，动物的生存、繁衍、迁徙以及生态系统都需要考虑在内，中资企业所承受的环保风险和压力非常大。

其次是劳工风险。除了环保风险，劳工风险也是中资企业在非洲面临的一个典型法律风险，包括用工不规范和高级雇工缺乏等问题。在高级雇工缺乏方面，随着越来越多的中国高科技企业如中兴、华为等也走向非洲，这些中资企业对雇员的知识水平要求很高，但鉴于非洲整体落后的教育水平，雇用到企业需要的人才已经是非常困难。

肯尼亚的劳工法相当严格，对劳工的工作时间和权益有着翔实要求，工作日超过8小时的部分，工资按1.5倍结算，节假日加班则为2～3倍工资。受到英国殖民历史影响，当地大部分劳工也有着很强的法律维权意识。在蒙内铁路项目中，中、肯双方在该铁路建设前后长达一年的时间内反复协商，最终确定聘用中、肯劳工比例为1∶10。而根据中方估算，在建设高峰阶段，需要3000名中国工人，也就意味着需要雇用3万肯方员工，这是目前为止中国在海外项目中使用当地劳工的最大规模。中资企业如何按照肯尼亚劳工法的要求保障3万多人次肯劳工的权益和做好其培训和技术转移工作，也是一项艰巨的工作。

最后是用地风险。中资企业在非开展投资合作，通常需要使用项目所在社区的土地。如何处理好与投资项目所在社区的关系，使征地工作顺利进行也是中资企业在非经常面临的问题。近年来，非洲发生了多起因非洲当地社区不满而导致中国投资项目中断或终止的事例。蒙内铁路项目也面临着处理与沿线社区关系的问题。例如，在施工过程中，中资企业与当地社区曾经发生多起征地纠纷。在内罗毕南部市区路段施工过程中，曾经有数十名当地村民以中资企业破坏其土地财产为由，涌入铁路施工现场，站成人墙，阻碍施工正常进行。在通常情况下，通过花钱能够解决征地中遇到的问题。但也有例外，最著名的当属"遗产屋之战"。蒙内铁路沿线有一座建筑风格特殊的遗产屋，其所有者是半世纪以前到肯尼亚定居的美国人阿蓝（Alan Donovan）。现年70岁的他用大半生时间游历非洲各国，收集各种非洲艺术品，珍藏于此，供世界各地游客参观，故名"遗产屋"。按照蒙内铁路的设计路线，铁路需要穿过遗产屋。阿蓝自2014年初就接到了中方企业想要征地的要求。然而，"遗产屋之战"的困难程度超过中方企业的想象。自 2014 年 2 月至 8 月，肯尼亚各大媒体对阿蓝的遗产屋进行了报道，诸如《在关门前快去看看遗产屋》《营救遗产屋》等标题铺天盖地。在接受记者采访时，阿蓝介绍其遗产屋为肯尼亚国家遗产项目地，其所有艺术品已捐给美国一所大学进行非洲文化研究。除使用媒体曝光战术外，阿蓝还对征地赔偿提出了"天价"。由于难以承受社会舆论压力，中方最终以修改路线而告败。

三　蒙内铁路项目防控法律风险的主要经验[①]

为有效识别和防控各种风险，蒙内铁路项目在组织管理、制度建设、风险管理、社会责任管理、质量管理、安全管理等方面采取了一系列措施，试图从源头上杜绝各种风险的产生；针对项目中的环保、劳工、征地等法律风险，中资企业又采取了专门防控措施。

（一）组织管理与制度建设

在组织管理方面，蒙内铁路项目建立了完善、高效的一体化组织管理体系。中国交建高度重视蒙内铁路项目管理，专门成立"中交蒙内铁路指挥部"，协调集团内外资源，支持项目总经理部工作。项目总经理部于 2014 年 5 月成立，设置多个部室，并下辖多个分指挥部和施工项目部等。项目由总经理部发布命令，依托各分指挥部将生产管理触角深入生产一线，实施动态调整，加强一线管理，严格落实技术要求，确保质量、安全、进度全面受控。

在制度建设上，蒙内铁路项目总经理部依据中国和肯尼亚的法律法规，建立健全了管理制度体系，强调标准化和规范化管理，将项目的管理制度和合规要求贯彻到日常经营工作的每个部分，逐渐形成长效约束机制。编制下发包括 9 个部分的规章制度汇编，内容涵盖工程管理、质量安全、物资装备、财务管理、人事综合等方面的 110 项管理办法。

（二）风险管理与社会责任管理

蒙内铁路项目建立了完善的风险管理组织体系和制度体系。在项目前

[①] 本部分内容根据以下资料来源整合而成：项目沿线重点地区实施情况的现场考察、与项目中方负责人和肯方员工交流会谈的录音整理，以及中国路桥关于项目实施的一些宣传介绍材料等。

期准备中，项目总指挥部就组织专家开展了全面的模拟预演，针对项目中可能遇到的风险点开展识别和分析，明确了项目的征地拆迁、劳工管理、文化融合、物资供应、项目功能实现和公共安全等六大风险。通过前期充足的研判准备和预演风险，蒙内铁路项目在实际建设中的很多问题都得到了快速解决，对各种风险进行了有效防控。

中国路桥在保质保量实施蒙内铁路项目的同时，积极履行企业社会责任。在蒙内铁路项目实施过程中，就社会责任管理实行项目总经理负责制，充分考虑项目在设计、建设和运营全过程中的决策和行为对于利益相关方的影响，推动项目的可持续性能力建设，最大限度减少由于项目运营所产生的负面影响，尊重人权，遵守法律法规，符合国际行为规范，落实当地元素，保障项目最大限度地发挥促进经济发展、环境保护和社区关系和谐的作用。

（三）质量管理和安全管理

蒙内铁路项目根据中国铁路建设管理经验，结合肯尼亚当地特点和项目实际情况，制定工程质量管理办法、质量保证计划、工程质量事故调查处理管理办法、样板示范工程管理办法等，为项目开展全面质量管理提供制度保障。蒙内铁路是按照中国一级铁路标准设计的，但在施工过程中是按照中国高速铁路的标准来要求的，由总指挥部、分指挥部和项目部组成三级质量控制体系，全线有一个中心实验室和17个分实验室对质量进行控制，采取一切必要的措施保证这项世纪工程质量万无一失。在项目实施过程中，蒙内铁路项目依托工程实施本身，积极开展铁路建设的集成创新和原始创新，大力开展消化吸收再创新，致力于利用新技术、新工艺、新材料、新设备，保障项目质量。

在安全管理方面，蒙内铁路项目坚持"安全第一、预防为主、综合治理"的安全理念，严格进行安全生产管理，提升员工安全意识，营造安全生产氛围，防范公共安全事件，切实保障员工人身安全。为夯实安全管理，蒙内铁路项目建立了完善的安全制度体系和管理体系，编制下发了14项安全管理制度，建立了三级安全生产管理机构；为提升安全能力，蒙内铁路项目组织开展了安全培训、安全专项活动，并建立了安全应急机制；为防控肯尼亚持续严峻的公共安全风险，蒙内铁路项目构建了全方位的公共安全体系架构，采取多种措施应对公共安全风险。由于措施得当，自项目开工以来,蒙内铁路全线未发生过针对中方人员的重大安全风险事件。

(四) 具体法律风险防控

就项目实施中的环保、劳工、用地等法律风险,蒙内铁路项目采取了一些有效应对措施。

1. 严格遵守当地环保法规,积极履行环保社会责任。中资企业严格遵守肯尼亚当地与环境保护相关的法律法规,主动制定环保管理制度。蒙内铁路项目建立了总经理部、分指挥部、各项目经理部的三级责任管理体系,依据国际及肯尼亚的相关环保法律条例和标准,结合蒙内铁路项目的具体情况,项目总经理部制定下发了《环境保护管理办法》《水土保持管理办法》《环境影响评价管理办法》等一系列的环保管理制度。同时,企业要监督环保管理制度的落实。蒙内铁路每月对各标段进行一次环保检查,监督各项环保措施落实情况,及时纠正和监督不合理行为,规范全线的环保管理工作。针对沿线经过多个野生动物保护区,中资企业在项目设计中将"绿色环保"作为项目实施的前提和指导,确保铁路沿线景观不受破坏,河流水质不受污染,植被及动物得到有效保护。例如,在项目设计中做好野生动物的保护措施,确保维护其原有的生活习性。由于蒙内铁路途经肯尼亚8个郡,部分路段穿越国家公园,建设中的生态和环境保护问题备受关注。蒙内铁路要穿越肯尼亚最大的野生动物保护区——察沃国家公园,为了保护动物的生存环境,中国路桥采取了多种措施,如设置一定数量的野生动物通道,并设置引导设施,引导动物安全穿过铁路;线路两侧设置隔离栅栏,避免动物爬行通过时与列车相撞;架设的桥梁保证7米的最低高度,保证长颈鹿安全通过;考虑到一般小型动物的饮水习惯,在小河沟等低洼处设置涵洞,方便斑马等动物饮水;沿线取土和施工必须在白天,以防惊扰动物夜间休息等,使铁路对察沃公园野生动物的影响减少到最小程度。

2. 尊重人权,平等雇用,培养肯当地发展所需要的人才。中国路桥根据肯尼亚劳动法和工会协议,制定了《蒙内铁路项目各协作单位当地雇员管理实施办法》,奉行尊重人权、平等就业的劳工政策,与肯当地雇员100%签订劳动合同。为保障肯方员工的薪酬福利,中国路桥与肯工会签订协议,明确并严格执行当地雇员的最低工资标准和各项利益、福利。中国路桥还积极履行承诺,做好当地雇员的培训和技术转移工作,将其视为提升肯尼亚铁路建设领域能力的重要内容。蒙内铁路项目还通过三级培训体系的实施，既为肯尼亚培养各类现场工程师，也为铁路项目的顺利运营和维护做好人才储备。首先，在沃伊等项目部设立职业技能培训机构，对本地员工开展理论传授和技能实操培训，既提升了当地人职业技能，履行了社会责任，又为项目提供了合格技术工人，保障了工程质量。其次，通过与国内相关职业院校和高校合作，在项目当地开展铁路运营期间所需技术人员的培训。2016年9月，曾在中国通号蒙内项目部电务实训班接受通信信号专业实操培训的毕业于肯尼亚铁路学院的34名肯尼亚大学生，被肯尼亚铁路局分配到中国通号蒙内项目部，这批学生是肯尼亚政府为蒙内铁路开通运营后储备的技术人才。最后，推动肯尼亚与中国高校开展铁路工程与管理专业人才的联合办学和联合培养。2016年4月，正式启动中国路桥工程有限责任公司—北京交通大学合作的蒙内铁路人才培养项目，让肯尼亚人学到了铁路设计、施工和运营的知识和技能，为肯尼亚储备了高素质的铁路运营人才。

3. 开展属地化运营，并加强与当地社区沟通和开展公益活动。首先是开展属地化经营，让肯尼亚当地企业获得切实利益。属地化管理是一种国际通用做法，是更好实现中国企业跨国经营战略的重要手段。蒙内铁路项目高度重视当地元素的落实，积极寻求与当地供应商和分包商的合作。凡是能够在当地市场采购的符合项目建设需要的商品和服务，决不从中国或其他国家采购。最大限度地吸纳当地合作伙伴参与蒙内铁路建设，肯尼亚当地产业也正在从铁路修建中获益。中国路桥已与当地934家具有一定规模的供应商开展各种材料采购合作，与212家当地分包商开展了工程分包合作。其中，2015年4月24日，中国路桥举行钢筋混凝土用钢筋邀标采购开标会，涵盖了16种不同规格的钢筋混凝土用钢筋，重量共计5125吨，肯尼亚5大钢筋生产厂家到场参与竞标。截至2016年4月底，蒙内铁路项目的当地元素累计完成金额为650亿余先令，约占当地元素总额的73%。随着蒙内铁路项目的进一步实施，将有更多的肯当地分包商和供应商参与到铁路项目的建设中来，肯当地企业从项目建设中获得了切实的利益，中国路桥也实现了与当地企业的合作共赢。

其次是加强与当地社区沟通联系。蒙内铁路全长472公里，沿线要经过许多社区，如何让沿线这些社区的普通民众也能从项目建设中获得实际利益也是中国建设者需要考虑的重要问题。为此，项目总经理部筹划和安排各项目经理部通过实地调查走访，深入了解当地民众的期待与诉求。例如，针对肯尼亚土地高度私有化的特点，蒙内铁路项目与征地范围内的各常务机构及单位建立了联络员沟通机制，进行定期或不定期的会谈，同时与征地范围内的地主和产权单位建立良好的沟通和联系，加大力度解决征地和建设过程中遇到的实际问题，实现了绝大部分征地拆迁目标。

最后是在当地社区开展公益活动。实现与当地社区的良性互动是中资企业在非洲推进产能合作、防控用地等法律风险的有效手段。中资企业进入非洲，涉及与当地政府与社区的公共关系，开展公益活动无疑是处理公共关系的最佳手段。在蒙内铁路项目实施过程中，中国路桥在全线各郡共组织社会公益活动超过200次，并于2016年4至5月份组织社会责任专项活动，包括为沿线居民打井取水、捐助当地学校、开展道路救援、修建社区道路、保护野生动物、参与环保事业等，以实际行动回馈和造福肯尼亚人民，超过12000名肯尼亚人从中获益。这些公益活动的开展，让中国路桥与肯当地社区加强了沟通，在客观上起到了树立企业公众形象、提升企业竞争力、有效防控各种风险的作用。

四　蒙内铁路项目对中非产能合作法律风险防控的启示

蒙内铁路项目的风险防控经验表明，中非产能合作中的法律风险，并不能完全独立于其他风险与问题而存在，因此法律风险的防控必须与其他相关的制度、机制与措施结合起来，即必须将法律风险防控与中资企业的组织管理、制度建设、风险管理、社会责任管理、质量管理、安全管理等相结合，将它们作为一个有机整体，才能实现既在源头上尽可能预防和减少各种风险，又能够专门有效解决各种法律风险。

蒙内铁路项目的风险防控经验还表明，要有效防控中非产能合作中包括法律风险在内的各种风险，归根结底是要做好中资企业自身的能力与机制建设。"打铁还须自身硬"，面对非洲国家复杂的国内环境和国际社会主要是西方的舆论压力，中资企业作为在非洲投资与开展产能合作的后来者，更要完善自身的各种制度、机制和规章建设。在遵守非洲当地的各种法律政策的同时，应主动承担更多的社会责任，更好地为当地社区服务，平衡好与非洲当地政府及社区之间的利益，让当地切实从中非产能合作中获得好处。随着中国企业越来越多走进非洲，面对在非洲市场上来自各方面的激烈竞争，它们也越来越意识到履行社会责任是增强其竞争力的重要手段。很多在非洲的中资企业已逐渐意识到做好企业社会责任的重要性，但不知从何做起，本节以蒙内铁路项目为例，分析总结了承建该项目的中国路桥等中企在项目建设过程中履行企业社会责任、防控各种风险的经验，值得其他中资企业参考借鉴。

第五节　中非产能合作的非典型法律风险及其防控

上节就中资企业在非洲开展产能合作的重点国家和重点项目中的一些典型法律风险防控分别作了国别和实证研究。除了法律修订、环保、劳工、用地等典型法律风险外，中资企业在非开展产能合作还可能遭遇一些容易被忽视且学界研究不多的非典型法律风险。本节将主要就这些非典型法律风险进行分析。限于篇幅，作者主要讨论其中的三种重要法律风险：①中国企业对非投资项目的法律风险；②中国企业对非投资合同行为的法律风险；③中国企业对非投资知识产权的法律风险。

一　中国企业对非投资项目的法律风险及其对策

在中国企业对非投资过程中，投资项目本身存在法律风险，并且这种法律风险还受到投资项目所在国法律环境甚至政府审批风险的影响。

（一）对非投资项目本身存在的法律风险

对非投资项目本身存在的法律风险是指项目在法律上的合法性和可操作性，所以中国企业在对非投资过程中应首先考虑其可行性，考虑其法律上的合法性和可操作性，而后再作出综合评判。

中国企业在对非投资项目上之所以会出现法律风险，对投资项目所在国法律环境不熟悉是一个重要原因。很多项目没有经过严密的市场调查就开始草率地注入资金，结果导致投资失败，给企业造成了重大的损失。所以，中国企业对非投资时应该先通过企业的律师团队与东道国的律师进行沟通，熟悉与投资项目有关的法律制度。中国企业一定要非常了解东道国法律对外国投资者的准入条件，包括市场准入机制——反垄断审查和国家安全审查，对资源类投资的限制性规定，对投资所得征税等的法律规定，避免万事俱备时因某一条件的变动导致整个投资项目的停工。非洲国家十分重视劳工权利，在投资过程中，企业还需要调查与员工聘用和劳资关系有关的法律。中国企业在非洲国家有很多投资项目与矿产资源有关,所以中国企业还需要了解投资项目所在国与环保有关的法律法规,如果当地环保立法变化很快,或者环保成本很高时,中国企业就需要考虑投资项目的风险,需要在合同中规定相关条款以规避该风险。

对于投资项目的相关信息,由于信息搜集、传递错误等原因,有时候中国企业掌握的情况与实际情况截然相反,这就提醒中国企业要对投资项目所在国的实际情况进行切实的调查研究,搜集准确可靠的信息和数据来进行投资评估。在此基础上再聘请相关专家和顾问对项目本身的技术、财物、运营风险提出专业性意见,从而尽可能减小各种风险。

除了投资目的地国的法律环境,投资项目本身的法律风险还与投资项目所在国的政治审批有关。中国企业对非投资中与矿产资源有关的投资项目一般需要东道国的政治审批,可能会出现政治审批风险(包括出于国家安全对外资的审查和反垄断审查批准)。如果在政治审批过程中,投资项目所在国的法律发生变化或者市场条件发生变化,恰好与投资项目所涉及的法律冲突或者与所在市场发生错位,政治审批风险就会大大提高。

(二) 解决措施与对策

对于投资项目本身存在的法律风险,可以采取以下措施进行防控。

1. 在投资协议中增加"稳定条款"

为了规避投资项目所在国频繁变更法律所带来的法律风险,中国企业应在投资协议中增加"稳定条款"。"稳定条款"是指一国通过合同或立法条款,向外国投资者做出承诺,保证外国合同当事人的合法权益不致因该国法律或政策的改变而受到不利影响。[①] "稳定条款"的加入大大降低了中国企业对非投资项目的法律风险。但是"稳定条款"的作用并非保证投资协议不被投资项目所在国单方面更改或废除,而是向投资项目所在国施加了随意更改合同要进行赔偿的义务,增加了不被投资项目所在国牵制的筹码。

2. 完善对非投资项目审批制度

中国企业对非投资项目存在法律风险的主要原因还包括中国审批机关随意批准投资项目,使一些不具备条件的企业对非投资,导致在投资过程

---

① 余劲松主编《国际投资法》,法律出版社,2007,第 158 页。

中出现一系列问题。所以中国应该完善企业对非投资项目的审批制度,严格审查对非投资企业的投资资格,在事后对投资项目进行监督和管理,以防范投资可能产生的法律风险。首先,中国可以建立一个国务院专属领导下的海外投资审批机构,专门负责管理海外投资,当然包括中国企业对非投资项目,严格审查企业是否具备海外投资资格;其次,应该严格限制对非投资企业的资格审查标准,提高对非投资企业的投资门槛,一方面能够帮助企业减少投资过程中会遇到的风险,避免遭受重创,另一方面也会保证我国企业在对非投资中的良好发展;最后,"在非洲开展业务之前要实施谨慎的尽职调查,进行全面的项目可行性分析",[①] 这是有效降低投资项目法律风险的保证。企业必须对投资项目在东道国的市场情况、市场规模、销售情况、市场竞争力等相关情况进行详细阐述,审批机构通过材料审批和对东道国实际情况的了解对投资项目进行审核,对论证不充分或者不具备可行性的项目不予批准,以此来规避企业投资项目潜在的法律风险。

二 中国企业对非投资合同行为的法律风险及其对策

大多数中国企业对非投资项目是以合同形式来明确合同双方的权利义务关系,但是合同行为会引发诸多法律风险,比如签约后出售方的违约风险,这往往是由合同对双方权利义务规定不明确或合同条款不严谨所造成的;签约后因当地国家法律变化也可能造成合同的难以履行,甚至出现违约问题。因合同内部或外部原因造成的这些合同违约的法律风险会严重影响中国企业在非洲的投资利益,使企业的合法权益受到损害。合同行为法律风险与上述投资项目风险虽然有一定的重合,但二者还是有很大区别。因为投资项目法律风险主要是指项目在法律上的合法性和可操作性,如市场准入、特定行业的投资限制等,如上所述,这种风险主要是投资者自身对投资项目所在国法律环境不熟悉造成的;而合同法律风险,主要涉及签约后出售方的违约风险和因当地国家法律变化而产生的违约风险等。

(一) 签约后出售方的违约风险

非洲具有丰富的矿产资源,中国企业大多数是以买方身份与非洲国家

---

① 郭建军:《中国企业投资非洲法律风险及应对》,《法人》2013 年第 8 期,第 54 页。

签订合约,当前变幻莫测的市场经济中违约情况越来越常见,如果非洲国家找到比中国企业出价更高的买方,很可能选择违约,因为违约赔偿金一般远远低于履行合同损失的收益。另外,由于中国企业不熟悉非洲国家当地的市场情况,难以预期货物因市场需求导致的价格波动,所以有些非洲国家会在合同中埋下法律漏洞,而对中国企业来说,聘请中国律师进行合同谈判难免会遇到语言文化的沟通障碍,对同一合同条款产生的不同理解,可能会导致出售方在遇到货物价格变化时违约,而且有可能让出售方在合同条款上钻空子,不仅没有任何损失,还让中国企业对其违约行为束手无策。

出售方承担违约责任最常见的方式是赔偿对方的预期利润损失,但事实上预期利润难以计算,而为了证明预期利润,同时也是在某种程度上防范出售方违约,中国企业一般会选择在合同中附加"分手费"条款,即若一方违约,另一方需支付一定费用。然而从实际情况看来,"分手费"条款并没有成为督促非洲国家履行合同的有效力量,因为非洲国家违约不完成合同内容而与他方合作所获取的利益要大于支付"分手费"造成的损失。

(二) 签约后当地国家法律变化的风险

中国企业对非投资的法律风险常常会受到签约后当地国家法律变化的影响,而东道国法律的变化会对中国企业的预期利益产生影响。目前非洲很多国家的政局较为不稳定,政局变更会导致法律法规的变化。东道国税收或者环保方面的法律变化可能会造成中国企业对非投资的成本增加;东道国公司法等相关法律的变化可能会直接影响中国企业的投资方向;东道国外商投资法的变化可能会导致中国企业丧失在当地的投资资格。

由于政治、经济、文化等方面的差异,非洲国家和我国的外商投资法必然也不相同。目前对于国家多边投资及相关投资活动还没有统一的国际法规。所以中国企业在对非投资过程中必须面对东道国外商投资法的变化及其与我国相关法律的不同所带来的法律风险,还需要应对东道国外商投资法前后变化对企业本身造成的影响。如果不能解决这些问题,一旦东道国的投资法律发生变化,中国企业在东道国的投资活动就会失去法律依据,将处于被东道国处置的被动局面。

(三) 解决措施与对策

对于中国企业而言，如何规避出售方违约产生的法律风险从而保护自身利益是必须关注的问题。中国企业必须要加强法律风险防范工作，降低其在对非投资过程中产生的法律风险，对非投资前要对潜在法律风险进行评估并采取相应的防范措施，下文从中国企业自身和政府角度出发提出一些防范措施。

1. 研究东道国法律法规

中国企业在对非投资前应充分了解东道国的法律环境，密切关注东道国的法律法规，聘请律师与投资所在地的当地律师相互合作，探讨东道国的政策法规，对潜在的法律风险提出相应的防范和应对措施。在合同签订过程中，要仔细阅读合同条款，向当地专业的律师团队寻求合作，避免因不熟悉当地语言或者法律而使合同中出现对其不利的条款。

除了企业自身的努力，政府的支持也是降低中国企业对非投资法律风险的重要力量。国家制定相关的投资法律制度和给予配套的社会服务设施，为中国企业对非投资提供了有力保障。首先，国家应广泛宣传，加强企业的法律风险防范意识；其次，国家应发挥其作用，为企业提供非洲国家的法制信息，让企业能够及时掌握东道国法律的发展变化，还应该成立非洲市场信息服务中心，为在非洲投资的企业提供法律咨询。

2. 完善中国企业对非投资保险制度

对于中国企业对非投资过程中可能产生的风险，特别是因非洲社会情况的变化、东道国法律的变化可能会产生的法律风险，可向我国承保海外投资保险的政策性保险公司即中国出口信用保险公司投保。中国出口信用保险公司主要承保征收和国有化、汇兑限制、战争及政治暴乱以及东道国政府违约四种法律风险。[1] 对不同非洲国家在投保险种选择时要有所侧重，在一些政局动荡的国家，如利比亚、刚果（金），应重点选择战争及政治暴乱险；在一些法律变更频繁的国家，如南非则需要选择东道国政府违约风险进行投保。中国企业应综合考虑东道国的政治环境和法律环境，评估其发生政治风险、法律风险和其他风险可能性后再选择具体的险种投保方案。

---

[1] 乔慧娟：《论中资矿业企业非洲投资法律风险的防范——以赞比亚中资矿业企业为视角》，《中国国土资源经济》2014 年第 2 期，第 65 页。

另外，中国企业还可以选择和多边投资担保机构（MIGA）合作，多边投资担保机构是一个非商业性的风险担保机构，主要对投资所在国的货币转移风险及征收风险等提供担保。[①] 我国是 MIGA 的资金投入国之一，与 MIGA 合作可以让中国企业更加放心地开展投资活动，同时为中国企业在对非投资中可能产生的风险提供有力保障，起到了风险防范的良好作用。

三 中国企业对非投资知识产权的法律风险及其对策

中国企业在对非投资过程中会产生诸多涉及知识产权的问题，比如企业产品遭到东道国当地的仿冒销售、产品技术被当地的其他企业剽窃等，这些问题不仅会使中国企业受到重大损失，也会让当地消费者的利益受到损害。因此，对于中国企业在对非投资中的知识产权保护必不可少。

（一）中国企业对非投资中知识产权的法律风险

地域性是知识产权保护的一个重要特点，中国企业的知识产权虽然在中国获得了知识产权保护，但在非洲国家却并不一定能获得法律保护。所以，对非投资的中国企业对于有关的商标权、专利权等知识产权，应该在非洲投资所在国当地根据相关法律再次申请知识产权保护，在获得东道国有关部门同意之后才能获得相关保护。另外，中国企业在进驻非洲国家市场之前，应先对本企业的产品在东道国市场上进行市场调查，以避免出现侵犯知识产权的问题。如果市场上没有类似产品出现，中国企业应尽早将本企业的产品在投资所在国当地申请知识产权保护。

在对非投资过程中，中国企业所采用的技术会涉及许多知识产权问题，比如企业自主研发的技术在对非投资过程中若被当地企业抄袭，中国企业应如何证明自己技术的原创性；有些企业的技术是从国外引进的，在对非投资过程中如果遇到其他企业也在使用引进的相同技术或是企业从其他国家引进的该技术不受东道国的法律保护，这种情况应如何处理；企业与东道国知识产权保护机构之间的矛盾应该如何解决；另外，从国外引进的技术在非洲国家使用时可能会侵犯到包括专利权人、在他国的专利被许可人的权利。这些都是中国企业在对非投资过程中在知识产权方面会遭遇的法

[①] 曾华群主编《国际经济法导论》，法律出版社，1997，第 67 页。

律风险。企业在投资过程中要考虑多方面因素，结合具体情况集思广益。

(二) 解决措施与对策

对于中国企业在对非投资中知识产权的法律风险，企业应从自身出发，建立健全企业知识产权管理机制，聘请专门负责知识产权的律师对本企业的知识产权问题进行事先防范和预警。在国际法层面，应该采用多种手段，如调解、国际仲裁机制等来解决对非投资过程中的知识产权纠纷。

1. 通过调解机制解决

调解是在第三方主持下对合同双方的争议焦点进行协商，使双方以相对柔和的方式进行沟通交流。在中国企业对非投资过程中出现一些问题时，充当调解机构的一般是当地有关政府部门或者仲裁机构。调解虽然对合同双方没有约束力，但是跨国企业一般会秉着诚实信用的原则遵守调解结果。在中国企业对非投资过程中出现知识产权的问题，争议双方应首先通过调解来进行协商解决。因为关于知识产权问题的诉讼程序过于复杂，且诉讼周期较长，若能以非诉程序解决双方争议，这不仅能够为双方节省诉讼成本，节约时间，还能尽快安排本企业以后的发展道路。

中国企业在向东道国当地的知识产权保护机构申请知识产权保护时，会碰到有关部门不批准此企业在当地有关知识产权和技术的保护，那么双方之间的矛盾也需要相关途径来解决。这个问题一般是通过解决投资争议国际中心（ICSID）来调解或仲裁。在非洲许多双边性投资保护条约或协定中明确规定了"中心"条款，即缔约双方在条约中事先约定在特定条件下和特定范围内将日后可能在东道国境内发生的外国投资者与东道国政府之间的投资争议提交"中心"管辖，进行调解。所以 ICSID 是解决争议双方矛盾的主要途径，也是调解投资企业与东道国政府部门矛盾的主要机构。

2. 通过国际仲裁机制解决

仲裁是指合同双方当事人通过协议将争议提交于第三方，由第三方对双方的纠纷或者矛盾进行评价，并作出裁决。仲裁结果对合同双方当事人都具有法律约束力，双方都需要遵循仲裁结果并改变自己的不当行为。中国企业在知识产权保护方面必须有效利用投资争议解决机制来尽可能地保护自身利益。

非洲国家有些法律的制定是为了批准以及实施《ICSID 公约》，或者部分实施公约的规定，特别是有关承认与执行仲裁裁决的部分。而且在这些制定法中往往有特定的条款来规定实施公约的相关条款。关于中国企业对非投资的知识产权问题，如果东道国是 ICSID 缔约国，它对 ICSID 裁决一定会承认与执行，对于知识产权的争议也会依据仲裁裁决马上做出改变或调整；但如果东道国不是 ICSID 缔约国，它对于 ICSID 裁决不一定会承认或执行，主要还是依靠双方之间的协商调解。

第六节　中非产能合作法律风险防控机制的构建

在中国对非投资必然存在法律等风险的情况下，如何有效提升和完善防范风险的支持体系，已成为当前中非开展产能合作必须考虑的问题。对此，德国战略管理咨询机构罗兰贝格公司在《投资非洲，成功之道》报告中提出了一些有益的建议：中国政府应营造一个高效有力的监管体系以及建立专业研究机构，为中国企业提供决策依据；中国企业要充分进行市场调研，明确目标市场和业务发展战略，更为重要的是加强对海外机构的管理和风险防范能力。依托政府，中国企业应建立自主管理的非洲商会，为同行业企业提供沟通协调平台，促进企业良性竞争。[①] 除了中国政府与企业，中国学界在中非产能合作法律风险防控机制构建中也可以发挥重要作用。

一　中国政府应建立对非产能合作监管体系，加紧中非 BITs 的商签与生效工作

中国政府、企业、学界间应紧密合作，共同推进中非产能合作风险防控协调机制的建设。就中国政府而言，为有效防控中非产能合作中的各种风险，应首先打造一个由商务部、外交部和驻外使领馆等共同组成的高效有力的对非产能合作监管体系，并将其纳入整个国际产能合作的监管体系之中。这个对非产能合作监管体系，应当包括对非产能合作的引导与促进、非洲区域或国别性的产能合作环境评估与风险预警、非洲当地的公关战略、投资的领事保护等方面。其次，如上所述，还应加快与更多非洲国家开展 BITs 的商签与生效工作，为中国对非投资提供更多、更有力的

[①] 参见罗兰贝格《中国对非洲投资缺乏支持体系》，http://money.163.com/11/0611/11/76900NA700253B0H.html#from = relevant，最后访问日期：2017 年 1 月 18 日。

国际法保护。最后，中非发展基金、中非产能合作基金等对非投资股权基金要发挥自身优势，与中资企业共同投资，分担其投资风险；为中资企业提供融智服务，帮助其熟悉非洲国家国情、投资环境、投资项目；并发挥中间桥梁作用，撮合非洲投资项目，引导中资企业对非进行安全投资。

二 中国企业应明确对非产能合作的战略与定位，在合作的前、中、后期都采取具体措施防控法律风险

就中国企业来说，因其是中非产能合作和中国对非投资的主体，所以其自身担负着防控对非产能合作与投资中各种风险的主要责任。首先，在企业战略层面，中资企业的对非投资定位应准确，如进行亲民、融合、透明、绿色投资等；并树立可持续的产能合作战略，如坚持社会责任战略、本土化战略等。其次，在执行层面，应在组织管理、制度建设、风险管理、社会责任管理、质量管理、安全管理等方面采取相应措施，从源头上杜绝各种风险的产生。再次，在具体法律风险防控上，在开展产能合作前，中资企业必须系统研究非洲当地的公司法、税法、环保法、本土化法等相关法律法规，做好法律尽职大调查和项目可行性论证工作，订立合同时规避与投资准入审查相关的法律风险，挑选非洲当地有信誉、负责任的合作伙伴等；在进行产能合作过程中，对于出现的各种风险，中资企业可采取有效措施进行风险控制，如适时调整合作策略（如改变投资对象、进行属地化经营等）、转移投资风险（如短期利润最大化、分阶段撤资、增加征收成本）等。最后，在风险发生遭受实际损失后，中资企业可根据非洲国家的国内法或中非 BITs 的规定提起相应的法律程序，依法进行维权。

三 中国学界应采用"国别+实证"的研究模式，提高非洲法律风险防控的针对性和实用性

除了政府与企业间的协作，在中非产能合作风险防控上，学术层面的支持与协作也必不可少，因为风险防控离不开学者及其智力成果的支撑。但目前，国内学界对国际产能合作风险的研究不仅成果数量少，而且基本未形成对中企在中非产能合作重点国家与重点产业投资中典型风险的系统性、应用性、比较性研究，对中国政府和企业实用有效的研究成果少之又

少，对中非产能合作风险防控的研究也是如此。在非洲国家成为中国开展国际产能合作主要方向的当下，面对中非产能合作中的各种实际或潜在风险，国内学界，包括法学界，必须改变这种在中非产能合作风险防控上研究成果少且针对性、应用性不强的研究现状，更多采用"国别+实证"相结合的研究模式。之所以要采用这一研究模式，一方面是适应中非产能合作的"国别性"需要。"中国推进产能合作具有国别针对性"，中国外交部国际经济司副司长刘劲松在 2015 年 6 月举行的外交部"国际产能合作"专题会上表示，"将根据不同国家的国力、意愿、市场前景等，选择重点国家，与之建立合作机制、签署合作文件、形成产能合作示范区"。[①] 中非产能合作的国别针对性，自然需要中国学界研究中非产能合作中的风险时也应具有国别针对性。

另一方面，为了给政府和企业提供更有针对性和实用有效的对策建议，对开展产能合作非洲国家的政治、经济、社会和法律等环境进行实地调研是必要的。例如，中国法学学者应更多地走进非洲，采用实地调研、问卷调查与现场访谈等多种形式，对开展产能合作非洲国家的基本投资法律环境、具体的投资法律风险开展调研，重点围绕中国企业在非洲国家开展产能合作过程中实际遇到的困难、纠纷、争议等具体案例进行研究，通过归纳整理，查找出影响和制约中国企业在非洲各具体国家开展产能合作面临的主要法律风险，据此提出有针对性的解决方法和对策建议。目前，中国在非洲已经设立了一些经贸园区，这些经贸园区得到中非两国政府的支持，在这里投资安全便捷，可作为中非产能合作的优先选择，使其成为中非产能合作示范区。中国学者可以先走进这些经贸园区，了解经贸园区的运行情况，研究其存在的包括法律风险在内的各种风险。

---

① 《中国将出台国际产能合作规划》，http://www.chinanews.com/cj/2015/06-23/7361209.shtml，最后访问日期：2017 年 2 月 18 日。

第五章　中非产能合作与领事保护机制

《产能合作指导意见》指出："（二十七）做好外交服务工作。外交部门和驻外使领馆要进一步做好驻在国政府和社会各界的工作，加强对我企业的指导、协调和服务，及时提供国别情况、有关国家合作意向和合作项目等有效信息，做好风险防范和领事保护工作。"据此，领事保护也是保障中非产能合作等国际产能合作的一项重要国际法律机制。本章首先分析中国在非洲加强领事保护的特殊意义；其次，就中国目前包括领事条约在内的涉非领事保护立法的现状、问题及其成因与改进对策进行探讨；再次，就中国涉非领事保护机制在实践中的现状、问题及其改进进行研究；最后，就中非产能合作中如何构建领事保护机制提出一些建议。

第一节　中非产能合作中加强领事保护的现实意义

一　领事保护的界定

近年来，中国公民前往海外的人数日益增多。2015年，仅内地居民出境人数就达到1.28亿人次，同比增长1130万人次，增长9.68%。[1] 但与此同时，各种不可预见的自然灾害和复杂多变的海外环境给在海外的中国公民带来了风险，领事保护和援助案件大幅攀升。2015年，外交部领事保护中心和中国驻外使领馆受理的领事保护和协助案件数量达86678件，同比增加27152件，增幅达45.61%，增量和增幅均创下近3年新高。"'量率齐升、增幅扩大'的态势表明当前中国公民'走出去'面临海外安全形势仍然复杂、严峻，且呈现常态化、长期化趋势。"[2] 在当前海外

---

[1] 中华人民共和国外交部领事司：《2015年中国境外领事保护与协助案件总体情况》，http：//cs.mfa.gov.cn/gyls/lsgz/ztzl/ajztqk2014/t1360879.shtml，最后访问日期：2018年3月8日。

[2] 中华人民共和国外交部领事司：《2015年中国境外领事保护与协助案件总体情况》，http：//cs.mfa.gov.cn/gyls/lsgz/ztzl/ajztqk2014/t1360879.shtml，最后访问日期：2018年3月8日。

如此复杂严峻的安全形势下，作为维护海外中国公民安全的重要方式之一的领事保护如何有效进行俨然成为一个重大挑战。

根据《中国领事保护和协助指南（2015年版）》，领事保护是指中国政府和中国驻外外交、领事机构维护海外中国公民和机构安全及正当权益的工作。其有以下特征。其一，领事保护的实施主体是中国政府及其派驻国外的驻外使领馆。中国目前有260多个驻外使领馆，它们都是实施领事保护的主体。其二，领事保护的方式主要是通过外交途径向驻在国当局提出交涉、表达关切或转达当事人诉求，敦促其依法、公正、及时、妥善地处理。其三，领事保护的法律依据，主要包括公认的国际法原则，有关国际公约、双边条约或协定以及中国和驻在国的有关法律法规。其四，领事保护的内容是中国公民、法人在海外的合法权益，主要包括：人身安全、财产安全、必要的人道主义待遇，以及与我国驻当地使领馆保持正常联系的权利等。公民要求获得超出所在国国民待遇或因从事非法活动造成的法律后果等，不属于领事保护合法权益的范围。

二 中非产能合作中加强领事保护的特殊意义

根据中国外交部领事司的统计，从领保与协助案件的发案率看，非洲地区要远远高于其他四大洲。近年来，中国在非中资企业、工程项目和劳务人员数量迅速增加。据不完全统计，2015年中国公民赴非超过200万人次，在非中资企业达4200余家，务工人员达45万余人。2018年中非合作论坛峰会召开前夕，中青旅遨游网基于游客出行及搜索数据发布《2018中国公民非洲旅游报告》。报告显示，中国赴非游客人数再创新高，增长速度持续保持高位，年均增幅超过40%；中国游客出境游十大首选目的地中，非洲国家占比达30%；赴非游客中年轻父母的亲子游需求增长显著，亲子旅游也超过30%，其中13岁以下青少年占比46%。[1] 由于非洲地区经济发展相对滞后，部分国家政局不稳，社会治安不靖，突发传染疫情不断，对我国在非机构和人员安全带来严峻挑战。特别是社会治安领域，由于我国中资机构项目营地多位于人烟稀少的偏远地区，安全防范意识和能力相对不足，极易成为犯罪分子袭击的目标。在上述因素的共同影响下，

---

[1] 《中国赴非游客年均增幅超四成 埃及、摩洛哥等最受青睐》，《福建日报》2018年9月5日，第11版。

非洲地区的发案率高居各洲之首。统计显示，2015 年除非洲外各大洲发案率基本持平，但非洲地区发案率平均高于其他各洲 4 倍之多。①

近年来，在埃及、苏丹、刚果（金）、尼日利亚、加纳、赞比亚和喀麦隆等非洲国家不断发生涉及中国公民与企业安全的事件，这表明涉非领事保护已成为一个突出问题。例如，2012 年 1 月，中国水利水电建设股份有限公司在苏丹的乌姆—阿布公路工程项目的主营地被苏丹反政府军控制，造成 1 名中方员工遇难、29 名中方人员被劫持，并使该项目处于停工状态；2014 年，尼日利亚、赞比亚和喀麦隆发生了一系列针对中资企业员工的绑架事件；2015 年，中铁建公司的三位高管在马里遭恐怖分子扫射遇害；2016 年 9 月，刚果（金）首都金沙萨部分地区因反对派游行发生较大规模骚乱，动乱中数十家华人商铺遭抢，部分侨民被困。这些案例只是近年来中国公民和企业在非洲遭遇的安全危险事件的一小部分。笔者 2016 年 8 月在肯尼亚考察蒙内铁路项目时，亲眼看见中资企业的营地和施工现场都有荷枪实弹的肯尼亚军警在保护，可见肯尼亚的国内安全形势也相当严峻。

国内有学者曾在 2012 年对 128 家在非中资企业进行涉非领事保护问卷调查，就中资企业在非洲遭遇的安全风险作了分类，认为主要有政治风险、社会治安风险、因中国公民自身违法违规行为所带来的安全风险、流行性疾病蔓延、恐怖袭击、海盗袭击、意外事故、经济诈骗、自然灾害等类型，指出"中国公民在非洲所遭遇的安全风险复杂多样。其中，有些风险是世界其他地区的中国公民也曾遭遇的，例如公民自身违法违规、意外事故、自然灾害等。但是，有些安全风险在非洲显得比较突出，如政治风险、治安问题、流行性疾病、海盗袭击等，显示出高度地域性特点"。②

中国对非开展产能合作，首先要保证在非中资企业员工的安全。从上述案例和研究结果来看，非洲目前的安全形势依然复杂严峻。为此，必须加强我国在非洲的领事保护工作。然而，目前我国的领事保护在国内立法和国际条约方面都有很大不足，难以为我国在非洲复杂严峻的安全形势下开展产能合作提供有力的法律保障。

---

① 中华人民共和国外交部领事司：《2015 年中国境外领事保护与协助案件总体情况》，http://cs.mfa.gov.cn/gyls/lsgz/ztzl/ajztqk2014/t1360879.shtml，最后访问日期：2018 年 3 月 8 日。
② 夏莉萍：《中国涉非领事保护分析》，《西亚非洲》2013 年第 1 期，第 23~27 页。

第二节 我国涉非领事保护的立法现状及其改进

目前,我国的领事保护机制缺少法律的依托,没有专门的立法,涉及海外中国公民权益保护的法条仅散见于《宪法》以及相关部门法中,我国同非洲国家缔结的双边领事条约的数量也极少。这些关于领事保护的立法问题也使得我国涉非领事保护机制在实践中暴露出不少问题。

一 我国涉非领事保护的立法现状

(一) 我国领事保护国内立法的基本情况

目前,我国在国内法的层面上尚未出台针对海外中国公民安全的领事保护立法文件。与其相关的是1990年生效的《中华人民共和国领事特权与豁免条例》,但该条例是"为确定外国驻中国领馆和领馆成员的领事特权与豁免,便于外国驻中国领馆在领区内代表其国家有效地执行职务"而制定,[①] 并未明确提及我国的领事保护工作。事实上,我国有关海外中国公民领事保护的内容散见于多部法律。

《中华人民共和国宪法》明确规定"国家尊重和保障人权","中华人民共和国保护华侨的正当的权利和利益,保护归侨和侨眷的合法的权利和利益",体现了我国对于中国公民权利利益的重视。除此之外,对于海外中国公民合法权益的保护也在《中华人民共和国继承法》《中华人民共和国公民出入境管理法》《中华人民共和国归侨侨眷权益保护法》和《中华人民共和国海商法》等法律中有明文规定和具体体现。

2015年新修改的《中国领事保护和协助指南》用六个部分向中国公民介绍了有关领事保护方面的内容,并提及了领事官员能做和不能做的事项,使公民自身能更好地掌握领事知识,维护自身利益。[②] 但该指南依据我国《宪法》和《立法法》的规定,并不能作为正式的法律渊源为我国领事保护工作提供法律依据,只能起到一个辅助作用。

---

① 《中华人民共和国领事特权与豁免条例》第1条。
② 中华人民共和国外交部领事司:《中国领事保护和协助指南(2015)》,http://cs.mfa.gov.cn/zggmzhw/lsbh/lbsc_660514/P020150430332905369480.pdf,最后访问日期:2018年3月13日。

基于规范领事机构履行法律职责、维护国家和海外中国公民合法权益的目的,国务院法制办于 2009 年 11 月 19 日公布了《中华人民共和国领事工作条例(征求意见稿)》,向社会各界征求意见。这是我国第一次针对海外中国公民领事保护进行专门立法,填补了我国在这一领域的空白。《征求意见稿》还初步规范了我国领事工作,规定了基本原则、要求、范围以及领事制度等内容。然而,由于《征求意见稿》没有正式颁布实施,所以尚不具备法律效力,不能作为法律依据予以适用。

(二) 我国缔结或参加的涉及领事保护的国际条约

领事制度起源于中世纪后期的欧洲,是国际法中的一项重要制度。二战结束之后,随着各国之间的人员往来越来越密切,保障在海外本国公民安全的问题越来越突出。为了更好地规范与调整国际上的领事关系和明确法律责任,需要制定一部全球性的领事公约作为各国开展领事活动的法律依据。为此,1963 年,联合国在维也纳召开关于领事关系的国际会议,会议通过了《维也纳领事关系公约》(以下简称《领事关系公约》),该公约于 1967 年正式生效。作为第一个全面规定领事关系准则的全球性国际公约,《领事关系公约》目前已成为世界各国的领事制度以及领事保护实践活动的重要内容和根据。我国于 1979 年 7 月 3 日向联合国秘书长递交了加入书,同年 8 月该公约对中国生效。自此,我国将该公约作为开展领事保护工作的重要依据,我国同公约的其他成员进行领事活动均受其规范和调整。

《领事关系公约》共 5 章 79 条,就一般领事关系,领事官员和领馆人员等的便利、特权与豁免等事项作了规定。其中第 5 条更是详细列举了领事职责,而关于国民安全保护的内容主要有"在接受国内保护派遣国及其国民(个人与法人)之利益";"帮助及协助派遣国国民(个人与法人)";"依接受国法律规章在接受国境内之死亡继承事件中,保护派遣国国民(个人与法人)之利益";"在接受国法律规章所规定之限度内,保护为派遣国国民之未成年人及其他无充分行为能力人之利益,尤以须对彼等施以监护或托管之情形为然";"依现行国际协定之规定或于无此种国际协定时,以符合接受国法律规章之任何其他方式,转送司法书状与司法以外文件或执行嘱托调查书或代派遣国法院调查证据之委托书"等。《领事关系公约》第 36 条、第 37 条规定了领事官员保护派遣国国民的职责。①

虽然《领事关系公约》是在领事关系领域内有着最多成员的公约，但并非所有国家均加入了该公约，因此中国与这些非缔约国间的领事关系不受该公约的管辖。然而，由于《领事关系公约》"不仅具有编纂（习惯法）的性质，而且构成国际法的逐渐发展。其适用价值在于制定全球适用的法律规则"，② 所以中国与公约非缔约国间的领事关系也可以适用于公约的规定，只要这些非缔约国没有明确反对该公约。但是，该公约的规定毕竟过于笼统概括，且签订时间较早，无法适应具体的领事工作内容。在这种情况下，双边领事条约成为调整与规范派遣国和接受国之间领事关系的重要法律依据。截至目前，中国已先后与49个国家签订了领事条约（见表5-1）。③ 双边领事条约能更好地依据双方当事国之间的具体情况制定相应的领事规范，从而能更有效地维护本国国民的安全利益。

表5-1 中国与外国缔结领事条约（协定）一览

（以签署日期为序）

序号	条约（协定）名称	签署日期	生效日期
1	《中华人民共和国和德意志民主共和国领事条约》	1959.1.27	已失效
2	《中华人民共和国和苏维埃社会主义共和国联盟领事条约》	1959.6.23	已终止
3	《中华人民共和国和捷克斯洛伐克共和国领事条约》	1960.5.7	已终止
4	《中华人民共和国和美利坚合众国领事条约》	1980.9.17	1982.2.18
5*	《中华人民共和国和南斯拉夫社会主义联邦共和国领事条约》	1982.2.4	1982.11.26
6	《中华人民共和国政府和波兰人民共和国政府领事条约》	1984.7.14	1985.2.21
7	《中华人民共和国和朝鲜民主主义人民共和国领事条约》	1985.11.26	1986.7.2
8**	《中华人民共和国和德意志民主共和国领事条约》	1986.5.31（重签）	已终止

---

① 《维也纳领事关系公约》第36条："与派遣国国民通讯及联络 一、为便于领馆执行其对派遣国国民之职务计：（一）领事官员得自由与派遣国国民通讯及会见。派遣国国民与派遣国领事官员通讯及会见应有同样自由……"
第37条："关于死亡、监护或托管及船舶毁损与航空事故之通知倘接受国主管当局获有有关情报，该当局负有义务：（一）遇有派遣国国民死亡时，迅即通知辖区所及之领馆……"
② 黄德明：《现代外交特权与豁免问题研究》，武汉大学出版社，2005，第56页。
③ 参见中华人民共和国外交部领事司《中国与外国缔结领事条约（协定）一览表》，http://cs.mfa.gov.cn/zlbg/tyxy_660627/，最后访问日期：2018年3月20日。

续表

序号	条约（协定）名称	签署日期	生效日期
9	《中华人民共和国和匈牙利人民共和国领事条约》	1986.6.3	1986.11.28
10	《中华人民共和国和意大利共和国领事条约》	1986.6.19	1991.6.19
11	《中华人民共和国和蒙古人民共和国领事条约》	1986.8.9	1987.2.7
12	《中华人民共和国和苏维埃社会主义共和国联盟领事条约》	1986.9.10（重签）	已终止
13	《中华人民共和国和墨西哥合众国领事条约》	1986.12.7	1988.1.14
14	《中华人民共和国和保加利亚人民共和国领事条约》	1987.5.6	1988.1.2
15***	《中华人民共和国和捷克斯洛伐克社会主义共和国领事条约》	1988.9.5（重签）	1989.7.5
16	《中华人民共和国和土耳其共和国领事条约》	1989.3.6	1991.8.2
17	《中华人民共和国和老挝人民民主共和国领事条约》	1989.10.8	1991.4.6
18	《中华人民共和国和伊拉克共和国领事条约》	1989.10.27	1991.7.3
19****	《中华人民共和国和阿拉伯也门共和国领事条约》	1990.3.4	1998.3.18
20	《中华人民共和国和古巴共和国领事条约》	1990.8.28	1993.1.3
21	《中华人民共和国和阿根廷共和国领事条约》	1990.11.15	1993.4.8
22	《中华人民共和国和罗马尼亚领事条约》	1991.1.16	1992.6.28
23	《中华人民共和国和印度共和国领事条约》	1991.12.13	1992.10.30
24	《中华人民共和国和突尼斯共和国领事条约》	1992.3.31	1993.3.12
25	《中华人民共和国和哈萨克斯坦共和国领事条约》	1992.8.10	1994.4.29
26	《中华人民共和国和立陶宛共和国领事条约》	1992.8.15	1993.5.10
27	《中华人民共和国和巴基斯坦伊斯兰共和国领事条约》	1992.10.7	1995.4.6
28	《中华人民共和国和乌克兰领事条约》	1992.10.31	1994.1.19
29	《中华人民共和国和摩尔多瓦共和国领事条约》	1992.11.7	1996.9.18
30	《中华人民共和国和玻利维亚共和国领事条约》	1992.11.18	1994.3.1
31	《中华人民共和国和土库曼斯坦领事条约》	1992.11.21	1996.5.25
32	《中华人民共和国和白俄罗斯共和国领事条约》	1993.1.11	1994.3.31
33	《中华人民共和国和吉尔吉斯共和国领事条约》	1993.8.30	1994.5.23
34	《中华人民共和国和阿塞拜疆共和国领事条约》	1994.1.4	1996.4.28
35	《中华人民共和国和秘鲁共和国领事条约》	1994.6.9	1996.10.31
36	《中华人民共和国和乌兹别克斯坦共和国领事条约》	1994.10.24	1996.8.2
37	《中华人民共和国和亚美尼亚共和国领事条约》	1995.12.26	1997.10.29
38	《中华人民共和国和格鲁吉亚共和国领事条约》	1996.1.23	1998.5.15

续表

序号	条约（协定）名称	签署日期	生效日期
39	《中华人民共和国和克罗地亚共和国领事条约》	1996.2.5	1997.11.8
40	《中华人民共和国政府和加拿大政府领事协定》	1997.11.28	1999.3.11
41	《中华人民共和国和越南社会主义共和国领事条约》	1998.10.19	2000.7.26
42	《中华人民共和国和澳大利亚领事协定》	1999.9.8	2000.9.15
43	《中华人民共和国和俄罗斯联邦领事条约》	2002.4.25	2003.10.23
44	《中华人民共和国政府和尼日利亚联邦共和国政府领事协定》	2002.7.2	尚未生效
45	《中华人民共和国和新西兰领事协定》	2003.10.26	2006.4.23
46	《中华人民共和国和日本国领事协定》	2008.10.24	2010.2.16
47	《中华人民共和国和菲律宾共和国领事协定》	2009.10.29	2013.7.13
48	《中华人民共和国和柬埔寨王国领事条约》	2010.2.25	2011.1.12
49	《中华人民共和国和大韩民国领事协定》	2014.7.3	2015.4.12

* 《中华人民共和国和南斯拉夫社会主义联邦共和国领事条约》在中国与马其顿、与斯洛文尼亚、与波斯尼亚和黑塞哥维那、与塞尔维亚、与黑山之间继续有效。

** 中德双方于1991年确认《中华人民共和国和德意志民主共和国领事条约》随德国的统一予以终止。

*** 《中华人民共和国和捷克斯洛伐克社会主义共和国领事条约》在中国与捷克、与斯洛伐克之间仍然有效。

**** 1992年4月，中也双方确认《中华人民共和国和阿拉伯也门共和国领事条约》适用于也门共和国全境。

（三）我国与非洲国家间缔结或参加的涉及领事保护的国际条约

1. 我国与非洲国家间缔结的双边领事条约或协定

从表5-1可知，就非洲而言，迄今只有突尼斯和尼日利亚与我国分别签有领事条约或领事协定，但由于我国与尼日利亚间的领事协定尚未生效，所以实际上与我国有生效领事条约的非洲国家只有突尼斯一国。与中国在非洲有53个邦交国相比，这个数目可以说非常少。

从内容上看，中国与尼日利亚间的领事协定共有23个条款，[1] 而中

---

[1] 《中华人民共和国和尼日利亚联邦共和国政府领事协定》，中国人大网，http://www.npc.gov.cn/wxzl/gongbao/2003-04/04/content_5312228.htm，最后访问日期：2016年10月30日。

国与突尼斯之间的领事条约则有 50 个条款，由前言、第一章"定义"、第二章"领馆的设立和领馆成员的委派"、第三章"便利、特权和豁免"、第四章"领事职务"、第五章"一般条款"和第六章"最后条款"组成。[①] 两个条约相比之下，后者的内容要详细得多，例如在第二章"领馆的设立和领馆成员的委派"中规定了领馆的设立、领馆馆长的任命和承认、临时代理领馆馆长职务、通知到达和离境、宣告为不受欢迎或不可接受的人等，在第三章"便利、特权和豁免"中规定了为领馆提供便利、领馆馆舍和住宅的获得、国旗和国徽的使用、领馆馆舍免予征用等，在第四章"领事职务"中的"一般领事职务"中规定了"颁发护照和签证""公证和认证""转送司法文书或执行嘱托调查书"等，还有第五章"一般条款"规定了"尊重接受国法律、法规""使馆执行领事职务""代表第三国执行领事职务"等，这些内容都是中国与尼日利亚间的领事协定所没有的。

2. 我国与非洲国家共同参加的《领事关系公约》

1979 年 7 月 3 日，我国政府向联合国秘书长交存加入书，同年 8 月 1 日该公约对我国生效。目前，该公约共有 179 个缔约国，包括大多数联合国会员国和一些观察员，后者如梵蒂冈与巴勒斯坦。虽然大多数非洲国家也是该公约的缔约国，但还有一些不是，其中已签署但尚未批准该公约的非洲国家有：中非、科特迪瓦、刚果（布），既未签署也未批准该公约的非洲国家有：布隆迪、乍得、几内亚比绍、埃塞俄比亚、南苏丹、乌干达、斯威士兰。[②] 但如上所述，由于《领事关系公约》"不仅具有编纂（习惯法）的性质，而且构成国际法的逐渐发展。其适用价值在于制定全球适用的法律规则"，所以作为公约非缔约国的上述非洲国家与中国间的领事关系也可以适用公约的规定，只要这些非洲国家没有明确反对该公约。

（四）我国领事保护实践的法律依据——以利比亚、也门撤侨为例

2011 年 1 月，利比亚班加西市爆发反卡扎菲的民众运动。利比亚全国

[①] 《中华人民共和国和突尼斯共和国领事条约》，中国人大网，http://www.npc.gov.cn/wxzl/gongbao/2000-12/14/content_5002831.htm，最后访问日期：2016 年 10 月 30 日。

[②] 关于截至 2017 年 4 月 7 日的《领事关系公约》的缔约国情况，详见 United Natiions Treaty Collection，https://treaties.un.org/Pages/ViewDetails.aspx?src=TREATY&mtdsg_no=III-6&chapter=3&clang=_en，last access：04-07-2017。

各地很快陷入一片混乱，机场、港口、边境关卡全都陷入无政府状态。一些暴乱分子乘机大搞打砸抢，分布在利比亚各地的中国承包建设工地便成了他们的首选目标。我国众多劳务人员的生命、财产危在旦夕。2月21日，时任国家主席胡锦涛和总理温家宝作出撤侨决定后，作为"国家一级响应"实行最高级别的动员，国务院成立应急指挥部，指挥部办公室设在外交部，由杨洁篪部长主持。在中共中央政治局委员、国务院副总理张德江和国务委员戴秉国的统一指挥下，外交部、国资委、公安部、安全部、商务部、交通运输部、农业部、海关总署、国家质检总局、民航局、解放军总参谋部等有关部门联合行动。为使撤侨工作快速、高效、顺利进行，立即派出"特别行动小组"奔赴前线，与我国驻利比亚和驻相关国家使馆密切配合，全面展开撤侨行动。到3月5日前，我国共派出182架次民航包机、24架次军机，租用70架次外航包机、22艘次外籍邮轮、1000余辆次客车，动用5艘货轮、1艘军舰，海、陆、空三路出击，涉及40余个国家，将分布在利比亚各地的35860名同胞全部安全地接回祖国怀抱。

2015年3月26日，沙特阿拉伯等国对也门展开空袭行动，当地局势骤然紧张。在空袭发生的当晚，外交部就启动了应急机制；根据习近平主席和中央军委命令，中国海军也于当晚立即组织军舰向也门亚丁港海域机动。从26日开始，中国驻也门大使馆的撤侨准备工作就已展开。28日上午，大使馆经济商务参赞处紧急召开在也中资企业负责人会议，公布撤离时间、路线，详细说明撤离途中可能出现的种种问题，要求企业服从使馆安排，做到统一、安全、有序撤离。截至4月6日，在亚丁湾、索马里海域执行护航任务的由临沂舰、潍坊舰和微山湖舰组成的中国人民解放军海军第十九批护航舰艇编队，撤走了在也门的613名中国公民，同时协助来自15个国家共279名外国人安全撤离。①

利比亚、也门撤侨是我国依据已有的国际公约、双边条约和相关法律法规，对海外中国公民行使领事保护权的重要实践。我国与也门有领事条约，与利比亚则没有，但《领事关系公约》对这些国家都适用，其第3条规定："领事职务由领馆行使之。"第5条则规定了领事职务包括维护本国国民的利益。因此，根据公约，中国驻利比亚、也门使领馆是开展领事保

---

① 任正红：《中国也门撤离行动的"领事保护"属性》，《世界知识》2015年第9期，第64页。

护工作的主体。在利比亚、也门局势恶化期间，中国驻这两国的使领馆一直同我国外交部等相关部门保持密切联系，并时刻关注当地情况，做好事先工作，最终使得我国公民快速安全撤离。

利比亚、也门撤侨，中国采用了多种撤离方式，并动用军事力量帮助撤离。其中，利比亚、也门撤侨分别是中国军舰第一、二次执行海外撤侨任务，[①] 后者还是中国军舰首次实施撤离外国公民的国际救助行动。《领事关系公约》第5条第13款规定："执行派遣国责成领馆办理而不为接受国法律规章所禁止、或不为接受国所反对、或派遣国与接受国间现行国际协定所订明之其他职务。"因此，在也门政府并不反对，相关法律没有禁止的条件下，中国可以根据实际情况的需要，采取最有效快速的方式进行撤侨。

在这次也门撤侨中，我国还协助了来自其他国家的外国公民安全撤离。《领事关系公约》第8条规定："经适当通知接受国后，派遣国之一领馆得代表第三国在接受国内执行领事职务，但以接受国不表反对为限。"因此，中国政府在相关国家没有表示反对的情况下，应有关国家请求，有权代表第三国在也门执行领事职务，这同时彰显了我国的"以人为本"精神和"人类命运共同体"理念。

二 我国涉非领事保护立法的主要问题

从我国领事保护的国际、国内立法现状以及利比亚、也门等撤侨事件可以发现，我国的涉非领事保护立法仍然存在着一些问题。

（一）我国缔结的领事条约尤其是涉非领事条约的数量太少

在也门撤侨中，我国执行领事保护职责主要依据的是《领事关系公约》以及《中华人民共和国和阿拉伯也门共和国领事条约》。正因如此，撤离行动才能有效开展。从上述"中国与外国缔结领事条约（协定）一览表"可以看出，自1959年1月27日中国同德意志民主共和国签订第一个领事条约以来，我国已先后与世界上49个国家缔结了领事条约（协定），除了已经终止、失效或尚未生效的之外，真正与中国缔结领事条约

[①] 在之前的2006年所罗门群岛、东帝汶、汤加骚乱，2009年海地地震，2010年吉尔吉斯斯坦骚乱，2011年埃及局势紧张等导致的撤侨行动中，我国主要采用政府包机的形式将中国公民从这些地区撤离。

并有法律效力的只有 43 个国家。然而根据外交部统计的数据，截至 2017 年 6 月，中国已经同 175 个国家建立了外交关系。① 由此可见，缔结领事条约国家的数量不到建交国家总数的四分之一。这种情况在非洲尤甚，中国与 53 个非洲国家建交，但目前有领事条约生效的只有突尼斯一个国家。

（二）包括涉非领事条约在内的我国领事条约的内容不明确或有局限

一方面是领事保护内容的不明确，其典型是领事条约或协定中的有关领事通知与探视的时间要求。在这方面，我国缔结的 49 个领事条约或协定存在着差异。为保障派遣国国民利益，这些领事条约或协定中一般有"拘留、逮捕通知和探视"条款，规定在派遣国国民在领区内被拘留、逮捕或以任何其他方式剥夺自由时，接受国主管当局应通知领馆，领事官员有权探视，与其交谈或通信，并为其提供法律协助。但是，各领事条约或协定对接受国主管当局通知领馆的时间要求差异较大。例如，《中华人民共和国和美利坚合众国领事条约》第 35 条第 2 款规定："最迟于该国民被逮捕或受拘禁之日起的四天内通知派遣国领事馆。"《中华人民共和国和阿拉伯也门共和国领事条约》第 13 条则规定："最迟于采取上述措施之日起的七天内通知领馆。"《中华人民共和国和立陶宛共和国领事条约》第 13 条规定："接受国主管当局应尽速通知领馆。"因此，在领事通知的时间要求上，我国现有的领事条约有的规定非常具体（"四天内""七天内"），有的却很含糊（"尽速"）。

在中国与非洲国家签署的两个领事条约或协定中也存在类似问题。《中华人民共和国与突尼斯共和国领事条约》第 34 条规定："一、遇有派遣国国民在领区内被拘留、逮捕、监禁或以任何其他方式剥夺自由时，接受国主管当局应尽速，最迟于采取上述任何一项措施之日起的六天内通知领馆。二、领事官员有权探视被拘留、逮捕、监禁或以任何其他方式剥夺自由的派遣国国民，与其交谈或联系，为其提供法律协助。除非当事人反对，接受国主管当局应尽速，最迟于对该国民采取上述任何一项措施之日起的十二天内安排领事官员对该国民的探视，以后应要求继续提供探视机

---

① 中华人民共和国外交部：《中华人民共和国与各国建立外交关系日期简表》，http://www.fmprc.gov.cn/web/ziliao_674904/2193_674977/，最后访问日期：2018 年 3 月 20 日。

会。"从具体表述可见,该条款对领事通知与探视时间要求非常具体,不仅要"尽速",而且有严格的时间限制,即六天与十二天。但是《中华人民共和国政府和尼日利亚联邦共和国政府领事协定》却没有这么具体,其第14条规定:"一、遇有派遣国国民在领区内被拘留、逮捕或以任何其他方式剥夺自由时,接受国主管当局应尽速通知领馆。二、领事官员有权探视被拘留、逮捕或以任何其他方式剥夺自由的派遣国国民,与其交谈或通讯,为其提供法律协助。接受国主管当局应尽速安排领事官员对上述国民的探视。"可以看出,我国涉非领事条约或协定对于领事通知权这一内容规定不尽相同,特别是与尼日利亚的领事协定中"尽速"一词尤为模糊不明确。不仅如此,正如上文已指出的,在"领馆的设立和领馆成员的委派""便利、特权和豁免""领事职务"等问题上,我国与突尼斯间的领事条约也要比我国与尼日利亚间的领事协定详细具体。

另一方面是领事保护内容的局限性。根据我国缔结的49个领事条约或协定以及《领事关系公约》来看,"派遣国国民",也即拥有派遣国国籍的自然人和法人是派遣国领事保护的对象。但在也门撤侨中,我国领事保护对象的范围远远大于"派遣国国民",甚至帮助撤离了两百多名外国公民。那么对于一些模糊地带的海外中国公民是否能受到中国领事保护,相关法律并没有予以明确规定,难以应对实践中可能出现的情况。在海外的中国公民大多是出国旅游、留学或者务工的,不同群体所可能遇到的风险也有所差别,然而领事保护的内容却没有针对不同群体有所调整。我国实施领事保护工作的主体主要是我国驻外使领馆,在利比亚、也门撤侨过程中可看出他们承担了主要的领事保护工作,而其他主体如社会组织、企业单位、国际组织等,在我国开展领事保护工作的过程中参与较少,特别是在前期预防工作阶段。虽然政府力量能有力保障海外中国公民安全,但难以考虑到一些复杂具体的细节问题。

(三)涉非领事保护缺少国内专门立法的支撑

虽然利比亚、也门撤侨是一次在国际上展开的领事保护行动,主要依据的是国际公约或双边条约,但从中可以看出,在国内法方面,我国对于海外中国公民合法权益保护缺乏专门性和针对性。我国在2005年发布了《国家涉外突发事件应急预案》条例,随后2006年《中国公民出境旅游突发事件应急预案》也相继出台。然而大部分的保护内容分布在各个部门法中，且只对海外中国公民权益的其中一部分进行了规定，尚未建立起一个完整的领事保护法律体系。领事保护立法一直处于一个缺失状态。

（四）尚未建立领事官员问责制度

利比亚、也门局势恶化后，中国政府高度重视撤侨行动，中国驻利比亚、也门使领馆也积极配合，行使自己的职责。但从法律依据来看，不论是《维也纳领事关系公约》还是我国缔结的领事条约，其中都规定了领事官员的职务内容以及相应的权利和义务，却没有违反规定后的处罚措施。假设领事官员违反相应的法律义务抑或没有积极行使权利，导致公民权益受到损害，由于没有一个惩戒问责制度，领事官员并不用承担法律责任。这就使得领事官员可能怠于履职，权利义务不一致，不能切实维护海外公民利益。

三 我国涉非领事保护立法问题的成因

（一）新时期中国领事制度发展较晚

中国的领事制度在唐朝时就开始萌芽。由于当时中外通商兴盛，定居中国的外国商人众多，唐朝特设蕃长一职用以管理外国商人和传教士等。后逐渐形成"蕃长制"，直至元朝才被取消，未能得到进一步发展。鸦片战争后，西方列强开始向中国派遣领事并设立领馆，将领事裁判权强加于中国，并强迫中国签订一系列不平等条约。民国时期，中国逐渐同世界各国建立外交关系，但仍不能废除不平等条约。[①] 中华人民共和国成立后，彻底废除了一切不平等条约和外国在中国享有的一切单方面特权，中国领事制度发展因此步入了一个新时期。在和平共处五项原则的指导下，我国奉行独立自主和平外交的外交政策。然而，从中华人民共和国成立到现在，中国领事制度才发展了短短六十几年时间。在西方，领事制度最早起源于中世纪后期的欧洲。随着资本主义的发展，领事制度在18世纪中叶以后开始系统发展起来，到19世纪达到了一个顶峰。[②] 英国更是于1825年就通过了《领事法》。因此，与西方国家相比，我国领事制度起步时间

[①] 梁宝山主编《实用领事知识——领事职责、公民出入境、侨民权益保护》，世界知识出版社，2001，第62~63页。

[②] 周鲠生：《国际法》（下册），武汉大学出版社，2007，第488~489页。

晚，发展过程短。

（二）涉非领事关系主要受《领事关系公约》规范

缔结领事条约需要一定条件，通常来说，只有中国与该国往来比较密切，两国国民往来达到了一定数量，签订条约后双方能进一步发展两国关系，促进国民友好往来，且双方都有意愿才会签订领事条约。因此，领事条约可以看作两国关系热络程度的一个"晴雨表"。[①] 正因为需要达到一定的标准，中国如今只同四十几个国家缔结领事条约，而与其他国家的领事关系只能依靠《领事关系公约》等其他法律渊源予以调整。虽然近年来中国与非洲国家关系的发展势头良好，但目前双方似乎在缔结或生效领事条约或协定问题上的意愿都不是很强烈，而且《领事关系公约》在一定程度上能够满足海外中国公民在非洲国家境内所需要的领事要求，因此在国内制定专门的领事保护立法或对非缔结双边的领事条约或协定并不是当务之急。

（三）涉非领事保护实践较立法更受重视

从1960年中国首次实施海外大撤侨，到2011年、2015年的利比亚、也门撤侨，我国一次又一次地展示了大国实力。2015年，内地居民出境人数再创历史新高，达到1.28亿人次，同比增长1130万人次，增长9.68%，全年外交部领保中心和中国驻外使领馆受理的领事保护和协助案件数量达86678件，其中领事保护案件31144件，领事协助案件55534件。上述案件共涉及中国公民95860人，其中港澳台同胞1360人，留学生6185人。[②] 中国在领事保护实践方面交上了一份高质量答卷。虽然我国还相继发布了《国家涉外事件应急预案》《中国公民出境旅游突发事件应急预案》《外交部重大突发事件应急预案》等几个应急预案，其中含有法律规范属性的内容，但其仍属于针对突发事件的方案，不具有正式法律效力。由此看来，相比较于领事保护立法，我国对领事保护实践似乎更加重视。由于在利比亚、也门等涉及非洲或其周边地区的撤侨行动中，我国领事保护工作总体上做得很好，因此在国内制定专门的领事保护立法或对非

[①] 一帆：《中国已与46国家签订领事条约》，《法制日报》2015年4月14日。
[②] 中华人民共和国外交部领事司：《2015年中国境外领事保护与协助案件总体情况》，http://cs.mfa.gov.cn/gyls/lsgz/ztzl/ajztqk2014/t1360879.shtml，最后访问日期：2016年10月8日。

缔结双边的领事条约或协定也显得不是很急迫。

四　我国涉非领事保护立法的改进

(一) 发达国家有关领事保护立法的成熟经验

1. 美国领事保护立法现状

在西方国家中，美国是对发展领事关系和完善领事立法十分重视的国家之一。1788年，美国同法国签订了第一个领事条约，当时除了专门的领事条约外，美国多是依据通商航海一类的条约中规定的互相派遣领事、领事特权与豁免以及最惠国待遇等条款来规范与他国的领事关系。[①] 此后，美国一直致力于领事立法工作。

(1) 国际法层面

目前，美国已经与包括中国在内的58个国家签订了领事条约，成为美国现行领事保护制度的重要法律依据。[②] 与此同时，美国是《维也纳领事关系公约》的成员，可以此为依据同其他成员国开展领事活动，维护美国公民海外利益。

(2) 国内法层面

美国不仅注重双边领事条约在建立领事关系上的作用，更重视国内领事立法工作。目前，美国已经构建了一个比较完善规范的领事保护国内法律制度。

1789年生效的《美利坚合众国宪法》第2条第2款规定了总统有权"任命大使、公使及领事、最高法院的法官"，第3条第2款规定："涉及大使、其他使节和领事以及以州为当事人的一切案件，其初审权属于最高法院。"将领事的任命、领事案件纠纷的管辖法院写进美国宪法，可以看出美国对于领事制度的重视。

在《美国联邦法典》第22卷"对外关系"部分中，比较全面地规范了美国领事保护工作。其中《海外公民撤离》规定了美国公民在海外如果遇到自然灾害、战争或者是其他风险，使其人身财产受到威胁时，美国使

[①] 李宗周编著《领事法和领事实践》，世界知识出版社，2012，第7页。
[②] 美国领事事务局官网，http://travel.state.gov/content/travel/english/legal-considerations/international-treaties-agreements/bilateral-consular-conventions.html，最后访问日期：2018年3月2日。

领馆及官员应当及时组织有关政府人员及其他美国公民的撤离工作，但因此产生的费用不能超过规定限度。《保护海外美国公民》和《协助受灾美国公民》原则性地规定，外交和领事官员应当依据国务院公布的相关法律法规，以保护海外美国公民合法权益为目的，竭尽可能地援助海外美国公民，由此产生的费用不能超过法律规定的限度。①

现行的 1980 年美国《外事服务法》在整合以往领事立法的基础上，对外事服务人员的等级、工作条件、退休条件等一系列问题作出重大改善，进一步提高美国外事服务的水平。此外，美国有关领事保护立法还建立了海外公民登记制度，保持与登记公民的密切联系，以便及时地将有关信息告知公民。

2. 日本领事保护立法现状

随着二战后日本经济的恢复发展，大量日本国民开始向外流动，由此导致了对于领事保护工作的业务需求。日本改变了以往领事保护的性质，开始逐步建立新的领事保护制度。在立法的不断完善和大量领事实践经验的积累后，日本目前已经建立了比较全面的领事保护法律体系。

日本于 1983 年 10 月 3 日成为《维也纳领事关系公约》的成员国之一，这很大程度上帮助了日本与其他成员国开展领事活动，同时规范了当时日本的领事事务，促进其领事保护法律制度的进一步完善。

《关于武力攻击事态当中的国民保护措施之法律》（简称《国民保护法》）于 2004 年 9 月 17 日在日本生效实施。该法具体规定了在武力攻击事态当中如何积极应对危害，将日本国民的人身、财产安全的损害最小化；同时规定了日本国家以及地方团体的职责，以及如何采取相应的应急措施等。在此之前，日本关于日本国民领事保护的相关规定散见于一些法律法规。

其后，日本政府依据《国民保护法》第 32 条出台了《有关国民保护的基本方针》。同时日本外务省依据该法的第 33 条第 1 款和第 182 条第 2 款的规定，制定了《外务省国民保护计划》。该计划针对国民保护措施的实施体制、内容及方法、实施过程中各部门机构之间的协调合作和相关事项进行了规定。

日本于 2004 年专门设立了"关于贩卖妇女儿童犯罪行为对策的相关

---

① 李霖：《领事保护法律制度研究》，外交学院硕士学位论文，2011。

省厅联络会议"，在经过不断的讨论之后，发布了《关于贩卖妇女儿童犯罪行为对策的行动计划》。其中，对"如何保护受害者安全以及协助被害者回国"等保护和救济方面作了详细规定。①

(二) 发达国家领事保护立法的借鉴意义

我国领事保护立法相较于国外起步较晚，没有一个健全的法律体系。基于此，借鉴外国优秀的立法经验是很有必要的，我国可以总结国外经验，并在此基础上根据我国的实际情况，建立一个具有中国特色的领事保护法律制度。

1. 立法理念

立法理念是法律的灵魂，确立一个正确先进的立法理念才能以此为指导，促进法制的完善。领事保护，其所保护的是海外公民的权益，尤其是人身和财产安全。因此，以人为本是必须要坚持的理念和原则。从美国与日本的立法可以看出，两国都将保护本国国民安全作为其领馆及领事官员的首要任务和最高责任。我国领事保护工作一直以来都体现"外交为民，以人为本"理念，今后更应当坚守这一理念，落实好立法工作。

2. 立法范围

国外先进的领事保护法律制度，其立法范围广，能涵盖领事保护需要的各个方面，使得每一个环节都有法律支撑，确保领事保护机制在实践中能够及时有效运作。例如美国的领事保护法律制度中除了一些基本的海外事务，还涉及了海外公民福利、儿童问题、海外投票程序、主要生活事件文档、紧急情况下的财政医疗支持项目、国际引渡中的领事角色、刑事受害人协助等方面的内容，十分全面。② 除此之外，美国还经常发布宣传手册以让美国国民了解如何在海外保护自己的合法利益。日本则是针对海外日本公民在遭遇到不同类型的威胁时，如重大事件事故、失踪、刑事逮捕拘留等情况，采取不同领事保护措施。我国对海外中国公民的一些必要问题，如继承、婚姻、公证、签证、司法协助等，在相应的部门法律中有所规定，但不仅不系统，而且不能满足海外中国公民可能发生的领事保护事件的需要。中国可借鉴发达国家的相关经验，扩大领事保护的立法范围。

---

① 颜志雄：《日本领事制度研究——兼论中日领事保护制度的差异》，外交学院硕士学位论文，2006。

② 邢爱芬：《海外中国公民领事保护立法初探》，《国际论坛》2011年第4期，第47页。

3. 立法内容

立法内容主要是借鉴外国领事保护法律制度中多元化的实施主体。《维也纳领事关系公约》中规定"领事职务由领馆行使之",也即领事保护的实施主体主要是派遣国的使领馆。但随着国际社会的发展,仅靠使领馆等几个机构已经很难满足现在的领事保护需求,实施主体呈现多元化发展趋势。美国的领事保护工作以使领馆为主,但同时美国的其他政府部门都必须参与其中,协调配合。日本的领事保护立法中也规定了各部门机构以及国家和地方团体都有责任完成领事保护工作。欧盟更是以国际组织的形式对其欧盟成员国国民展开联合保护,即当某一成员国国民在境外发生领事保护事件时,另一在其境内的成员国可以为其提供领事保护。[①] 这些多元化的实施主体可以及时高效地完成领事保护工作,同时能优化配置节约资源。

(三) 改进我国涉非领事保护立法的举措

随着国际社会的发展,各国国民开始以自有的方式与他国"外交"。领事保护立法的完善不仅能保障中国公民"外交"时的合法权益不受侵害,同时能为中国外交提供一个良好的法律环境。而根据此前的分析,我国的领事保护立法仍然有许多不足之处,需要不断改进。

1. 加强国内领事保护立法工作

领事保护的国内立法,是中国在包括非洲国家在内世界各国开展领事保护工作的国内法依据,也是中国与包括非洲国家在内世界各国缔结领事条约的国内法依托。根据上述我国当前在领事保护国内立法方面的缺陷以及国外的先进经验,加强国内领事保护立法工作可从以下措施入手。

(1) 在《宪法》中增加海外公民权益保护的内容

2004年《宪法》将"国家尊重和保障人权"写入其中,表明我国开始注重公民人权的保护。《宪法》仅规定了"保护归侨和侨眷的合法权利和利益"。海外中国公民并不一定都是归侨和侨眷,大多数是短期出国旅游、留学、务工的人员。对于这一类海外中国公民的合法权益,也应当成为国家重视的保护对象。而在一些国家,其宪法已经明确要求国家应当保护在外国的本国国民。例如韩国的《大韩民国宪法》第2条第2款规定:

---

① Jan Wouters, *The European Union and Consular Law*, Katholieke Universiteit Leuven, 2013.

"国家依据法律规定,有保护在外国民的义务。"1993年《俄罗斯联邦宪法》也规定了"俄罗斯联邦保障为其境外的公民提供保护和庇护"。中国综合国力不断增强,有能力也有实力保障中国公民在海外的权益。我国应当尽快在《宪法》中规定"保护中国公民在境外的合法权利和利益"。

(2) 制定专门的《领事保护法》

制定专门的《领事保护法》是构建一个完善的领事保护法律制度的基础。根据前文的论述,我国领事保护立法缺乏一部专门的保护海外公民利益的法律。这使得领事保护无国内法可依,各方面工作无法协调统一,进一步导致海外中国公民利益得不到有效保障。而纵观有着领事保护成熟经验的国家,其海外公民保护法律体系中都有专门的国内法律法规作为支撑。同时,领事案件近年来呈现复杂化、常态化的趋势,这都促使中国应当尽快从实体法和程序法上加强立法保障。我国虽于2009年发布了《中华人民共和国领事工作条例(征求意见稿)》,做了初步的立法探索,但最终没有形成相关法律。因此,我国应当加快推动立法进程,依据中国实际情况,对领事保护相关内容作出具体明确的规定,统一领事保护工作。

2. 推动同更多国家尤其是非洲国家缔结领事条约

如上所述,据不完全统计,2015年中国公民赴非超过200万人次,在非中资企业达4200余家,务工人员达45万余人。在各种因素的共同作用下,非洲地区的发案率高居各洲之首,平均高于其他各洲4倍之多。但在如此复杂严峻的形势下,中国迄今只与突尼斯之间有生效的领事条约。虽然中国仍可通过《领事关系公约》对在非中国公民提供领事保护,但该公约规定过于笼统概括,且签订时间较早,无法适应具体的领事工作内容。这使得在未缔结领事条约的非洲国家的驻外使领馆实施领事保护时缺乏具体有效的国际法依据,这无疑给中国的涉非领事工作带来了很大的挑战。因此,在坚持中国和平外交的基本原则下,增加涉非领事条约的数量,不仅能帮助中国更适应多元化的非洲各国环境,更能从长远上保护在非中国公民的利益。

3. 明确并扩大领事保护内容

我国现有的领事保护内容大多体现在《领事关系公约》、双边领事条约以及相关的国内法中,且规定得相对抽象,难以指导实际的领事保护工作。而《维也纳领事公约》签订距今已经有五十年的时间,一些规定已经不能满足现在领事保护的要求。我国缔结的双边领事条约之间前后也间隔了几十年，与不同国家签订的内容也有所差异。而相关国内法中对于海外中国公民利益保障也十分有限。

从美、日立法的经验中，我国可以对领事保护内容主要做以下改进：①明确领事保护的定义，将其定义为广义上的领事保护，从更大程度上保护海外中国公民利益；②明确领事保护的对象，不仅包括在海外短期居留的中国公民，还包括已取得居住国永久居民身份但仍保留中国国籍的人以及一些具有双重国籍的人；③增加领事保护的实施主体，在主要承担领事保护工作的使领馆及官员的基础上，加强政府机构合作，允许一些社会团体、企业参与其中；① ④针对不同情况分类制定领事保护规范，以适应不同群体在海外可能发生的特殊情况。

4. 建立健全领事官员问责制度

法律需要得到有效的执行才能发挥其应有的作用。领事保护是领事官员的重要职责，倘若领事官员违反规定或者不作为，会在一定程度上影响海外中国公民的利益，而我国的相关法律法规并没有建立一个领事官员的责任问责制度。因此，我国应当尽快弥补这一缺失，在相关立法中明确列出领事官员违反职责的情况并制定具体的处罚措施，起到督促领事官员恪尽职守的作用；同时对领事官员的职责以及所提供的领事保护进一步规范，保障领事保护工作更好地开展。

第三节 我国涉非领事保护机制的现状与改进

在涉非领事保护方面，除了要加强相关的国内、国际立法，我国还应在具体实践中完善相关机制建设，特别是要完善涉非领事保护的预防机制与应急机制。

一 我国涉非领事保护机制的实施现状

（一）我国涉非领事保护预防机制的建设

涉非领事保护的预防机制属于事前预防与预警机制。为预防领事保护案件的发生，我国外交部、商务部及其他部委、驻非使领馆、在非中资企

---

① 邢爱芬：《海外中国公民领事保护立法初探》，《国际论坛》2011年第4期，第47页。

业等采取了各种措施。

1. 我国外交部、商务部等部门的预防机制

我国外交部开通了"中国领事服务网",在其首页专门设立"安全提醒""通知公告"等栏目,提醒或通知中国公民谨慎前往或暂勿前往一些非洲国家或其他局势动荡、治安恶化的国家和地区,提醒在这些国家和地区的中国公民注意安全。例如,在近期"中国领事服务网"的"安全提醒""通知公告"等栏目中,有"中国公民近期谨慎前往索马里"和"中国公民近期谨慎前往刚果(金)""中国公民近期暂勿前往埃及北西奈地区"等提醒。① 此外,我国外交部颁布的《中国领事保护和协助指南》②、《中国企业海外安全风险防范指南》③、《中国公民海外安全常识》、《海外中国公民文明指南》和《中国公民出境旅游文明行为指南》等,都比较详细地为中国公民和中资企业在海外预防相关风险、保护人身财产安全提出了建议。这些指导性文件对于在非中资企业与中国公民自然也是适用的。

除了外交部,商务部及其他部委也协同采取了一些预防措施。例如,我国商务部、公安部、安全部等部门及驻外使领馆等驻外机构,为加强对包括非洲国家在内的安全问题突出的国家和地区有关政治经济形势、民族宗教矛盾、社会治安状况、恐怖主义活动等信息的收集工作,及时掌握境外各种可能危及我国企业、机构与人员安全的情报信息,建立了信息收集与报送制度。商务部等还会同外交部成立境外安全巡查工作组。例如,为深入了解境外中资企业安全防范和安全生产工作现状,及时发现和解决存在的问题及隐患,商务部会同国家安全生产监督管理总局及外交部组成联合工作组,于2013年6月17~20日到阿尔及利亚开展境外中资企业安全巡查,实地检查在阿中资企业项目的安全风险防范和安全生产工作。巡查

---

① 此外,该网站还有"近期暂勿前往阿富汗部分省份"的提醒,并提醒或通知在巴布亚新几内亚、英国、马达加斯加、瑞典、俄罗斯等国的中国公民注意安全。参见"中国领事服务网",http://cs.mfa.gov.cn/,最后访问日期:2017年4月9日。
② 《中国领事保护和协助指南》主要内容有"出国前特别提醒""出国后特别提醒""领事官员可以为您做什么""领事官员不可以为您做什么""寻求领事保护的常见问题""文明出行 平安常在"等,图文并茂,具有较强的操作性与实用性。该指南原名为《中国境外领事保护和服务指南》,2000年首次出台,并先后于2003年、2007年、2010年作了修订,2007年8月正式更名为现用名。
③ 该指南从组织领导、员工选派和雇用、安全培训、风险评估、安全软环境建设、安保硬件投入、日常管理、应急处置等方面为中资企业加强海外安全风险防范提出了建议。

组对我国在阿中资企业提出了具体要求,要求企业不断树立和强化安全管理意识,严格遵守境外安全管理规定,完善应急预案并保证安全投入,切实完善安保措施。[①] 这种由国家各部委共同成立的境外安全巡查工作组,可以对在安全问题突出的非洲国家和地区的中非产能合作项目尤其是重点项目建设进行安全检查和指导,督促其提升安全风险管理,建立健全安全风险的预防机制和应急机制。

2. 我国驻非使领馆的预防机制

我国驻非使领馆也建立了一些预防机制。第一,中国驻非使领馆在各自网站上及时发布各类安全注意事项等信息。"如我国在南非的使领馆便是其中的佼佼者,现今我国在南非设有一个大使馆,三个总领馆,分布于南非的比勒陀利亚、开普敦、德班、约翰内斯堡四大城市,在其各自网站上,详细介绍了各自所在的区域的特点,并列出一些相关提醒供国民参考,如'警惕非法移民中介'、'居家出行安全须知'等等,并提供24小时侨民服务电话。"[②] 第二,"针对非洲国家治安状况不佳的情况,中国驻非使领馆重视与驻在国的司法部、内政部和警方保持联系,在一些国家成立了中非警民联防机制或安全联席会议机制,而且中国警方与非洲国家警方联合打击侵害中国公民权益的犯罪行动,这是一个创举"。[③] 如2004年,在中国驻南非使领馆的大力支持下,南非华人警民合作中心正式开始运作;2011年,中国驻莫桑比克大使馆和莫桑比克警方建立了"中莫警民联防机制";2012年,中国驻莱索托使馆与莱索托外交部、内政部等有关部门一起建立了安全联席会议机制;等等。[④] 这些中非警民联防机制或安全联席会议机制的建立,有利于构筑中国公民与中资企业和当地警政机构互动的渠道,既可以让非洲国家的警政机构更多了解在当地的中国公民与中资企业面临的困难,也便利在非中国公民与中资企业协助当地警政机构的工作,有利于促进解决我国在非公民与企业长期遭受的治安困扰,有效预防领事保护案件的发生,因此属于我国驻非使领馆领事保护预防机制

---

① 中华人民共和国商务部:《境外安全巡查工作组来阿检查工作》,http://www.mofcom.gov.cn/article/i/jyjl/k/201306/20130600173527.shtml,最后访问日期:2017年3月2日。
② 方伟:《中国公民在非洲的安全与领事保护问题》,《浙江师范大学学报》(社会科学版) 2008年第5期,第46~47页。
③ 夏莉萍:《中国涉非领事保护分析》,《西亚非洲》2013年第1期,第28页。
④ 夏莉萍:《中国涉非领事保护分析》,《西亚非洲》2013年第1期,第28页。

的重要组成部分。第三，我国驻非使领馆与在当地的中资企业举行座谈会，为中资企业提供指导、协调和服务。例如，2016年11月6日，我国驻科特迪瓦使馆举办中资企业领保安全座谈会，使馆领事官员介绍了我国领保政策、领事证件办理注意事项，介绍了科当前安全形势，指出科仍存在一定的安全风险，强调应加强防范意识，敦促中资企业遵纪守法、落实安全措施，鼓励企业互相交流、互相帮助，并处理好与当地政府、员工及媒体的关系，树立我国企业在科特迪瓦的正面形象。① 2017年3月22日，中国驻赞比亚使馆在卢萨卡市召开了中资企业和侨界代表座谈会，提醒公平竞争、安全生产、人身安全等问题应引起中资企业的重视，并强调在赞中资企业应处理好劳资纠纷、不从事非法贸易（如血檀木等），不卷入当地政治斗争、不拿海外项目倒逼国内、坚决抵制恶性竞争等。② 这些座谈会也有利于中国驻非使领馆开展领事保护的预防工作。

3. 中资企业的预防机制

在非中资企业也采取了一些措施预防领事保护案件的发生。上文曾以蒙内铁路项目为例，就中资企业如何防控中非产能合作中的典型法律风险作了介绍，指出为有效识别和防控各种风险，蒙内铁路项目在组织管理、制度建设、风险管理、社会责任管理、质量管理、安全管理等方面采取了一系列措施，以从源头上杜绝各种风险的产生；针对项目中的环保、劳工、征地等法律风险，中资企业又采取了专门防控措施。这些风险防控措施，在非中资企业可以参考借鉴以预防领事保护案件的发生。在非的其他中资企业也有自己的预防机制。例如，中信建设根据安哥拉的情况，建成了立体式的治安防范体系，具体包括：在各营区外建立起围挡，在围挡下面挖壕沟；在营区内养狗；公司安保队员进行瞭望和巡逻；安装电子摄像头，从而建立起由物防、犬防、人防、技防组成的立体式治安防范体系。③ 此外，为保护员工安全，中资企业也可以雇用安保人员。例如，2014年

---

① 中华人民共和国外交部：《驻科特迪瓦使馆举办中资企业领保安全座谈会》，http://www.fmprc.gov.cn/web/zwbd_673032/jghd_673046/t1414136.shtml，最后访问日期：2017年3月23日。
② 《中国驻赞使馆召开中资企业座谈会》，"非洲华侨周报"，http://mt.sohu.com/20170323/n484452887.shtml，最后访问日期：2017年3月25日。
③ 裴广江：《在非中资企业如何应对安全风险》，《人民日报》2012年5月9日。

12月，山东华威保安集团与南非雷德私营保安公司共同开办的华威雷德保安公司在南非首都约翰内斯堡成立，安保人员主要来自南非当地。这也是中国首家"走出去"的安保公司。"华威雷德在一年里已为12家中资企业和政府要员赴南非公务活动提供武装随身护卫；承担临时护卫任务15起；为一家中资企业提供驻点守护。"① 在蒙内铁路项目中，项目全线有安保人员近3000人。就具体安保模式而言，有学者建议中国在非洲自贸区的员工安保模式可以借鉴，例如，在尼日利亚莱基自贸区采取专职安保队伍与当地警察局合作模式，共同预防、制止和处理突发治安事件以维护自贸区内企业的利益。② 对于一些治安形势不太好的非洲国家和地区，雇用安保人员是中资企业预防风险、降低我国公民在非遇险机率的重要举措。

（二）我国涉非领事保护应急机制的建设

涉非领事保护应急机制是我国领事保护应急机制的重要组成部分，后者则是我国外交部"事后危机处理机制"的核心。涉非领事保护应急机制可以在尽可能短的时间内调动尽可能多的资源处理在非洲国家突发的各种领事保护案件。目前，我国涉非领事保护应急机制主要包括以下内容。

1. 境外中国公民和机构安全保护工作部际联席会议制度

2004年11月，经国务院批准，由外交部牵头、国务院其他部门参加的境外中国公民和机构安全保护工作部际联席会议制度建立，统一指挥、协调境外涉中国公民和企业的重大领事保护事件的处置工作，以加快重大危机事件的外交解决程序，提高工作效率。从2011年利比亚撤侨到2015年的也门、尼泊尔撤侨，每一次都是该机制率先启动，因此该机制对保护境外中国公民和机构发挥了巨大的作用。事实证明，该机制"有利于提高应急处置效率"，"有利于源头治理，从根源上解决发生在境外、源头在国内的重大问题"，"有利于建立'五位一体'境外中国公民与机构安保工作格局"。③

---

① 王欲然：《中国首家海外安保公司在南非为中企保驾护航》，《环球时报》2016年1月23日。
② 周海金：《在非华人的安全风险与规避策略探析》，《社会主义研究》2013年第5期，第142页。
③ 中华人民共和国外交部领事保护中心：《认识境外中国公民和机构安全保护工作部际联席会议机制》，《中国应急管理》2015年第11期，第88页。

2. 外交部全球领事保护与服务应急呼叫中心

2014年9月，我国外交部全球领事保护与服务应急呼叫中心正式启用，12308热线每天24小时、全年无休地为海外中国公民和法人提供领事保护与协助服务。该应急呼叫中心的设立，使在海外的中国公民遇到困难时，能在第一时间与祖国取得联系，获得及时、专业的指导和帮助。例如，该应急呼叫中心工作人员曾接到一位姓万的女士的紧急求助电话："我丈夫在赤道几内亚旅游，用微信告诉我他被软禁了，情况十分危险，请你们快点救救他。"研究中心工作人员在仔细询问她丈夫的姓名、所在位置及电话等详细信息后，立即联系我国驻赤道几内亚使馆，电话那头使馆领保人员毫不犹豫地说："放心吧，我们会及时处理。"[1] 因此，该应急呼叫中心热线主要用于在海外遭遇突发状况的紧急求助，重点在于"领事保护"，核心在于"应急"。事实证明，该应急呼叫服务中心已经在包括非洲在内的海外中国公民与祖国之间开辟了一条领事保护与服务的绿色通道。

3. 中国驻非使领馆的领事保护应急机制

中国驻非使领馆也设立了一些领事保护应急机制。例如，中国驻埃塞俄比亚使馆经商处要求在埃塞俄比亚的中国国企和大型民企上报应急预案。对没有上报预案的企业，使馆经商处予以通报。使馆要求预案内容包括紧急情况下的撤离路线，并指定专门负责人，各企业要将部门负责人的联系电话张贴在办公场所的墙上。使馆还专门为此到各企业进行检查，要求企业当场拿出应急预案，并查看消防通道、安全警示等。使馆本部与经商处都有应急预案。应急预案将可能出现的紧急情况分成几级，不同的情况会有不同的颜色标示。使馆领事部对于领事保护的应急处理也有相关文件。[2] 中国驻南非使领馆也建立了领事保护应急处理机制，一旦出现重大涉中国侨民安全事件，使领馆官员会在第一时间赶赴现场紧急处置。2012年2月，南非西北省伊帕拉矿区发生大规模群体性暴乱，6名中国侨民被困其中，生命、财产受到严重威胁。获悉相关消息后，使馆领事官员和警务联络官立即驱车上百公里赶到现场，紧急协调南警方帮助

---

[1] 《外交部"领保应急中心"全年无休帮助海外中国公民》，中国外交部中国领事服务网，http://cs.mfa.gov.cn/gyls/lsgz/ztzl/lsbhyfwyjzx/t1222755.shtml，最后访问日期：2017年3月24日。

[2] 夏莉萍：《中国涉非领事保护分析》，《西亚非洲》2013年第1期，第32页。

被困侨民安全撤离。事后，使馆领事参赞专程赴骚乱地区看望、慰问被打砸抢的店铺商家。①

4. 在非中资企业的安全应急机制

除了根据我国驻非使领馆的要求与其紧密联系建立领事保护应急机制之外，一些在非中资企业也根据自身的需要建立了安全应急机制。例如，蒙内铁路项目建立了有效的安全应急机制，开展了多项应急演练活动。中铁公司在刚果（金）开展基础设施建设项目时，根据当地情况，制定了蓝色、橙色和红色三个等级的应急预案。具体实施如下：在出现群体性事件时，公司会启动蓝色预警。在这种情况下，公司会多储备一些生活物资，根据事态严重程度一般准备一个星期或者一个月的物资，包括食物、水、汽油、柴油等，并保持通信畅通。在 2011 年 12 月刚果（金）大选后出现游行和骚乱等，有人威胁要进行破坏性活动，公司启动了橙色预警。在这种情况下，公司要求员工尽量不出门，在驻地坚守，同时储备足够的物资。在发生冲突或者更严重的安全问题时，公司会启动红色预警。②

二 我国涉非领事保护机制在实施中的主要问题及其改进

2011 年利比亚撤侨行动表明，我国涉非领事保护机制在实践中是行之有效的。但是从目前来看，我国涉非领事保护机制还存在需要进一步改进的地方。

（一）涉非领事保护任务繁重，需扩大领事保护队伍

事实上，领事保护任务重，但领事保护队伍规模小，这是我国领事保护中的一个普遍问题和基本现实。领事人员无疑是我国实施领事保护的主力，但据资料显示，目前，中国在全球的领事官员仅几百人，平均下来，我国每一位驻外使领馆领事官员要服务超过 19 万海外中国公民，这个数字是俄罗斯的 13 倍、日本的 15 倍，一些中国驻外使馆专门的领保官员甚至只有一个人。③

---

① 《驻南非使领馆华媒刊文 讲述领事服务背后的故事》，中国新闻网，最后访问日期：2017年 3 月 25 日。
② 裴广江：《在非中资企业如何应对安全风险》，《人民日报》2012 年 5 月 9 日。
③ 参见《外交部官员：1 名领事官服务超 19 万海外中国公民》，《南方都市报》2014 年 5 月 19 日。

我国外交部前部长李肇星曾经指出，到 2012 年，中国领事官员平均每人要服务约 18 万名海外公民，美国为 5000，日本为 1.2 万，俄罗斯是 1.3 万，英国为 2.9 万。① 外交部部长助理乐玉成对此也指出："我们所有驻外使领馆负责领事侨务的一共 600 多人，现在中国每年出境人数达 6000 万人次，平均每个驻外领事官员要给 10 万人提供可能的领保服务，也就是 1∶10 万，而这个数字美国是 1∶5000，日本是 1∶1.2 万"。② 虽然在上述资料中，中国领事官员平均每人服务海外中国公民的比例并不一致，但从这些数据中仍然可以发现，这个比例相对于其他国家而言实在过于悬殊。而且，这些还都是 2012 年前后的数据，当时中国每年出境人数约 6000 万人次，但 2015 年，这个数字已达到 1.28 亿人次，翻了一番，与之相伴的是我国涉外领事保护的任务更重了，2015 年出境的内地居民每万人次发案率达到 6.77 件，较 2014 年的 5.1 件和 2013 年的 4.25 件均有大幅上升。③ 在中国的领事官员不增加或增加不快的情况下，中国的领事保护的任务却越来越重，这种"小马拉大车"的情况势必将长期存在。

就涉非领事保护而言，如上所述，2015 年除非洲外各大洲发案率基本持平，但非洲地区发案率平均高于其他各洲 4 倍之多。由此可见，涉非领事保护任务相对于其他各洲更重，"小马拉大车"的局面更加严峻。

虽然上述"小马拉大车"的现象在短期内很难改变，但考虑到我国领事保护面临的严峻局面，适当增加我国领事官员的数量是必需的。为此，当务之急是加大外交部人员招募的力度。现行国家机关的人员招募主要是通过每年的国家公务员考试来进行的，外交部也不例外。长期以来，外交部的人员招募以高标准和严要求著称，其门槛之高可算是"难进"的一个主要因素，但外交部的人员招募之少也是"难进"的另一个主要因素。④

---

① 李肇星编著《说不尽的外交》，中信出版社，2014，第 273 页。
② 《乐玉成：国际形势风云激荡 中国外交乘风破浪》，中华人民共和国中央人民政府网站，http://www.gov.cn/gzdt/2011-12/18/content_2023381.htm，最后访问日期：2017 年 3 月 23 日。
③ 中华人民共和国外交部领事司：《2015 年中国境外领事保护与协助案件总体情况》，http://cs.mfa.gov.cn/gyls/lsgz/ztzl/ajztqk2014/t1360879.shtml，最后访问日期：2017 年 3 月 23 日。
④ 王涛：《新形势下加强中国领事保护机制的若干思考》，《理论观察》2012 年第 5 期，第 30 页。

作者对近 3 年来外交部每年的招录人数做了统计，其中 2015 年是 193 人，2016 年 204 人，2017 年 164 人，① 平均每年 187 人。除去涉及工程管理、财会等专业性较强的技术类人员，每年平均招收进外交部业务司的人只有 160 人左右，而这 160 人中能直接从事领事保护工作的最后就更少了。因此，为加强包括涉非领事保护在内的我国领事保护工作，一个现实路径是外交部适当扩大人员招募规模，为领事保护工作增加更多的人手。

（二）我国涉非领事保护机制需进一步细化与完善

首先，借鉴美国等发达国家的领事保护预防机制，细化、完善我国公民在包括非洲在内的其他国家或地区遭遇危险后的保护措施。有学者在 2008 年曾指出，我国的领事保护与美、日等发达国家相比，在事前预警方面仍有差距。例如，美国国务院就美国公民在国外遭绑架后如何应对提供了建议，如不要反抗，避免与绑架者目光对视，不要逞能自救救人，有尊严地提出改善条件的要求，等等。② 这些细化的建议对于提高被绑架者的生存概率显然是有帮助的，因此值得我国借鉴。但是，作者在《中国公民海外安全常识》、《海外中国公民文明指南》和《中国公民出境旅游文明行为指南》以及《中国领事保护和协助指南（2015 年版）》中，却找不到类似的建议。例如，《中国公民海外安全常识》为中国公民在海外应对袭击（偷盗、抢劫、行凶、人身侵害）等提供了建议，如在公共场所遭遇袭击，要大声呼救，喝阻坏人；在偏僻地方遭遇袭击，切记保命为重，避免为保全身外之物而遭受人身伤害；记住不法分子、相关交通工具及周围环境的特征，尽快报案，还要向中国驻当地使领馆反映情况，便于使领馆及时向当地政府提出交涉；及时与家人、朋友联系，告知案情，以避免家人、朋友因信息不畅被不法分子借机欺骗、敲诈。这些建议固然可取，但仍可细化，对此美国国务院的建议值得借鉴。近年来，网络媒体经常有中国公民在非洲被绑架的新闻，如 2016 年 7 月一浙江桐庐商人在尼日利亚遭绑架，③

---

① 中华人民共和国外交部网站，http://www.fmprc.gov.cn/wjb/web_search.jsp?siteid=5243&sitename=www_chn&sw=%E5%BD%95%E7%94%A8，最后访问日期：2017 年 3 月 25 日。
② 方伟：《中国公民在非洲的安全与领事保护问题》，《浙江师范大学学报》（社会科学版）2008 年第 5 期，第 47 页。
③ 《太惊险！桐庐商人在非洲被绑架！眼睛差点就……》，http://mt.sohu.com/20161221/n476569979.shtml，最后访问日期：2017 年 3 月 2 日。

2015年10月一中资企业员工在安哥拉遭绑架,① 2015年5月一广州居民在莫桑比克遭绑架等,② 为此,我国外交部在《中国公民海外安全常识》等文件中可细化中国公民遭绑架后的具体应对措施。

其次,实现涉非信息沟通和情报共享,建立健全涉非安全风险预警机制。如上所述,目前,我国外交部、公安部、安全部、商务部等部门及驻外使领馆等驻外机构建立了信息收集与报送制度。在此基础上,根据非洲国家的特殊情况和需要,我国上述机构可进一步与在非中资企业、商会和非洲当地的相关机构建立信息沟通和情报共享机制。例如,2017年1月,我国驻乌干达使馆经商参处和乌干达中资企业商会对在乌干达的中资企业共同发布了《关于建立信息报告制度的通知》,要求在乌中资企业建立联络员制度和突发事件报告机制,以做好对各类突发事件的防范、预警和处置工作。③ 中国驻肯尼亚使馆与蒙内铁路项目、肯尼亚警察总部、肯尼亚中央情报局、肯中经贸协会、肯尼亚华人华侨联合会、中国驻肯媒体等机构建立了信息沟通和情报共享机制,保证项目能够及时获取相关情报信息,做到有效预防。④ 这种我国在非使领馆与中资企业、在非中国商会与其他社会组织以及非洲国家相关机构之间的信息沟通与共享机制,极大地促进了我国涉非安全风险预警机制的良好运行,值得在其他非洲国家和地区推广。

复次,加大对在非中资企业与中国公民以及非洲当地社区与民众的宣传。鉴于在非中资企业与中国公民对非洲当地法律法规不了解,在非安全风险在一定程度上是由我国在非企业或公民自身的违法违规行为造成的这一事实,我国在非使领馆与企业应当对在非中国公民做好非洲当地法律法规、风俗习惯的宣传教育工作。此外,中资企业还应加大对自身的宣传,让非洲当地社区和民众对其加深了解,认识到其运营为当地所带来的实实

---

① 《南充小伙闯荡非洲 大白天在工地竟遭9名劫匪绑架》,http://sichuan.scol.com.cn/ncxw/201609/55650225.html,最后访问日期:2017年3月2日。
② 《中国公民非洲遭绑架 被迫为奴7个月》,http://www.nanfei8.com/huarenzixun/huarenzixun/2016-01-08/25538.html,最后访问日期:2017年3月2日。
③ 中华人民共和国商务部:《关于建立信息报告制度的通知》,http://www.mofcom.gov.cn/article/i/jyjl/k/201701/20170102501363.shtml,最后访问日期:2017年3月4日。
④ 《在非中资企业如何做好公共安全?且看中国路桥怎么做》,参见中国日报中文网,http://world.chinadaily.com.cn/2016-02/19/content_23555649.htm,最后访问日期:2017年3月4日。

在在的利益。这些宣传,有利于改善中资企业与中国公民在非洲当地的生产生活环境,从而防范各种安全风险。

再次,我国驻非使领馆、商会、保安公司等机构可积极利用现代信息技术,建立微信群、QQ群等信息平台,及时将有关信息推送给在非中资企业与中国公民。例如,华威雷德保安公司将在未来建立面向非洲的安保服务综合信息平台,向在非洲的侨胞提供安全信息服务、安全咨询、风险评估及各类安保服务。另外,华威未来将派出更多保安力量为中资企业提供安保服务,并计划在南非建立一个安保培训基地,招聘当地保安进行军事技能训练。[1]

最后,在包括涉非领事保护在内的应急机制的完善上,我国要充分利用现有工作机制,加强部门间的协作配合,如充分利用境外中国公民和机构安全保护工作部际联席会议制度和驻外使领馆牵头、其他驻外机构配合的我国境外人员和机构安全保护应急协调处理机制,进一步加强外交部、公安部、安全部、财政部、交通部、商务部等部门之间的沟通、交流与协作,重点对境外领事保护、境外企业和项目管理、应急资金支持、交通运输、医疗救护、保险保障等工作进行协调,建立健全安全防范和应急处置工作机制,共同做好包括在非等境外中资企业、机构与人员安全保护工作。驻非使领馆要加大对外交涉力度,做好非洲当地军队、内务、警察等部门的工作,争取其为我国在非当地的中资企业、机构与人员安全保护工作提供更多帮助。驻非使领馆要与在非中资企业、机构及援建、承包、劳务企业加强联系,保持信息畅通。在发生突发事件时,除按照有关应急预案的规定做好事发现场先期处置等工作外,驻非使领馆应积极协助我国在非中资企业、机构与人员在遭受突发安全侵害后向所在的非洲国家索赔,争取合理赔偿。

第四节 中非产能合作中领事保护机制的构建

我国《产能合作指导意见》提出了通过做好外交服务工作和领事保护工作来保障国际产能合作的要求。中非产能合作当然也离不开领事保护工作。为此,上节分别探讨了目前我国有关涉非领事保护机制的立法与实践

---

[1] 王欲然:《中国首家海外安保公司在南非 为中企保驾护航》,《环球时报》2016年1月23日。

的基本现状,指出了其中的一些问题,并提出了改进建议。根据这些建议,就中非产能合作而言,可从以下几方面构建好领事保护机制,以利其顺利开展。

一 推动我国领事保护立法,让我国涉非领事保护有国内法依托

制定专门的《领事保护法》是我国构建完善领事保护机制的基础。近年来我国领事保护案件总量和发案率都呈现快速升高趋势,这种"量率齐升、增幅扩大"的态势表明,当前中国公民"走出去"面临的海外安全形势仍然复杂、严峻,且呈现常态化、长期化趋势。而从发案率看,非洲地区远远高于其他四大洲。因此,涉非领事保护的任务尤其艰巨。但由于缺乏《领事保护法》,我国的涉非领事保护实际上长期处于无专门立法可依的状态。为此,可以根据我国领事保护的具体实际情况和需要,在立法理念、立法范围、立法内容等方面借鉴美日等发达国家的立法经验,加快推进我国《领事保护法》的立法工作,对我国领事保护相关内容作出具体明确的规定,统一我国的领事保护工作。《领事保护法》的制定和出台,将有利于我国在非开展领事保护工作,在很大程度上保障包括在非产能合作在内的中非经贸投资活动的顺利进行。

二 推进与中非产能合作国家领事条约机制与网络的建设

如上所述,我国迄今只与突尼斯和尼日利亚两个非洲国家签有领事条约或协定,且已经生效的只有与突尼斯一国的领事条约,然而目前与中国建立有外交关系的非洲国家达到53个,因此我国与非洲国家的领事条约的数量实在太少。当前,非洲安全形势依然紧张,在发生安全状况时,中非领事条约可以为中方采取相应的领事保护措施提供正式的国际法依据。因此,中非间有必要加快领事条约的谈判、签署与生效工作,中国有必要构建一个由众多非洲国家,特别是那些中非产能合作重点国家及其他与中国经贸投资关系密切的非洲国家参与的中非领事条约机制和网络。

三 创新现有领事保护机制,加大宣传教育力度

2011年利比亚撤侨和2015年的也门、尼泊尔撤侨等行动表明,我国境外中国公民和机构安全保护工作部际联席会议制度对保护境外中国公民

和机构发挥了巨大的作用。事实证明，该机制有利于提高应急处置效率和从根源上解决发生在境外、源头在国内的重大问题。与此同时，该机制根据形势变化和需要，正在不断创新。例如，根据该机制，已经衍生出18个省级跨部门协调机制，其旨在促进地方对在境外的本地公民和机构的安全保护工作。同时，部际联席会议也开始将企业、驻外使领馆等纳入机制参与方。就中非产能合作而言，将中国驻中非产能合作重点国家的使领馆和主要中资企业纳入该机制，有利于为在该国的中资企业提供更好的保障，从而促进中非产能合作的开展。

对在非中资企业与中国公民以及非洲当地社区与民众要加大宣传力度。中资企业是开展中非产能合作的主体，但一方面，中资企业总体上不善于宣传和推销自己，非洲当地社区及民众对其不了解甚至有误解；另一方面，中资企业及其员工往往对非洲当地法律法规不了解、不熟悉，因而有可能产生违法违规现象。这两方面都加剧了中资企业和中国公民在非洲的安全风险。对此，中资企业要加大对自身的宣传力度，通过履行社会责任、从事公益事业、开展本地化经营等方式，改善非洲当地社区和民众对其的看法，树立良好企业形象；同时，我国在非使领馆与企业也要做好非洲当地法律法规的收集整理工作，对中企员工做好遵守当地法律政策和风俗习惯的宣传教育工作。

此外，我国驻非使领馆、商会、保安公司等机构可积极利用现代信息技术，建立微信群、QQ群等信息平台，及时将有关安全信息推送给在非中资企业与中国公民。

四　健全与非洲国家、中资企业的安全联防、信息交流与共享机制

目前，为了对中国在非公民和企业进行有效领事保护，中国驻非使领馆已经与一些非洲国家的司法部、内政部和警方保持联系，在一些国家成立了中非警民联防机制或安全联席会议机制，此外，中国驻非使领馆还和非洲国家的一些部门和中资企业建立了信息交流与共享机制。在中非产能合作背景下，中国驻各产能合作非洲国家的使领馆，可以参照上述机制建设的成功案例，在充分互商互谅的基础上，推进与非洲国家当地相关政府机构、中资企业建立适合当地实际情况和需要的领事保护预防机制。而且，这种预防机制的构建是灵活的，在中非领事条约商签之前就可以建立起来。

五 在非中资企业建立和完善内部安全防范与应急处置机制

首先，在安全问题突出的非洲国家和地区开展产能合作的中资企业，特别是承担重大援建项目和投资、承包工程、劳务等对外经济合作项目建设任务的企业，要建立安全工作机制和应急处置机制，制定安全防范措施和应急预案，做到机制完善、职责明确、措施到位。境外中资企业和机构要在工作、生活区域配备必要的安全保卫设施，雇用有防护能力的当地保安，必要时聘请武装军警，增强防护能力。

其次，中资企业除了要做好在非产能合作项目的商业评估外，还要对项目所在的非洲国家和地区的安全状况进行风险评估，根据不同的安全风险，相应制定分类管理的安保措施，并把安全防护费用计入成本。中资企业要逐步推行符合国际惯例的合同条款，把安全保障条款纳入安全问题突出的非洲国家和地区的项目协议或合同之中，把安全投入成本纳入承包项目预算。中资企业必须为在非员工购买境外人身意外伤害、职业暴露等保险，提高境外人员和机构的抗风险能力。

最后，在非中资企业应妥善处理与当地社区与民众的利益关系，积极开展本地化经营。在开展产能合作过程中，中资企业要充分考虑非洲国家及其所在社区与居民的利益，包括与被雇用者的利益关系，避免引发商业纠纷，尤其要防止陷入当地利益冲突。要加强与所在国家（地区）政府有关部门、社会团体及其他相关方面的联系与沟通，广泛争取理解和支持，增进友谊，避免或减少矛盾，以便在突发危险时能得到及时保护和救助。要着眼于企业长远发展，在安全问题突出的国家和地区推进项目本地化经营，合理确定中方人员比。

第六章　中非产能合作与争议解决机制

根据《产能合作指导意见》，国际产能合作将采用贸易、投资、工程建设、技术合作、技术援助等多种方式。在中非开展产能合作过程中，双方在这些领域和普通民商事领域都可能发生争议。与单纯的国内争议相比，这些争议具有涉外因素，在很多情况下涉及案件的管辖权、法律适用和判决或裁决的承认与执行等问题，解决起来更为复杂和困难。除了传统的诉讼方式，目前国际上解决这些争议的还有非诉讼方式，如谈判、协商、调解和仲裁等。诉讼因其程序烦琐、耗时较长和费用较高等缺点，一般不被作为解决上述争议的理想方式；而仲裁则因其中立、经济、快速和可执行性等优点，被普遍认为是解决上述争议的首选方式。除了仲裁，调解也因其灵活、经济、快速等优点，历来受到重视与适用。本章主要探讨诉讼外纠纷解决方式中的仲裁和调解两种方式，主要涉及三方面问题：一是中非BITs中争议解决条款的改进；二是中非联合仲裁机制与非洲仲裁环境的改善等；三是利用调解方式解决中非产能合作中的民商事争议。最后，本章将就如何构建中非产能合作中的争议解决机制提出一些建议。

第一节　中非BITs中的争议解决条款

一　中非BITs中争议解决条款的类型

对于中非间投资纠纷的解决，中非BITs作为保障中国对非投资的最重要国际法文件，其争议解决条款应发挥举足轻重的作用。

如上所述，中国与非洲各国目前有18份已生效的BITs。在这18份已生效的中非BITs中，友好协商、当地救济和仲裁是三种主要的争议解决途径。这18份条约中的绝大多数规定：友好协商是缔约方与另一方投资者间解决争议的首要选择；[①] 在六个月期限内通过协商不能解决争议时，

[①] 除了中国与加纳间的BIT没有规定友好协商这一方式外，其他17个条约都将友好协商作为解决缔约国一方和缔约国另一方投资者之间投资争议的首选方式。

当事任何一方可以直接将争议提交接受投资的缔约方有管辖权的法院，也可以选择法院或仲裁机构来解决争议。在中非 BITs 的争议解决条款中，仲裁主要分为专设仲裁庭和"解决投资争议国际中心"（ICSID）仲裁两种，后者存在于中国与加蓬、摩洛哥、埃及、埃塞俄比亚、坦桑尼亚、赤道几内亚、马达加斯加、刚果（布）等 BITs 之中，但只是简单提及而没有具体规定。对于专设仲裁庭，中非 BITs 主要针对涉及征收补偿额的争议，具体规定了仲裁庭的组成、仲裁庭适用程序、仲裁原则及效力、仲裁费用等，内容比较完善，具有较强的适应性。

按照投资争议主体的不同，中非 BITs 的争议解决条款主要可以分为两类：中非缔约双方间的争议解决条款和缔约一方与另一方投资者间的争议解决条款。

（一）中非缔约双方间的争议解决条款

中非缔约双方间的争议解决条款的主体限定于两个国家之间。主要有三种解决途径。

1. 外交方式

通过对比 18 份生效的中非 BITs 中的缔约双方争议解决条款，发现这 18 份生效的 BITs 无一例外都规定缔约双方争议解决的首要途径是外交方式。在国际法中，国际争议解决方式主要分为强制性方法和非强制性方法，强制性方法主要有战争、干涉、反报等，非强制性方法主要有谈判和协商、斡旋与调停、调查与和解等，而外交方法大多通过谈判和协商这些方式体现，形式比较自由，内容浅显易懂，在保持双方独立性的同时能够最大限度地节省彼此的时间和成本。

2. 混合委员会

由双方代表组成的混合委员会是缔约双方争议解决的少有途径。通过研究 18 份生效的中非 BITs，笔者发现仅在中国—摩洛哥与中国—加蓬的 BITs 中有混合委员会这种争议解决方式。混合委员会是上承外交途径、下启仲裁途径的过渡方式，在条约中仅规定混合委员会必须由双方代表构成，并且应毫不迟延地召开，对于其他内容则未作详细规定。[①] 从内容上

[①] 如中国与加蓬间的 BIT 第 9 条"缔约方之间争端解决"规定："一、缔约双方对本协定的解释或适用所产生的争端应尽可能通过外交途径解决。二、如上述途径不能解决，则应缔约任何一方的请求，争端应提交由缔约双方代表组成的混委会，混委会应不迟延地召开会议……"

看，其很难发挥实质作用。

3. 仲裁

仲裁是缔约双方争议解决的最普遍途径。一般来说，在约定的期限内无法通过外交途径解决争议便采用仲裁程序。根据18份生效的中非BITs中有关仲裁的规定，将仲裁庭的选择分为专设仲裁庭和国际仲裁庭两种。并且对仲裁庭的组成、仲裁庭适用程序、仲裁原则及效力、仲裁费用等都做出了较为详细的规定，这对于缔约双方来说，不仅可以清楚地知道自己的权利和义务，也可以有效地维护自身利益。

（二）缔约一方与另一方投资者间的争议解决条款

缔约一方与另一方投资者间的争议解决条款的主体比较特殊，一方是拥有独立主权的国家，另一方则是另一国的自然人、法人或其他经济组织。主要有三种解决途径。

1. 友好协商

通过研究18份生效的中非BITs，可以发现每个条约内均规定友好协商是缔约一方与另一方投资者间解决争议的首要选择。友好协商是国际争议解决非强制性方式中的一种，采用这种方式解决争议，一来是对当事双方的尊重，二来比较灵活易变通，双方可以按照自身情况及事情的发展状况随时调整。当然这种途径的适用并不是无止境的，一般规定在六个月内无法协商解决的便可通过东道国法院处理。

2. 东道国救济

向东道国法院或行政机构申诉是中非投资争议解决的普遍途径。18份生效的中非BITs争议解决条款中均规定，在六个月期限内通过协商不能解决争议时，当事任何一方有权将争议提交投资的缔约一方有管辖权的法院。但是，中非BITs对此途径的规定往往非常简略，对于如何适用、法院裁判程序及条件等都没有规定，在实际适用中会产生很大的灵活性。

3. 仲裁

仲裁是缔约一方与另一方投资者间争议解决使用频率最高的途径。在中非BITs争议解决条款中，仲裁分为专设仲裁庭和"解决投资争议国际中心"（ICSID）仲裁两种。专设仲裁庭只针对涉及征收补偿额的争议，具体规定了仲裁庭的组成、仲裁庭适用程序、仲裁原则及效力、仲裁费用等，内容比较完善，具有较强的适应性；对ICSID仲裁的规定主要存在于与加蓬、摩洛哥、埃及、埃塞俄比亚、坦桑尼亚、赤道几内亚、马达加斯加、刚果（布）等国的BITs之中，但只是简单提及，没有具体规定。值得指出的是，BITs下的专设仲裁和ICSID仲裁虽然都具有仲裁的灵活性、中立性和独立性等特征，其裁决也都可能需要国外的承认与执行，但二者也有不小的区别。

一方面是管辖范围不同。作为BITs下的专设仲裁庭，需要符合BITs中关于仲裁的规定，且如果该非洲国家与中国没有签订BIT，则无法适用专设仲裁庭。如上所述，中非间已签订且生效的BITs只有18个，与中国没有BITs的非洲国家仍高达20多个，其中包括当前中非产能合作布局中的一些重点国家，如利比里亚、莫桑比克和安哥拉等，中国企业与这些非洲国家间的投资争议不能通过BITs下的专设仲裁来解决。ICSID则不然。在ICSID仲裁中，争议双方只需要满足《华盛顿公约》中的三个条件且没有排斥仲裁的规定，就可以适用。① 中国是《华盛顿公约》的缔约国，大部分非洲国家也是，② 如上述莫桑比克、利比里亚都是该公约的缔约国。因此，即使没有BITs，只要争议当事方同意仍可将争议提交ICSID仲裁，因此ICSID下的仲裁机制比BITs下的专设仲裁庭有着更为广泛的管辖范围。

另一方面是仲裁程序的差异。首先，在成员组成和规则确定上，专设仲裁庭有着更多的灵活性，争议双方可以自由决定；而ICSID仲裁机制具有独立、完善的成员组成和仲裁规则，并且排斥其他仲裁规则的适用。其次，专设仲裁庭的仲裁速度快于ICSID的仲裁庭，仲裁庭组成人员中双方的仲裁代表熟悉仲裁两国的国内法，也有利于最终的执行；ICSID仲裁机

---

① 《华盛顿公约》第25条第1款规定"中心的管辖适用于缔约国（或缔约国指派到中心的该国任何组成部分或机构）和另一缔约国国民之间因投资而产生的任何法律争议，而该争议经双方书面同意提交中心"。由此，"中心"管辖权的必备条件主要有三个：第一，争端性质适格，即直接因投资而产生的法律争端；第二，争端当事人适格，即争端当事方应分别是《华盛顿公约》缔约国和另一缔约国国民；第三，争端当事方书面同意将争端提交"中心"管辖。

② 目前，非洲有44国是《华盛顿公约》的缔约国，不是缔约国的主要有南非、纳米比亚、利比亚、几内亚比绍、几内亚、赤道几内亚、吉布提、厄立特里亚、安哥拉和埃塞俄比亚这10国。其中，埃塞俄比亚、几内亚比绍、纳米比亚都曾签署该公约，但迄今未交存批准书。具体请参见ICSID官网"Database of ICSID Member States"，https://icsid.worldbank.org/en/Pages/about/Database-of-Member-States.aspx，最后访问日期：2017年2月3日。

制下，由于存在裁决撤销制度，仲裁裁决经特别委员会撤销后，将会暂停执行或是重新仲裁，其仲裁效率是让位于公平的，导致其在实践中仲裁速度不如 BITs 中的专设仲裁庭。① 最后，BITs 下的专设仲裁庭有着高于 ICSID 仲裁庭的透明度。专设仲裁庭在投资争端双方当事人参与的情况下进行仲裁，而在 ICSID 中，争端双方将案件交予 ICSID 后，仲裁庭进行的是秘密评议，未经双方当事人同意裁决不会公布。

二 中非 BITs 中争议解决条款的主要问题与成因

（一）缔约双方间的争议解决条款存在的主要问题

缔约双方间的争议解决条款在中非 BITs 中一般占据七个款项的篇幅。通过研究 18 份生效的中非 BITs 中的相关内容，可将其存在的问题归纳为三个方面。

1. 争议解决方式问题

对于争议解决方式，条约中一般规定了三种途径：外交、混合委员会、仲裁。首先，关于外交途径在条约中均以"点水式"的方式呈现；其次，混合委员会仅在中国与摩洛哥、加蓬两个条约中适用，这都反映了争议解决方式单一的问题。近年来，中国与非洲国家经济贸易的往来愈加密切，双边投资交易量也逐年上升，民商事争议开始不断涌现，虽然涉案金额不算巨大，但在各领域都有不断扩大趋势。由此看来仅凭这三种途径解决问题还不够。

2. 仲裁规则适用问题

关于仲裁规则适用问题，18 份生效的中非 BITs 的缔约双方争议解决条款中有 17 份规定"仲裁庭应自行制定其程序"，仅在中国—毛里求斯的条约中提及"仲裁庭应参考 1965 年 3 月 18 日在华盛顿制定的《关于解决国家和他国国民之间投资争议公约》自行确定仲裁程序"。通过对比发现，中非 BITs 的规定过于简略，给予仲裁庭过多的自由决定权力，这一方面不利于确定一个统一化的标准，容易出现同个性质的事件在不同国家的仲裁庭却适用不同的规则，导致结果的不同性；另一方面规定的任意性对于保持国家主体的平等性也会造成一定的冲击。

---

① 吕东锋、曾加：《ICSID 仲裁裁决撤销制度的反思——基于仲裁效率价值的思考》，《东华理工大学学报》（社会科学版）2009 年第 3 期。

3. 仲裁适用法律问题

在仲裁适用法律问题上，在 18 份生效的中非 BITs 中，中国—摩洛哥的条约规定"应在本协定的规定和国际法的规则和原则的基础上作出裁决"，中国与毛里求斯、尼日利亚的两份条约中未对仲裁适应法律作出具体或者提示性规定，其余 15 份生效的条约均规定"应依照本协定的规定和缔约双方均承认的国际法原则做出裁决"。这样的规定存在三方面缺陷：第一，仲裁适用法律的不一致性，容易导致有些争议解决于理无据，也会增加同一性质事件但却标准多样化的概率；第二，无论是国际法规则还是原则，其所包含的内容都是非常广泛的，没有划定具体的适用范围，易出现规则及原则的乱用、错用等；第三，仲裁员选择适用规则的不确定性会激发新的矛盾点，让争议演化得愈加复杂。

（二）缔约一方与另一方投资者间的争议解决条款存在的问题

缔约一方与另一方投资者间的争议解决条款在中非 BITs 中一般占据八个款项的篇幅，通过研究 18 份生效的中非 BITs 中的相关内容，可将其存在的问题归纳为三个方面。

1. 当地救济问题

对于当地救济，一般分为两个方面内容：接受投资的缔约一方有管辖权的法院和东道国的行政机构申诉。从国际法角度来讲，这是国际争议解决中经常作为首选的途径。通过研究 18 份生效的中非 BITs 发现，中国—苏丹条约中规定争议如若诉至当地法院则不能再申请仲裁；中国—刚果（布）条约中规定"用尽当地救济"必须作为申请仲裁的前决条件；中国—喀麦隆条约则没有对当地救济问题作出详细的规定，其余条约均将其作为在六个月规定期限内无法通过友好协商解决争议时的后续解决手段。结合非洲这个特殊的投资地域，可以发现存在四个问题：第一，中非双边投资争议往往与东道国牵涉利益，"用尽当地救济"往往不能很好发挥东道国的中立作用，对其合理性、合法性、公平性存在质疑；第二，争议的另一方当事人往往对东道国的法律法规不太熟悉，不利于争议过程的迅速推进；第三，判决往往缺乏可执行性；第四，大多数条约并未对东道国的行政机构申诉做出详尽规定，内涵模糊，不利于程序发挥实质作用。

2. 仲裁适用范围问题

关于仲裁适用范围问题，通过对比 18 份生效的中非 BITs 中的相关内容,可将存在问题总结为三点。首先,以中国与佛得角、加蓬、埃及等条约为例,它们均规定只有涉及征收补偿额的相关争议才可提交仲裁庭解决。然而近年来政局动荡,战火连连,非洲并不是一片稳定的投资"天堂"。隐藏的政治风险和法律风险不断涌现,不仅存在征收补偿额的争议,诸如待遇、转移等都存在争议。① 其次,时间限定问题。每份条约均规定只有在六个月的期限内无法通过协商解决争议时才可以启动仲裁程序,这样的规定可能会导致争议无法及时有效得到解决,拖延案件进度,不利于调查事实真相和收集证据。最后,有些条约并没有规定仲裁的适用,在双方协商无果时只能启动接受投资的缔约一方有管辖权的法院处理,这在实践中不利于创造和平稳定的投资环境。

3. 仲裁法律依据问题

在仲裁法律依据问题上,除了中国—毛里求斯条约未作具体规定、中国—坦桑尼亚条约关于仲裁所做规定较详细外,剩余的16份条约均以列举的方式规定"仲裁庭应根据接受投资缔约国一方的法律(包括其冲突法规则)、本协定的规定以及缔约国双方均接受的普遍承认的国际法原则作出裁判"。这里面存在一个适用顺序选择问题,不同的适用顺序往往决定了不同的效力等级,因此结果往往截然不同。针对分析法律规范的效力等级问题是要解决当主体面对相冲突的法律义务时,哪一项法律规范下的义务具有优先适用性,并可以作为免除违反另一法律义务责任的合法依据。由于仲裁法律依据对仲裁结果有着决定性的作用,因此需要将依据内容确定化,避免新的矛盾点增生。

(三) 中非BITs中争议解决条款问题的成因

虽然根据不同的投资争议主体,可将中非BITs中的争议解决条款分为中非缔约双方间的争议解决条款和缔约一方与另一方投资者间的争议解决条款两种类型,但对于条约中存在上述缺陷的原因,两种类型条款却存在共同之处,大致可以归纳为四个方面。

第一,中非投资关系的不平衡。在两者关系之中,非洲国家基本上是中国商品与投资的接受者,与此相对应,中非经贸投资领域争议的解决也具有不平衡性,即主要在非洲国家的法院或仲裁机构解决这些争议。这种

---

① 周成新编著《国际投资争议的解决方法》,中国政法大学出版社,1999,第86页。

不平衡性容易导致条约规定的不合理、不公平,使争议解决依据失去可信度与执行力。

第二,与 BITs 国际发展趋势的脱轨化。在上文中介绍了 BITs 的一些发展趋势,如引入可持续发展、企业社会责任、环保、劳工保护等内容。中非 BITs 也应参考 BITs 的国际发展趋势,结合非洲国家的需要,增加相应的内容。

第三,对仲裁这一争议解决途径的不重视。相对于诉讼,仲裁因其中立、机动、经济、高效和可执行性强等优点,越来越受到包括中国在内的世界各国企业的青睐,是解决中非产能合作纠纷的重要方式。然而,一直以来,非洲国家都不被国际社会看作理想的仲裁地,这不仅为非洲国家吸引国际贸易和投资带来不利影响,更为中非 BITs 中争议解决条款的缺陷埋下了伏笔。

第四,中非 BITs 签订的不成熟性。虽然中国与非洲多国的友情历史基础深厚,20 世纪 60 年代就和埃及、几内亚等非洲国家建交,但直到 1989 年中国才与加纳签署中非间第一个 BIT。另外,在我国,专家学者着力于研究国际投资争议解决机制问题始于 1978 年改革开放后,20 世纪 80 年代初我国刚刚开始引进外商直接投资,外商投资规模很小,很多人对于国际投资争议解决手段并不是很了解,再加上当时我国参与国际投资立法的机会不多,学者们对很多制度并没有深入研究。中非 BITs 中 60% 属于第一代、第二代的 BITs,这表明在当时双方条约的签订具有不成熟性。

三 中非 BITs 中争议解决条款的改进

(一) 缔约双方间争议解决条款的改进

1. 仲裁方式的多样化

纵观 18 份生效的中非 BITs,关于缔约双方间争议解决条款的设计过于简单,考虑的内容不够全面仔细。例如,对于中非 BITs 中规定的仲裁方式基本上只有一种,不是专设仲裁庭仲裁就是 ICSID 仲裁。笔者深入探究发现,这种情况的出现有一定的历史原因。仲裁内容是根据中非 BITs 谈判时候的情况规定的,而在谈判阶段,缔约国有的已经属于 ICSID 成员国,有的还未加入 ICSID,由于存在的 BIT 有效期一般为十年,在这十年间,因为某种特殊原因,原先的 ICSID 的缔约国可能会退出《华盛顿公约》，也有的国家会加入 ICSID，原先简化单一的仲裁方式不再适用争议的解决，原先设想的救济不能有效维护缔约国的利益。对于中非 BITs 中规定的仲裁方式单一的问题，笔者建议可以在其中增加设立仲裁庭（包括专设和国际两种类型）或者经争议双方同意的任何仲裁机构等多种方式。

2. 仲裁规则和程序的完善

针对"仲裁庭应自行制定其程序"这一规定，可以制定统一的仲裁规则和程序，或提供可供选择或参照的国际仲裁规则，为完善仲裁规则和程序提供可资借鉴的内容。具体的裁判设置和效力也必须有统一的规定。例如，对于仲裁庭的裁决，可规定：以多数票做出，裁决终局，约束缔约双方。应缔约任何一方的请求，专设仲裁庭或者其他规定的仲裁庭应说明其做出裁决的理由。对于仲裁费用，可规定：缔约双方应负担各自委派的仲裁员和出席仲裁程序的有关费用。首席仲裁员和专设仲裁庭的相关费用应让缔约双方平均负担。各自委派的仲裁员及首席仲裁员选取程序等相关内容也应进一步得到明确。

3. 仲裁法律适用范围的明确和扩大

BITs 作为争议解决的基础协定，具有当然的适用性。结合 BITs 内的具体规定：仲裁法律适用范围主要包括协定的规定和国际法的规则及原则。这样的规定一来内容过于局限，二来不确定，因此，双方共同参加的国际条约、普遍认可的习惯国际法规则、双方在平等自由基础上认同或参加的条约协定等都可以纳入仲裁的法律适用范围之内，因为这些法律内容均属于缔约双方的选择范畴，可以为解决缔约双方的争议提供全面、翔实的法律依据。

（二）缔约一方与另一方投资者间争议解决条款的改进

1. "东道国救济"原则的灵活运用

中非 BITs 中，有的条约规定争议如若诉诸当地法院则不能再申请仲裁，有的条约规定"用尽当地救济"必须作为申请仲裁的先决条件，有的条约则没有对当地救济问题作出详细的规定，还有的将其作为在六个月规定期限内无法通过友好协商解决争议时的后续解决手段。由于非洲各国法制背景的差异性，这样的规定未免过于死板固执。对于"东道国救济"原则应该秉持一种更为灵活的态度，将"东道国救济"设置为一种可选择的条款规定，"将用尽当地救济规则作为排除仲裁的选择性条件更为合理，而不宜作为必须的前置条件"。① 这样可以减少投资者对东道国的实体法、程序法不了解的不公平性及不合理性，同时可以为投资国因非洲环境的多变性、法律的不稳定性的风险规避提供自主选择权。

2. 可仲裁解决的争议范围的扩大

在中非 BITs 的争议解决条款中，往往规定涉及征收补偿额的争议才可以提交仲裁，以及只有在六个月期限内无法通过协商解决争议时才可以启动仲裁程序，这两点明显不合理。随着经济全球化以及贸易的大发展，中国对非投资次数和规模都不断扩大，双方的争议出现频率也呈现上升趋势。不光是征收补偿额方面的争议，公平待遇、移转等方面的争议也迭出不穷，因此扩大可仲裁解决的争议具有现实必要性，可以给其余争议的解决多一个可供选择的解决之道。针对六个月的期限规定，也应给予更多的自主灵活度，比如只要在双方一致同意的情况下，可以不受期限限制，随时采取仲裁解决争议。这样一方面便利争议能够得到及时解决，有效维护当事方的利益；另一方面避免投资争议政治化，带来不必要的政治矛盾。

3. 仲裁裁决法律依据效力的明确

就仲裁裁决的法律依据而言，效力等级不明确一直备受关注，而 ICSID 公约第 42 条则具体规定了仲裁可适用的法律规则。ICSID 在仲裁实践中，缔约国一国的国内法、投资条约和普遍的国际法规则同等适用。这样的规定存在可资借鉴的价值，能在一定程度上避免法律义务责任滋生、法律优先适用问题。

此外，对于缔约一方与另一方投资者间的争议解决条款的改进建议，还存在许多可供补充的地方。比如，不同投资者对于同一或类似投资争议在同一东道国政府提起的仲裁可以进行合并审理，这样可以节约资源成本，还可以推进案件的进度；在仲裁庭之中还可以设立第三方（中立方）发表证言，既可以增加证据证言的可信度，也可以增加仲裁的透明度。

综上，中非 BITs 中的争议解决条款是有效解决中非产能合作争议、保护中非双方利益的重要方式。本节将中国与非洲国家之间已生效的 18 份 BITs 进行查询、筛选及排序，并将其中的争议解决条款部分抽检出来，重点围绕"中非 BITs 中争议解决条款的问题、成因与对策"展开研究。笔者发现两种类型的争议解决条款分别在争议解决方式、仲裁规则适用、

---

① 黄培：《中非 BITs 中的投资争议解决机制》，上海交通大学硕士学位论文，2012，第 17 页。

仲裁适用法律和当地救济、仲裁适用范围、仲裁法律依据等方面存在问题。这些问题的成因，主要有四个方面：中非产能合作关系的不平衡，与欧美国家缔结的BITs内容的脱轨化，中非BITs签订的不成熟，中非对仲裁这一争议解决途径的不重视等。关于对策，笔者提出对中非缔约双方间的争议解决条款采取多样化仲裁方式、完善仲裁规则和程序、明确和扩大仲裁法律适用范围的措施，对缔约一方与另一方投资者间的争议解决条款采取灵活运用"东道国救济"原则、扩大可仲裁解决的争议范围、明确仲裁裁决的法律依据效力的措施。

第二节　中非产能合作争议解决的仲裁方式

在开展中非产能合作中，除了投资争议，还可能在工程建设、设备供应、技术合作、技术援助等方面和普通的民商事领域产生争议，如合同争议、侵权纠纷、劳资争议、知识产权争议等。近年来，随着中非经贸关系的发展，中非民商事争议不断出现，虽然争议涉及国家不多、金额较少，但案件数量较多，且争议领域有扩大之势，能否及时有效解决这些争议，对中非开展产能合作具有重要的现实意义。但中非产能合作关系具有不平衡性，与此相应，中非间的民商事争议与中非间投资争议一样，其解决也具有不平衡性，即主要在非洲国家的法院或仲裁机构通过诉讼或仲裁方式解决。相对于诉讼，仲裁因其中立、保密、灵活、快速和可执行性强等优点，越来越受到包括中国在内的各国企业的青睐，成为其解决国际投资争议的首选方式。就中非产能合作中的争议解决而言，无论是投资争议，还是工程建设、设备供应、技术合作、技术援助等方面以及普通民商事领域的争议，仲裁也被认为是一种主要的甚至是首选的方式。

一　中非联合仲裁机制的推进与完善

中非BITs的争议解决条款对仲裁主要规定了专设仲裁与国际仲裁（如ICSID仲裁）两种形式，但鉴于中非经贸投资关系新发展的需要，中非目前正在推进一种新的仲裁机制的建设，这就是中非联合仲裁机制。

（一）中非联合仲裁机制的建立

共建争议解决平台是中非构建法律交流合作机制与平台、进一步深化双方法律交流合作的重要举措。本书第二章"中非产能合作与法律外交机制"介绍了中非近年来开展法律交流合作的一些主要举措,其中一项是中非间构建诉讼外纠纷解决机制的努力。这方面的一些标志性事件有以下七个。

(1) 2012年7月,《北京行动计划(2013—2015)》决定"加强双方在法学研究、法律服务、法律人才培训以及非诉讼纠纷解决机制等领域的合作"。

(2) 2014年9月,"中非特色纠纷解决机制研讨会"在北京外国语大学举行,这是落实《北京行动计划(2013—2015)》的重要行动之一,是中国法学会倡议发起的"中非仲裁员互聘计划"的拓展与延伸。来自中国和非洲的近七十名政府司法官员、法律专家学者、律师及仲裁员等参加了研讨会。此次研讨会除了对"中非仲裁机构现状与国际仲裁新发展"和"中非特色纠纷解决机制:友谊、文化与可持续发展"两个专题进行发言、评议及讨论外,还举行了一场圆桌会议,介绍成立"中非联合仲裁中心"的战略构想,最后会议通过了《关于共同成立"中非联合仲裁中心"倡议书》。

(3) 2015年6月5日,"中非联合纠纷解决机制研讨会"在北京外国语大学召开,来自最高人民法院、最高人民检察院等十余家单位的20多位中方代表和来自毛里求斯国际仲裁中心、南部非洲仲裁基金会、非洲非诉纠纷解决组织以及中非高级人才交流研修班等的50余位非方代表齐聚一堂,共同研讨中非联合纠纷解决机制的创设与构想。最后,来自十七个国家和地区的与会代表共同签署了《构建中非联合纠纷解决机制北京共识》。

(4) 2015年8月12~20日,以副会长兼秘书长鲍绍坤为团长的中国法学会代表团对肯尼亚和南非进行了访问。访问肯尼亚期间,双方一致认为,应充分发挥肯尼亚作为东非枢纽国家的地缘优势,加快推进中非法律服务中心和研究分中心建设,尽快建成中非联合纠纷解决中心东非分中心以及中非法律中心。访问南非期间,来自中国和南非的37个法学、法律及仲裁组织共同签署了《约翰内斯堡共识》,这是在2015年6月《北京共识》基础上,中南双方法学、法律界共同推进中非联合仲裁纠纷解决机制的又一重要成果。

(5) 2015年11月26日,在中国法学会的统一协调下,在南非约翰内斯堡举行的第六届"中非合作论坛—法律论坛"上,中非联合仲裁约翰内斯堡中心与中非联合仲裁上海中心同步揭牌。

(6) 2015年12月,《中非合作论坛—约翰内斯堡行动计划(2016—2018)》进一步提出要"完善'中非合作论坛—法律论坛'机制建设,继续开展法律人才交流与培训,推动共建'中非联合仲裁中心'"。

(7) 2017年3月,中非联合仲裁北京中心、内罗毕中心和深圳中心相继揭牌。这标志着中非仲裁合作完成了在北京、上海、深圳这三个中国经济最发达区域的布局,形成了中非仲裁合作协同创新、全面合作的新格局。

由此,中非联合仲裁机制基本建成。从以上发展历程可知,该机制的建立,是中非积极落实《中非合作论坛约翰内斯堡峰会宣言》以及《中非合作论坛—约翰内斯堡行动计划》,进一步贯彻《构建中非联合纠纷解决机制北京共识》与《约翰内斯堡共识》的重要举措;中非联合仲裁中心的设立,将进一步巩固中非双方法律交流合作的基础。

(二) 中非联合仲裁机制的主要内容

中非联合仲裁机制具有丰富的内容。本节以中非联合仲裁上海中心为例,就这些内容进行研讨。

第一,中非联合仲裁机构的设立机构。中非联合仲裁机构由中非相关机构联合设立。如中非联合仲裁上海中心和中非联合仲裁约翰内斯堡中心,是在中国法学会的倡议与协调下,上海国际经济贸易仲裁委员会(上海国际仲裁中心)与南部非洲仲裁基金会、南部非洲仲裁员协会、非洲替代性争议解决中心于2015年6月签署合作协议而分别创建的。

第二,中非联合仲裁机构的设立目的。中非联合仲裁机制旨在通过设立中非联合仲裁中心这个国际平台,构建解决中非间商事争议的一种特别国际仲裁机制。就中非联合仲裁上海中心而言,它是上海国际经济贸易仲裁委员会(上海国际仲裁中心)服务"一带一路"建设的国际平台,将为中国与非洲国家商事主体提供公平、高效、便捷、经济的仲裁服务。[1]

---

[1] "中非联合仲裁上海中心", http://www.cietac-sh.org/CAJAC/aboutus.aspx? page=2,最后访问日期:2017年3月31日。

第三，中非联合仲裁机构的仲裁员组成。中非联合仲裁中心将选聘来自中国和非洲各国的仲裁员组成仲裁员名录。中非联合仲裁上海中心就"如何成为仲裁员"规定了申请条件："1. 符合《中华人民共和国仲裁法》第十三条的规定；2. 没有犯罪记录或行为失当而致使本会可自主据以质疑其担任仲裁员的能力；3. 年龄在70周岁以下。"① 但在该中心网站"仲裁员"一栏显示，"非籍仲裁员"仍然处于更新状态。然而，上海国际经济贸易仲裁委员会（上海国际仲裁中心）的仲裁员名册中已有一些非籍仲裁员，② 这些非籍仲裁员是否同时是中非联合仲裁中心的仲裁员目前尚不得而知。

第四，中非联合仲裁机构的仲裁规则。仲裁规则是"规范仲裁进行的具体程序及此程序中相应的仲裁法律关系的规则"。③ 中非联合仲裁机构也要有自己的仲裁规则，这样既能为中非仲裁当事人提供一套科学、系统、明确的仲裁程序规则，便于双方当事人在仲裁庭程序中使用和遵循，以迅速、有效地解决纠纷，同时也能为中非联合仲裁机构和仲裁庭受理、审理和裁决中非当事人提交仲裁的纠纷提供可以使用的程序规则。但同仲裁员一样，目前也只有上海国际经济贸易仲裁委员会（上海国际仲裁中心）的2015年仲裁规则。

第五，中非联合仲裁机构的受案范围。受案范围是仲裁机构解决争议的范围，即哪些争议可以交由其仲裁。中非联合仲裁机构须有自己明确的受案范围，以指导中非当事人据此提交仲裁，仲裁机构也可以据此确定争议的可仲裁性。为此，中非联合仲裁上海中心明确其具有如下受案范围："1. 争议当事人包括注册地和/或主营业地位于中国境内的主体以及注册地和/或主营业地位于非洲国家境内的主体；2. 当事人的注册地和/或主营业地均在中国，但商事关系产生、变更、消灭的法律事实和/或标的物

---

① "中非联合仲裁上海中心"，http：//www.cietac-sh.org/CAJAC/aboutus.aspx?page=2，最后访问日期：2017年3月31日。《中华人民共和国仲裁法》第十三条规定："仲裁委员会应当从公道正派的人员中聘任仲裁员。仲裁员应当符合下列条件之一：（一）从事仲裁工作满八年的；（二）从事律师工作满八年的；（三）曾任审判员满八年的；（四）从事法律研究、教学工作并具有高级职称的；（五）具有法律知识、从事经济贸易等专业工作并具有高级职称或者具有同等专业水平。仲裁委员会按照不同专业设仲裁员名册。"
② 据笔者统计，在该机构2016年5月1日开始施行的"仲裁员名册"中，非籍仲裁员主要来自南非、尼日利亚、坦桑尼亚、毛里求斯和埃及5国，其中，南非籍仲裁员有23人，埃及籍有4人，坦桑尼亚、尼日利亚和毛里求斯籍各有1人。
③ 宋连斌编著《仲裁法》，武汉大学出版社，2010，第45页。

位于非洲国家境内的商事争议；3. 当事人的注册地和/或主营业地均在非洲国家，但商事关系产生、变更、消灭的法律事实和/或标的物位于中国境内的商事争议；4. 其他当事人约定将提交中非联合仲裁上海中心仲裁的争议。"① "从该中心的受案范围来看，可以受理的争议十分广泛，这就为在非洲投资的中国企业、在中国投资的非洲企业在当地发生的争议的解决提供了又一个可行的选择。"②

第六，中非联合仲裁机构的仲裁程序。上海国际经济贸易仲裁委员会（上海国际仲裁中心）的 2015 年仲裁规则，其仲裁程序的主要环节有：仲裁申请与受理、答辩与反请求、保全措施、仲裁庭的组成、仲裁员的回避或替换、仲裁审理、和解与调解、仲裁庭作出裁决等。此外，该规则还规定了简易程序，即凡争议金额不超过人民币 100 万元的，或争议金额超过人民币 100 万元、经一方当事人书面申请并征得另一方当事人书面同意的，适用本简易程序的规定。上述环节是一般国际商事仲裁程序的基本环节，因此中非联合仲裁机构的仲裁程序也基本上是按此流程进行，但某些方面可能会有所修改，如一些时效的规定或简易程序中有关争议金额的规定等。

第七，中非联合仲裁机构仲裁裁决的执行。和一般国际商事仲裁一样，中非联合仲裁机构的仲裁裁决在作出后应由当事人自觉履行。但实践中，当事人特别是败诉的当事人，有时并不自觉履行仲裁裁决。由于中非联合仲裁机构本身并没有强制执行仲裁裁决的能力，所以在一方当事人不自觉履行仲裁裁决时，另一方当事人就需要请求有关国家的国内法院强制执行。中国法院执行中非联合仲裁上海中心的裁决手续简单，但如果该裁决需要在外国例如在非洲法院申请执行，就存在所谓承认问题，即该非洲国家的法院是否认可该裁决，只有在认可后，非洲国家的法院才会执行。目前，国际社会中关于承认与执行外国仲裁裁决的最主要公约是 1958 年的《纽约公约》，截至 2017 年 3 月，其缔约国已达 157 个，包括 35 个非洲国家。③ 对于那些尚未正式加入《纽约公约》的非洲

---

① "中非联合仲裁上海中心"，http://www.cietac-sh.org/CAJAC/aboutus.aspx?page=2，最后访问日期：2017 年 3 月 31 日。

② 朱伟东：《在非洲选择仲裁必须注意的一些问题》，《中国投资》（非洲版）2016 年第 10 期。

③ 关于 1958 年《纽约公约》的 157 个缔约国及 35 个非洲国家，详见"联合国国际贸易法委员会"官网，https://www.uncitral.org/uncitral/en/uncitral_texts/arbitration/NYConvention_status.html，最后访问日期：2017 年 3 月 1 日。

国家，中非联合仲裁上海中心的裁决在其国内承认和执行过程中将存在一定的障碍。

（三）中非联合仲裁机制的完善

中非联合仲裁机制目前尚处于起步阶段，接下来需完善一系列制度建设。

首先，如上所述，中非联合仲裁机制需要明确其仲裁员选聘、仲裁规则、仲裁程序等方面的制度。

其次，就中非联合仲裁机构仲裁裁决的承认与执行，由于"还有15个（非洲）国家未正式加入《纽约公约》，这些国家在承认和执行国际仲裁裁决的过程中将存在一定的障碍，因此中非联合仲裁中心的另一个工作重点是设立特别的机制以保障未正式加入《纽约公约》的15个非洲国家，能够顺利承认和执行中非联合仲裁中心所做出的仲裁裁决"。[①] 这个机制可以是双边的，也可以是多边的，由双方或各方协商建立。

再次，就中非联合仲裁机制的实施，国内外有学者认为中非合作仲裁中心可从三个维度逐步建立和扩大其在非洲地区的运作和影响，分别是在中非各国建立中非合作仲裁中心的办公室、分支机构以及区域中心。第一个阶段是在非洲各国建立中非合作仲裁中心的办公室，发布仲裁中心的最新信息，进行宣传，并在各地建立合作关系。第二个阶段是在正式加入《纽约公约》的非洲各国设立分支机构，进行仲裁审理的相关事务管理。第三个阶段是建立中非合作仲裁中心的区域中心，即除目前已有的几个区域中心外，未来还可选择更多的符合一定条件的合作机构设立区域中心。[②]

最后，在上述机制建设内容和步骤的基础上，中非联合仲裁中心可以考虑引入更多的合作机构，建立合伙关系，如北京仲裁委员会（北仲）和中国经济贸易仲裁委员会（贸仲）等。在这方面，中国的这些机构都有强

---

① Shane Voigt、田野、周显峰：《南部非洲风险管理（上）》，《国际工程与劳务》2017年第1期，第53页。
② Shane Voigt、田野、周显峰：《南部非洲风险管理（上）》，《国际工程与劳务》2017年第1期，第53页。该文所设定的条件是："（1）该合作机构所在国家为《纽约公约》缔约国；（2）该合作机构在当地具有良好声誉，可以为中非合作仲裁中心提供信誉担保；（3）该合作机构具有必备的可供使用的机构影响力；（4）该合作机构具有现存的仲裁员名册；（5）接受并认可适用现在的中非联合仲裁中心规则。"

烈的合作意愿。例如，在中国法学会的协调和指导下，北仲已经与内罗毕国际仲裁中心达成合作意向，双方将携手共同把中非联合仲裁北京中心与内罗毕中心打造为向中非经贸投资商事主体提供优质、高效、专业的争议解决服务的仲裁机构。①

二 非洲国家仲裁环境的改善

（一）非洲国家仲裁环境的基本现状

一直以来，非洲国家都不被国际社会看作理想的仲裁地，在国际商会仲裁院关于世界范围内最经常被选择的仲裁地的2009年统计报告中，包括南非在内的非洲国家无一入选。② 由于非洲国家不被认为是理想的仲裁地，它们在吸引国际贸易和投资方面就处于不利地位。

然而，非洲的仲裁环境正在改观。最近的一项调查表明，受联合国国际贸易法委员会（UNCITRAL）示范法的影响，撒哈拉以南许多非洲国家都更新了仲裁法，这些仲裁法中规定了关于仲裁裁决的一些国际公认的仲裁原则，如意思自治原则、正当程序原则等。一些非洲国家，如卢旺达、尼日利亚和毛里求斯等，已经意识到主办国际仲裁的好处，开始采取一些有利于仲裁的措施。卢旺达在2008年10月加入《纽约公约》之后，就着手进行立法以建立一个位于其首都基加利的地区仲裁中心；尼日利亚于2009年制定了两部新仲裁法，力图使其首都阿布贾成为西非地区的仲裁中心；2009年，毛里求斯在UNCITRAL示范法的基础上，制定了《国际仲裁法》。有学者指出："毛里求斯的中立性及其所处的战略地理位置，使它有可能成为一个地区仲裁中心，尤其是对在印度投资产生的争议，以及因中国对非洲在矿产和能源部门投资产生的争议。"③ 2017年12月，南非也在UNCITRAL示范法的基础上，颁布实施了《国际仲裁法》。这标志着南非仲裁立法的现代化，南非也有望成为一个重要的区域

---

① 北京仲裁委员会：《共建争议解决平台，深化中非法律合作——记中非联合仲裁中心—北京中心及内罗毕中心正式成立及中非基础设施争议解决研讨会成功举办》，http://www.bjac.org.cn/news/view?id=2931，最后访问日期：2017年3月2日。
② 2009 Statistical Report, ICC 20, Bull. 12, No. 1, 2009.
③ Alison Ross, "PCA to Appoint Representative in Mauritius", *Global Arbitration Review*, May 1, 2009.

性仲裁中心。①

非洲仲裁环境改善的另一个显著方面是建立了一些致力于通过仲裁解决商事争议的地区仲裁中心。例如，亚非法律咨询委员会（AALCC）设立了拉各斯国际商事仲裁地区中心（LRCICA）、开罗国际商事仲裁地区中心（CRCICA）和吉隆坡国际商事仲裁中心（KLRCA）。建立这些机构的主要目的是"为通过仲裁解决国际商事争议提供一项机制"，即为商事关系中的当事方提供高效、快速、公平和相对便宜的争议解决机制，以尽量减少将相关争议诉诸亚非之外的机构解决，避免不必要的困难和不便。这些机构承担的职能是广泛的，具体主要有：①提供国际商事仲裁服务；②促进国际商事仲裁在地区内的发展；③协调和帮助现有的尤其是地区内的仲裁机构的活动；④帮助仲裁裁决的执行；等等。值得一提的还有2009年建立的非洲ADR。这是一个独立的、非营利的为通过ADR解决区域或国际的争议提供广泛、全面服务的争议解决管理机构，它由参与的非洲仲裁机构、企业和法律界之间建立合作关系，旨在便利非洲国家和投资者建立贸易和商业关系，为解决国际商业争议提供一种现代的、快速的、便宜的和友好的方式。"该机构的建立，使得非洲企业不必到欧洲或美国寻求通过仲裁解决争议，包括在非洲产生的争议。"② 南部非洲仲裁基金会主席迈克尔·库帕指出："非洲ADR将成为在非洲的投资者之间、在非洲的贸易者之间、非洲内外的商业团体之间和国际社会之间的仲裁联系，将为非洲培育替代性争议解决文化，加快国际贸易和商业的发展，为非洲发出真正的仲裁声音。"③

（二）非洲国家改善仲裁环境的对策

必须指出的是，虽然非洲的仲裁环境有了较大改善，但要想成为对各国贸易伙伴，尤其是对在非开展产能合作的中资企业更有吸引力的仲裁地，非洲国家还必须在政策支持、修订仲裁法、提高仲裁效

---

① "A New International Arbitration Act for South Africa", https://www.lexafrica.com/a-new-international-arbitration-act-for-south-africa, last access: 04/01/2018.

② Alison Ross, "African Group Launches Regional Institution", *Global Arbitration Review*, Oct. 19, 2009.

③ "An Authentic Arbitral Voice for Africa", http://www.africaadr.com/index.php?a=r/home/1, last access: 01/01/2017.

率、发挥地区性仲裁机构作用以及完善中非联合仲裁机制等方面作进一步努力。

1. 充分认识仲裁的重要性，为仲裁提供更多政策性支持

国际贸易和投资的当事方之所以更喜欢仲裁这一争议解决方式，是因为仲裁比国内法院更灵活、经济和快速，其裁决也更易得到承认与执行。基于此，处于产能合作全球网络中的非洲国家也应当认识到，无论其愿意与否，仲裁是一种必需的争议解决方式，是其吸引外资和技术、进行国际经贸合作的必要条件。

为此，非洲国家应当为仲裁提供更多政策性支持，营造有利仲裁的国内和地区环境。其一，可以要求争议当事方在协议或合同中订立仲裁条款，将仲裁作为解决争议的一种主要方式；其二，加大对仲裁法、仲裁机构和仲裁活动的宣传，积极引导和推动外国企业在非洲就近仲裁；其三，培养和训练仲裁员，改变在重大国际仲裁中来自非洲的仲裁员很少、发达国家仲裁员占优势的局面；其四，批准《纽约公约》，并通过国内立法实施该公约。"如果有更多非洲国家批准《纽约公约》并且在必要的情况下通过国内立法来实施该公约，那么就会让仲裁在该大陆变得更充分、有效、引人注目。这样，非洲国家的法院就能执行一项有效的仲裁协议而终止法院的诉讼程序。"[①]

2. 引进现代仲裁规则，修订仲裁法

受 UNCITRAL 示范法的影响，许多非洲国家修订了仲裁法，以使其与现代仲裁规则的发展相一致。[②] 这一举措提升了这些国家的国际形象，改善了其仲裁环境。最新的一个例子是南非的《国际仲裁法》。

在《国际仲裁法》之前，南非实行的是 1965 年仲裁法，该法是在英国仲裁法的基础制订的，但后者已经于 1996 年作了全面修订，而南非仲裁法一直未作修订，其广受诟病的至少有以下两个方面。

其一，根据该法，南非法院在决定是否中止诉讼以将案件交由仲裁解决方面享有很大的自由裁量权，只要法院认为存在"充足理由"就可以反对将该争议交由仲裁。这意味着，在一方当事人试图将争议诉至法院以避

---

① 中国国际经济贸易仲裁委员会编《〈纽约公约〉与国际商事仲裁的司法实践》，法律出版社，2010，第 247 页。
② 随着 2017 年 12 月南非《国际仲裁法》的颁布实施，非洲已经有 11 个国家采纳了 UNCITRAL 示范法。

免仲裁的情况下，只要法院认为该方提供了"充足的"理由，就可以拒绝将该争议交由仲裁解决。

其二，根据该法，南非法院在决定是否强制具有有效仲裁协议的当事方进行仲裁上也有很大的裁量权，法院可以根据一方当事人出示的"好的理由"宣告这一仲裁协议无效。根据这一规定，当一方当事人为了避免进行仲裁而反对法院中止诉讼，他就可以不顾仲裁协议的有效性而以存在所谓"好的理由"向法院申请宣告协议无效。

从上述规定来看，南非仲裁法实际上允许争议当事方通过滥用诉讼手段以达到拖延解决的目的，容忍法院对仲裁的过度干预。[1] 南非早已意识到南非仲裁法的上述不足及其带来的不良后果，为此制定了《国际仲裁法》，该法基本上采用了 UNCITRAL 示范法，只作了"最小限度的修改"。南非法律委员会提出了这样做的两项理由：(1) UNCITRAL 示范法的首要目的是促进有关国际仲裁程序的国内法的协调和统一；(2) 这样做可以使南非法律更好用，对外国当事方更有吸引力。[2] 随着《国际仲裁法》的颁布实施，南非仲裁法实现了现代化改造。

3. 减少司法干预，提高仲裁效率

仲裁程序的正常进行，离不开仲裁地法院的支持，仲裁裁决的承认与执行，也少不了仲裁地法院对其效力的确认。因此，仲裁地法院对仲裁的干预是必需的。但这种干预也应当是适度的，否则就不利于仲裁的进行和仲裁的发展。要减少法院对仲裁的干预，一个必要的措施是提高法院的独立性。发展中国家作为仲裁地缺乏吸引力的一个重要原因，就是它们的法院被认为缺乏独立和公正的传统。非洲国家要成为更具吸引力和竞争力的仲裁地，让仲裁成为在非洲更有吸引力和公平的争议解决方式，必须提高其国内法院的独立性。

提高仲裁效率既是仲裁所追求的价值目标，也是非洲国家成为更具吸引力仲裁地的必要措施。为此，非洲国家可以借鉴 1996 年《英国仲裁法》第 1 条和 2010 年《UNCITRAL 仲裁规则》第 17 条的相关规定，在其仲裁

---

[1] Stephan Wilske and Jade G. Ewers, "Why South Africa Should Update its International Arbitration Legislation", *Journal of International Arbitration*, Vol. 28, 2011, p. 5.

[2] South African Law Commission, *Project 94 on Arbitration: An International Arbitration Act for South Africa*, http://www.Justice.gov.za/salrc/reports/r_prj94_july1998.pdf.

法中规定仲裁过程应避免不必要的延迟和费用;① 而且,相对于争议当事方和仲裁员而言,仲裁机构能够通过在其仲裁规则中采用相关条款从而在提高仲裁效率方面发挥更大作用。例如,它可以像2010年《UNCITRAL仲裁规则》第17条第2款一样,在其仲裁规则中赋予仲裁庭更大的裁量权,给予仲裁庭掌握仲裁程序的进程的权力,即它可以视情况延长或缩短某些期限;或者在其仲裁规则中采用2010年《UNCITRAL仲裁规则》第20条,要求申请人在其仲裁申请书中"尽可能附具申请人所依据的所有文件和其他证据,或注明这些文件和证据的来源出处",以鼓励申请人以一种足够详细的形式提交仲裁通知,从而省去其提交补充性仲裁申请书的麻烦;② 就被申请人而言,2010年《UNCITRAL仲裁规则》第4条要求其应在收到仲裁通知30天内向申请人递送对仲裁通知的答复,而且其还被要求对仲裁通知中的某些信息作出答复。这些条款都旨在提高仲裁效率,非洲国家在其仲裁法或仲裁规则中可以作出类似的规定。

4. 发挥非洲地区性仲裁机构的作用

AALCC地区仲裁中心和非洲ADR等都是独立的国际机构,能够为解决地区内国际商事争议提供充分、相对便宜和公平的机制。这些机构基本上采用UNCITRAL仲裁规则,这些规则能够保证当事人高度的意思自治,仲裁程序的灵活、功效、中立,仲裁员的独立和公正。"将争议提交到这些中心和其他新出现的采用UNCITRAL仲裁规则作为模板或受该规则影响的机构进行仲裁,即使这些中心或机构所在的地区或国家同样也是某一投资所在地,或者某一国际合同的履行地,也未必就会损害有理有据的某一(外国)当事方的利益。将争议提交至这些中心或机构与仲裁的便利和经济等吸引人的优点是一致的。因此,那些主张将仲裁程序放在这些国家之外进行的大部分理由(或者说是借口)不再那么有说服力了,可以断然地将它们抛弃"。③

---

① 1996年《英国仲裁法》第1条第1款规定:"仲裁的目的在于由公平的仲裁庭,在没有不必要的拖延和费用的情况下,使争议得到合理解决";2010年《UNCITRAL仲裁规则》第17条第2款也作了相似规定:"在行使裁量权时,仲裁庭应使程序的进行避免不必要的延迟和费用,为解决当事人的争议提供公平有效的程序。"

② Jeff Waincyner, "The New UNCITRAL Arbitration Rules: An Introduction and Evalution", *Vindobona Journal of International Commercial Law and Arbitration*, Vol. 14, 2010, p. 239.

③ Amazu A. Asouzu, *International Commercial Arbitration and African States*, Cambridge University Press, 2001, p. 452.

这些机构在使非洲成为更有竞争力和吸引力的仲裁地方面可以发挥更大作用。为此，它们可以加强宣传力度，特别是要加强对包括中国企业在内的外国投资者的宣传，提高机构的知名度和影响力，鼓励外国企业在这些机构解决争议；在仲裁员名册中增设来自中国等国家的仲裁员，以增强中国等投资者对这些机构的信任和兴趣；机构及其所在的东道国应严格确保机构的永久性、独立性和公正性，避免可能减损机构国际法律地位的行为。

5. 推动中非联合仲裁机制建设

推动中非联合仲裁机制建设也是非洲国家改善其仲裁环境、吸引中资企业在其进行仲裁的重要举措。对此上文已有阐述，在此不再赘述。

三 中非产能合作争议仲裁地的选择

（一）仲裁地的重要性

仲裁地，是指当事人在仲裁协议中约定的仲裁地点，或者由仲裁机构或仲裁庭根据仲裁规则确定的仲裁地点，它是进行仲裁程序和作出仲裁裁决的所在地。[①] 在国际商事仲裁实践中，大多数的常设仲裁机构并不禁止当事人选择其机构所在地以外的地方作为仲裁地点。如果当事人未约定仲裁地，那么仲裁机构所在地通常就是仲裁地。仲裁地对国际商事仲裁自身、仲裁地所在国和争议当事方都具有重要意义，因此在中非开展产能合作过程中，中非商事主体在签订国际商事仲裁协议时，对仲裁地的选择应当特别予以注意。

1. 仲裁地对国际商事仲裁的重要性

仲裁地对国际商事仲裁自身具有重要意义，"这主要是因为它与仲裁所使用的程序法以及按哪一国的冲突规则来确定合同的实体法都有密切关系，并且它还关系到仲裁协议有效性的认定和仲裁裁决的国籍的认定，并影响到裁决能否得到承认和执行"。[②] 具体来说，首先，在确定国际商事仲裁协议的准据法时，除当事人另有约定外，一般以仲裁地国家的法律作为其准据法；其次，关于国际商事仲裁程序的法律适用，如果当事人没有

[①] 仲裁地与开庭地或听审地不同。在仲裁实践中，仲裁对一个案件的审理可能要开庭或听审多次，这可能分别在不同的国家或地区进行，但在法律上仲裁地只有一个。

[②] 李双元主编《国际私法》，北京大学出版社，2011，第446页。

明确约定仲裁程序法，一般适用仲裁地国家的法律，即使当事人选择了仲裁程序法，审理其案件的仲裁程序也不能违反仲裁地国家程序法中的强制性规定；再次，关于国际商事仲裁中实体问题的法律适用，如果当事人对解决争议所适用的实体规则没有作出明确选择，仲裁庭一般会根据国际惯例，按仲裁地国家国际私法规则中的冲突规范确定所应适用的实体法，或直接适用仲裁地国家的实体法；最后，仲裁地点在很大程度上决定了国际商事仲裁裁决的国籍，在仲裁地国家作出的裁决如在该国以外的国家申请承认和执行，就会产生外国仲裁裁决的承认与执行问题。[1]

据此，在中非产能合作中，中非商事主体如果在其仲裁协议中约定了某一仲裁地，如某一非洲国家，那么通常在仲裁协议准据法、仲裁程序、仲裁实体问题的法律适用和仲裁裁决的国籍确定上，都会以该非洲国家的法律为准，或该非洲国家的法律有很大的影响。

2. **仲裁地对其所在国的重要性**

仲裁地对其所在国也具有重要意义。一个经常被选为国际商事仲裁地的国家，往往被认为是一个仲裁法制健全、仲裁机构发达和仲裁环境有利的国家，这不仅有助于提升仲裁地国的国际商业形象，而且能为其带来一些实际利益，如吸引外国投资和促进法律职业的就业等。如果一个非洲国家经常被选为国际商事仲裁地，那么它对于中资企业解决中非产能合作争议也将具有很大的吸引力。

3. **仲裁地对争议当事方的重要性**

仲裁地法是确认争议当事方之间的仲裁协议是否有效的最常适用的法律，特别是在当事人没有选择应适用的法律的情况下，而且仲裁地法院对仲裁裁决的监督直接关系到仲裁裁决的执行。此外，仲裁地对争议当事方的仲裁费用和时间等方面也有重要影响。正因为如此，对于开展中非产能合作的中资企业而言，仲裁地的选择非常重要。

（二）仲裁地选择的一般考虑因素

1. **公正因素**

这主要表现在仲裁地所在国仲裁法的完善和仲裁地所在国法院对仲裁的支持程度等方面。现代仲裁法一般承认仲裁协议具有排除法院司法管辖

---

[1] 宋连斌主编《仲裁法》，武汉大学出版社，2010，第112页。

的效力。如果当事人已就特定争议事项订有仲裁协议,但一方当事人不履行该仲裁协议,在法院提起诉讼,只要法院认定存在仲裁协议,并且争议属于仲裁协议约定的仲裁事项,就应中止就该争议提起的司法诉讼,以便让当事人按照仲裁协议将争议提交仲裁。如果相关国家仲裁法没有规定法院的这一强制性义务,法院对仲裁干预过大,那么该国就很可能被认为仲裁法制不完善,仲裁机构独立性、中立性程度不高,该国不利于仲裁的进行。

2. 效率因素

这主要包括仲裁耗费的时间、费用以及仲裁裁决的可执行性等方面。仲裁通常被认为是一种比诉讼更加快速和省钱的争议解决方式,但不同国家或地区的仲裁庭或仲裁机构在仲裁耗费的时间和费用上有不同的规定,这往往成为选择仲裁地的重要考虑因素。由于在西方国家进行诉讼或仲裁需要支付高昂的费用,所以发展中国家的争议当事方,往往更愿意选择离家更近的地方进行仲裁以节省费用。此外,仲裁裁决的可执行性也是选择仲裁地的重要因素。如果仲裁地所在国不是1958年《纽约公约》的当事国,那么该国就可能会被认为不能保证仲裁裁决和仲裁协议的执行。

3. 其他因素

除了公正、效率两大因素,仲裁地的选择可能还涉及其他一些实际上的考虑,如争议当事方对仲裁地语言和文化是否熟悉,仲裁员是否愿意到该地仲裁;[1] 此外,还须考虑是否有合适的庭审室、当事人及其顾问和证人的宾馆住宿,是否有良好的交通设施(坐火车还是飞机)、良好的通信方式(电话、电子邮件和传真)以及诸如记录、译员以及其他支持设施等等。[2]

(三) 中非产能合作争议仲裁地的比较与选择

根据上述仲裁地选择的考虑因素,在选择中非产能合作争议仲裁地时,可以发现分别选择在中国大陆、非洲国家、中国香港或新加坡、发达国家仲裁各有利弊。

---

[1] Paul Friedland and Bing Yan, "Negotiating and Drafting Arbitration Agreements with Chinese Parties", *Journal of International Arbitration*, Vol. 28, 2011, p. 467.

[2] 〔英〕艾伦·雷德芬、马丁·亨特:《国际商事仲裁法律与实践》,林一飞、宋连斌译,北京大学出版社,2005,第290~291页。

1. 中国大陆

对中国企业而言，中国大陆当然是最理想的仲裁地，这除了中国大陆仲裁机构日益发达、仲裁立法逐渐完善和法院有利仲裁的倾向不断增强等原因外，熟悉本国的语言和文化、仲裁费用较低、参与仲裁方便等都是很重要的考虑因素。但在中国大陆仲裁，非方可能会因参与仲裁不方便、费用较高、语言和文化不熟悉等原因有所顾忌。而且，在中国大陆作出的仲裁裁决在执行上也可能存在问题，因为如果中方在仲裁中获胜，很可能需要到非方所在国或作为财产所在地的非洲国家申请执行，中方对被申请执行地的法律文化可能不了解，该非洲国家可能不是《纽约公约》缔约国，不一定会承认与执行这一裁决。①

2. 非洲国家

将争议发生地的非洲国家作为仲裁地，对非方无疑具有参与便利、费用低、熟悉语言与文化、在当地更易得到承认与执行等优点，因而应是其首选，但对中方而言，选择非洲作为仲裁地则存在当地仲裁法制不完善、当地法院可能对仲裁进行干预、仲裁裁决可能无法在国外得到承认与执行等顾虑。鉴于这些顾虑，中方可能不愿选择非洲作为仲裁地。反之，如果非洲国家能够改善其仲裁环境，中方因此对非洲国家的仲裁环境有信心，认为非洲仲裁机构的效率、公正性及裁决的执行力等方面值得信赖，也完全可能选择在非洲仲裁，因为在非洲仲裁，对在非洲的中国企业而言，也存在费用较低、参与便利、执行有保障等有利条件。而且，如果非洲仲裁机构的仲裁员名册中有中国的仲裁员，例如中国已经和尼日利亚、毛里求斯等国家的仲裁机构达成协议，在这些国家的仲裁机构中加入中国仲裁员，那么当发生产能合作争议时，由于信任感的增强，中非双方可以优先选择在这些非洲国家仲裁。

3. 中国香港或新加坡

如果不能在中国大陆仲裁，或者中方对在非洲仲裁有顾虑，那么对中国企业来说，将中国香港或新加坡作为解决中非产能合作争议的仲裁地，也不失为一个比较好的选择。这既有中国香港或新加坡作为中立第三方的有利地位，中方对中国香港或新加坡作为大中华文化圈重要成员的天然亲

---

① 截至 2012 年 9 月 9 日，非洲 54 个国家中，只有 30 个国家是《纽约公约》的成员国。http://treaties.un.org/Pages/ViewDetails.aspx?src = TREATY&mtdsg_no = XXII – 1&chapter = 22&lang = en，最后访问日期：2012 年 9 月 9 日。

近感等因素，又有在这两地作出的仲裁裁决较之中国大陆作出的裁决更易得到非洲国家的承认与执行等考虑。当然对非方而言，虽然这两地有作为中立第三方的吸引力，但实际上仍然存在参与仲裁不方便、语言和文化不熟悉等不利因素，而且在这两地仲裁，其费用要比在中国大陆或非洲仲裁更高。

4. 发达国家

发达国家，特别是被称为"大四地"的英国、法国、瑞士和美国，是国际经贸争议的传统仲裁地。这些国家或地区素以仲裁法制完善、仲裁机构发达与中立程度高和仲裁裁决较易得到承认与执行在国际商事仲裁界享有盛誉。但将发达国家作为仲裁地，对中非双方来说最大的问题就是费用太高、参与仲裁不方便等。

基于上述分析，对中非双方而言，选择中国大陆、非洲国家、中国香港或新加坡、发达国家作为中非产能合作争议仲裁地都存在一定的利弊，在实践中双方可以根据实际需要，考虑效率和公正以及费用、便利性等实际因素进行选择。作者认为，鉴于高昂的仲裁费用和参与仲裁不便等实际考虑，中非产能合作争议最好不要到发达国家仲裁，而是应尽可能选择在中国大陆或非洲国家仲裁，而且最好选择有中非仲裁员的仲裁机构，如现在尼日利亚和毛里求斯的仲裁机构都有中国仲裁员名册。在利用国际投资争议解决中心（ICSID）时，有学者也认为，中非双方"可考虑选择在非洲国家或中国的城市进行，尽量选择来自中国和非洲国家的仲裁员。这是因为来自中国和非洲国家的仲裁员更能了解彼此的社会现实、法律制度以及文化习惯，也有助于降低仲裁费用，减少仲裁成本"。[①] 此外，目前刚刚投入运营的中非联合仲裁中心也都有中非仲裁员，对解决中非产能合作争议来说它们都是一个好的选择，中非当事人可以根据需要协商确定选择某一个中非联合仲裁机构作为解决争议的机构。

第三节　中非产能合作争议解决的调解方式：
义乌经验的借鉴

除了仲裁，调解也因其灵活、经济、快速等优点，在涉外投资与民商

[①] 朱伟东：《外国投资者与非洲国家之间的投资争议分析——基于解决投资争议国际中心相关案例的考察》，《西亚非洲》2016年第3期，第157~158页。

事争议解决中历来受到重视与适用。就中非产能合作中的投资、贸易、工程建设等方面的争议或普通的民商事争议，也可以用调解方式解决。如上所述，在中非间的一些 BITs 争议解决条款中，就有关于调解方式的规定。但在实践中，调解方式并未得到有效利用，学界也多研究仲裁这一方式而很少涉及调解。之所以如此，主要原因是调解缺少相应法律保障与社会氛围，加之各种涉外纠纷调解流程与模式往往大同小异，缺乏特色与亮点，这些都对调解的吸引力与实效产生了负面影响。

然而，在国内众多涉外争议解决机构中，成立于 2013 年 5 月的浙江省义乌市涉外纠纷人民调解委员会（以下简称义乌外调委），因其在涉外商事纠纷解决上鲜明的特色和良好的成效，赢得了国内外的广泛关注。义乌外调委根据义乌解决大量涉外商事纠纷的现实需求，以及外商由于语言、文化、法律等障碍不愿或不能通过诉讼、仲裁等方式解决纠纷的事实，通过借鉴国外特别是非洲商事调解经验，聘请在义乌的包括非洲商人在内的外商担任调解员，首创"以外调外"模式，并通过与苏丹建立"联合调解"机制，以及在义乌商人间建立"诚信档案"，在迄今短短三年多时间里，开创了一种具有义乌特色的涉外商事纠纷调解模式。本节将重点探究这一模式。本节内容是在笔者对义乌外调委开展实地调研，全面深入了解和掌握该机构调解员的来源与组成、涉外商事调解的程序与相关案例以及其他相关配套措施的基础上形成的，主要分析该机构涉外商事调解机制的创新性，并结合相关案例对涉外调解程序进行梳理，就该机构在涉外商事调解过程中值得注意的一些问题提出解决建议，以此对中非产能合作争议的解决和我国商事调解制度的发展提供一定的借鉴与启示。

一　我国涉外商事调解现状与主要问题

商事调解有广义与狭义之分。广义上，只要发生在调解员与当事人之间有关商事、收费的调解，都可归类于商事调解；从狭义上看，商事调解多通过多元化纠纷解决机构或者依附于独立的调解中心进行，所以在诉讼程序或者仲裁程序中对商事纠纷的调解不属于商事调解。[①]

近年来，商事调解越来越被国际社会认可，在英美国家，越来越多的

---

① 齐树洁、李叶丹：《商事调解的域外发展及其借鉴意义》，《中国海商法年刊》2011 年第 2 期，第 99 页。

商事纠纷,尤其是涉外商事纠纷通过调解方式得到了解决,但我国的商事调解无论在立法层面还是司法实践层面均处于起步阶段,涉外商事调解也鲜有重大突破。

(一) 商事调解制度在我国立法中存在缺位

自 2002 年起,调解制度在我国社会纠纷解决机制体系中的地位不断攀升。经过十余年的发展,作为一种非讼纠纷解决机制,调解制度在我国取得了跨越式发展,这一点在司法政策层面尤为突出。2008 年,最高人民法院创造性地提出"调解优先、调判结合"的工作原则,并将其以司法文件的形式载入《2009 年人民法院工作要点》;2009 年,最高人民法院发布《关于建立健全诉讼与非诉讼相衔接的矛盾纠纷解决机制的若干意见》,正式提出建立健全诉讼与非诉讼相衔接的矛盾纠纷解决机制,并首次在司法政策层面明确了商事调解作为"非诉讼纠纷解决机制"的法律地位;2011 年 1 月 1 日,《中华人民共和国人民调解法》正式实施,在立法层面上确立了我国民事调解制度的正当性;2012 年,我国《民事诉讼法》修正案通过,新法第 122 条首次以立法形式确立了我国"调解先行"的原则。整体来看,人民调解法与民事诉讼法的出台与修改,最高人民法院出台的一系列有关调解的规定,都反映出我国司法政策对调解制度的鼓励和支持。然而迄今,商事调解仍主要依据《中国国际贸易促进委员会/中国国际商会调解中心调解规则》,在法律层面尚未就商事调解制度作出明确规定,[1] 由此显示出我国商事调解制度在立法层面的明显缺位。

(二) 商事调解尤其是涉外商事调解的实践应用不多

我国是非常重视调解的国家,更是调解的故乡。然而从实践上看,近年来人们在处理各种纠纷中的调解意识并不强烈,其原因是多方面的。

首先,由于缺少统一的商事调解法,我国商事调解组织往往缺少公信力,调解员的选拔缺少统一标准,商事调解协议的执行难以保障。就调解组织的设立来看,我国现有的调解组织大多依托于仲裁机构、商会或者行

---

[1] 吴俊:《中国商事调解制度研究综述 (1996—2011)》,《北京仲裁》2012 年第 3 期,第 68 页。

业协会，表面上我国调解组织正趋于多元化，但这同时导致了调解组织的形式和法律性质较为混乱、调解机构的公信力乃至长效运作难以保障等问题；在调解员的资质认定和从业资格方面，由于缺少统一的行业标准和行业自治规范，当事人对调解员极易产生不信任心理，这一点在涉外商事调解中更加突出，这无疑会对调解机构自身的发展造成负面影响；就调解协议来看，商事调解协议在本质上仍属于商事合同，非经司法确认不具有强制执行力，一旦调解协议不能得到及时全面履行，势必影响纠纷解决的效率，使调解的优势难以发挥，进而对调解制度在涉外商事纠纷中的适用产生负面影响。

其次，由于我国商事调解制度缺少亮点，商事调解的吸引力与实效难以保障。2012年，中国国际贸易促进委员会/中国国际商会调解中心出台《调解规则》，成为我国商事调解制度的重要依据。虽然《调解规则》对调解员选择、调解程序与调解方式等均作了规定，但这些规定并不完善，在调解员的选拔标准、调解的具体流程以及调解协议的效力等方面也没有做具体规定。同时，《调解规则》的适用范围主要针对中国国际贸易促进委员会/中国国际商会调解中心，以及各分中心受理的案件，并不具有普遍适用性，由各人民团体设立的商事调解组织往往不受该规则的规制。此外，由于《调解规则》的性质属于一种行业规范，不具有法律效力，对商事调解的保障力度也相对较低，调解结果如果难以执行，仍需经由诉讼程序进行处理。由此，《调解规则》虽然为商事调解提供了一定的参考依据，但难以符合商事调解制度的快速发展，缺少对商事调解制度的系统性和针对性规范，难以保障该制度的实施。

最后，由于我国社会诚信体系不健全，使得商事调解尤其是涉外商事调解在我国缺少发展的土壤。众所周知，有效的调解应建立在当事人彼此信任的基础上，而当前我国的诚信体系尚未建立健全，这种状况对调解制度的发展必然产生负面影响。在建立社会主义市场经济过程中，信用体系尚未建立健全，人们的诚信精神缺失，导致调解当事人互不信任、互相猜疑，达成协议难度加大，有的即使达成，也常常出现变卦的情形。与此同时，我国存在判决的"执行难"问题，调解协议由于不具有强制执行力，其执行难度就更大。因此，增加当事人对调解程序、调解机构与调解员的信任程度，增强调解协议的可执行性，就成为发展我国商事调解制度的关键。

二 义乌涉外商事纠纷调解机制的内涵与特点

义乌作为全国经济外向度最高的城市之一，拥有来自100多个国家和地区约1.5万常住的境外人口，每年的平均临时入境人口超过40万人次。[①] 随着国务院国际贸易综合改革试点工作的不断深入，义乌涉外民间交往领域不断得到拓展，同时涉外纠纷日益增多。为满足义乌涉外人口特别是涉外商人的需要，弥补司法程序对涉外纠纷解决的不足，义乌市司法局于2013年5月指导设立了义乌外调委。作为全国首家县级涉外纠纷人民调解委员会，义乌外调委的设立为义乌市场的稳定繁荣、义乌经济社会的转型发展做出了突出贡献，外调委也因此被誉为义乌繁荣背后的新机制，其开创的"以外调外""涉外纠纷调解联动机制""涉外诚信档案"等新型涉外调解机制，获得了纠纷当事人的一致认可，极大地提高了调解成功率，把矛盾纠纷化解在了基层，为维护市场的和谐稳定、节约我国司法资源发挥了积极作用。

（一）依托司法资源，增加社会公信

由于我国尚未就调解组织的设立进行法律规制，调解组织在设立上缺少统一依据和标准。我国调解组织有的依据《民办非企业单位登记管理暂行条例》独立注册成立，有的以既有机构内设机构的方式成立，在此情形下，如何增强调解机构在社会与司法体系中的公信力、保障调解结果的合法性就成为调解机构要解决的首要问题。尤其当商事纠纷涉及涉外因素，调解机构公信力的问题就会被清晰地放大，如果调解结果得不到执行，对我国的商事交易甚至国家形象都会产生不利影响。义乌外调委由义乌市司法局指导创立，通过与义乌市法院建立联动机制，在调解过程以及保障执行方面充分利用司法局得天独厚的司法资源与政策资源，保障其社会公信力和调解结果的合法性。

此外，义乌法院与外调委通力合作，建立了商事纠纷诉调衔接机制。该机制主要包括三方面内容。一是确定适用案件范围。明确当事人一方或双方为外国人、涉及港澳台、外商合资合伙企业的民商事纠纷，法院经当

[①] 浙江省义乌市司法局：《"老外不见外"——浙江省义乌市涉外纠纷人民调解委员会开创"以外调外"新模式》，《人民调解》2015年第10期，第32页。

事人同意，可通过诉前引导调解、诉中委托调解或诉中邀请调解等方式，请外调委进行调解。二是规范操作流程。诉前由法院引导调解的，外调委的调解期限不超过30日。当事人达成和解协议的，可由外调委制作调解协议，或由法院确认调解协议效力。如调解未果，法院依法予以立案。诉中委托调解的，由法院出具委托调解书，并将起诉状副本或其他必要法律文件复印件转交外调委，外调委一般应在15日内办结；如调解未果的应在7日内告知法院，由法院继续依法审理。三是完善协调联动机制。法院、外调委与外侨办等部门共享信息，强化沟通协调，形成工作合力。通过公开审判、专题讲座、案例研讨等方式，建立涉外法制宣传、交流与培训体系，提高调解员业务水平。[①] 2016年10月，为进一步深化诉调衔接机制，义乌成立人民法院涉外纠纷诉调对接工作法官办公室，由法官入驻涉外纠纷人民调解委员会，为调解达成协议的当事人申请司法确认提供一站式、便利化的法律服务。

另外，外调委的建立也得到了义乌市政府的大力支持。随着义乌经济外向性的扩张，义乌市政府越来越注重义乌的整体形象，每一次涉外纠纷的成功解决对义乌这座城市都会产生良性影响，吸引更多的商业机会与商业资源，外调委的建立满足了义乌在商业纠纷领域的需要。政府与司法系统的支持一方面增加了调解结果的合法性，另一方面增加了机构本身的公信力。

（二）首创"以外调外"，增强彼此信任

有效的调解必须建立在彼此信任和有效沟通的基础之上，然而中外商人彼此之间的沟通不畅、信任度不高，是解决涉外商事纠纷的主要困境。调查显示，许多外商之所以不愿意在商事纠纷中选择司法途径，不仅是由于诉讼程序的烦冗，更主要的原因还在于语言不通畅、对我国法律不了解、对我国司法人员不信任。

为了解决上述困境，义乌外调委首创"以外调外"的纠纷调解模式。在义乌市司法局指导下，外调委大胆聘用外籍调解员，利用他们的语言优势以及同样作为外国商人的心理认同感，巧妙化解了纠纷调解中的语言障

---

① 《浙江义乌法院建立涉外民商事纠纷诉调衔接机制》，http://www.chinapeace.gov.cn/2015-11/20/content_11283539.htm，最后访问日期：2017年3月2日。

碍与信任障碍。与此同时,外调委通过苏丹籍调解员艾哈迈德,与苏丹苏中友谊协会签署国际贸易纠纷联合调解合作意向协议,该协议一旦生效,将成为我国国内首个跨国贸易纠纷联合调解机制。

截至 2015 年底,义乌外调委共有调解员 36 人,其中外籍调解员 11 人,他们分别来自塞内加尔、新加坡、马里、马来西亚、埃塞俄比亚、乍得、几内亚、韩国、菲律宾、约旦、伊朗 11 个国家。这些外籍调解员大多是在义乌生活超过 10 年的商人,精通多种语言,熟悉对外贸易中报关、出关、清关等外贸环节,更容易理解和分析对外贸易中所产生的纠纷。更为重要的是,同样作为外国商人,采用外籍调解员进行调解的模式更容易取得外商的信任,这在无形中增加了外调委在外商中的公信力。根据笔者调研,截至 2015 年底,义乌市涉外纠纷人民调解委员会共调解纠纷 126 起,调解成功 123 件,成功率为 97.6%,为市场经营户挽回经济损失 533.44 万元人民币。实践表明,聘用外籍调解员调解中国式矛盾不仅是商事调解制度的创新形式,更成为成功化解涉外矛盾纠纷的重要保障。

(三)结合个案实际,保障结果执行

涉外商事纠纷不同于传统国内商事纠纷,有标的金额大、涉案人员多等特点,按照传统调解模式和程序进行调解有时并不能达到完全化解纠纷的目的,即便双方达成调解协议,协议也可能由于种种客观原因而不能被全面及时地执行。

鉴于此,义乌外调委结合义乌实际,针对不同个案进行具体分析,在遵循传统调解程序的基础上努力探索其他调解模式。例如,2016 年外调委调解的一起拖欠货款的案件,就涉及上述困难。本案中拖欠货款的是一名外籍商人,2015 年 5 月,由于该外籍商人本国社会环境动荡,国内经营遇阻,资金周转不畅,遂拖欠义乌商贸城中国经营户 291.85 万元人民币货款。该外商无法按时支付货款,但仍想继续在中国经商,于是主动联系外调委并委托另一外籍商人做担保人,希望通过外调委来化解这起货款拖欠纠纷。通过调解,该担保人同意每月支付 25 万元货款并通过外调委支付给经营户。但由于涉案人数众多,如何分配货款成了一个新难题。为此外调委大胆采用"抓阄"方式,请在场的经营户依次抓阄并按照抽到的签号分月拿回货款。"抓阄"方式得到了在场经营户们的认可,64 名经营户与外商达成了调解协议,他们也在 2016 年底拿回了全部货款,这场涉外纠纷也得到了有效的解决。

从上述案例来看，义乌外调委的工作目标是及时有效解决中外商人间的商业纠纷，努力使双方利益得到最大限度的保障。为实现该目标，外调委在调解过程中不仅要遵循传统的调解规则，更要敢于大胆地创新调解形式，使当事人尽可能达到"双赢"甚至是"多赢"的局面。

（四）建立诚信档案，培植调解文化

涉外商事纠纷中有很大一部分是由诚信问题引发的，近年来尽管义乌市政府加强了对商家的管理，但是部分商家仍然存在欺骗消费者的不诚信行为。这些由中国商户不诚信行为引发的商业纠纷，在对非贸易中尤为明显。非洲商人作为较晚进入义乌市场的群体，许多商家和企业对他们缺乏正确认识与全面了解，不少商家甚至对他们存在种种误解，认为非洲国家都比较落后，所以也不把他们作为自己的重要客户服务，进而导致许多商家对非洲商人存在欺骗行为，如故意抬高价格，生产时偷工减料，甚至收了货款却不发货。这些行为不但让许多非洲商人对义乌渐渐失去好感，也暴露了政府管理上的漏洞以及部分企业、商家的诚信缺失等问题。

为了杜绝上述不良现象，为中外贸易构建一个诚信、有利的交易环境，同时为了避免由不诚信行为引起的纠纷再次发生，义乌外调委从其调解的众多案件中将因一方诚信问题而导致纠纷的案件筛选出来，并针对涉案商户建立了"诚信档案"。"诚信档案"包含当事人的姓名、年龄、国籍、联系电话、公司地址、摊位等基本信息，还包括因何问题触犯了诚信的道德界限，比如某商户利用包装难拆封、外商不易验货的方式以次充好；外商支付部分定金，但当商户发货后消失或者拒付剩余货款等诚信问题。"诚信档案"根据纠纷的次数、金额等分类归档。对情节恶劣、屡遭反映的外商，归为"诚信档案"危险级别。针对危险级别的经营户，外调委会通过QQ群、微信群、市场管理机构等渠道向商户相互转告信息。诚信对于商户的经营是非常重要的指标，外调委的"诚信档案"其实将义乌商贸城中的商户纳入了一种社会监管体系，通过社会对他们的监管引导商户自发地诚信经营。

三 义乌涉外商事纠纷调解机制的实践价值

义乌外调委的成功经验对我国商事调解制度的发展具有十分重要的意

义，它不仅丰富了我国商事调解制度的形式，有效缓解了法院办案的压力，更有利于我国调解氛围的形成，促进我国商事调解的立法。

（一）有利于创新调解模式，丰富调解形式

我国商事调解制度在程序上大致包含五个步骤。①须由双方当事人达成合意，调解才可以进行。②由调解员调查了解案情，明确双方争议的焦点和主要问题，同时分别对双方当事人展开单独调解，即背靠背调解。③在背靠背的调解中分清责任是非，明确当事人双方各自责任的大小和有无。④开展面对面的调解并使双方缩短差距，尽可能向和解靠拢。在面对面调解中调解人员充分利用直接将双方当事人召集到一起进行说理、协商的机会，让双方当事人坦陈己见，并倾听对方的意见，调节自己的要求和目标，进而达成和解。① ⑤在面对面的调解中结合公开调解，即邀请有关单位和有关人员如上级行政管理部门、案件的知情人一起参加，当众公布纠纷情况，请到会的人员发表意见，借助正确的舆论，启发双方当事人达成调解协议。由此可见，传统商事调解制度并没有因涉外因素的增加而有所改变，程序的设置缺少特色与亮点，这其实并不利于涉外商事调解制度的发展。

涉外商事调解作为商事调解制度中重要的内容，在申请调解的主体、调解案件的标的、案件的复杂程度以及执行结果的困难程度等方面都与普通调解存在着较大差异。在实践中，大部分外国商人的诉求往往由于社会文化不同、语言沟通障碍、不谙我国法律、信任缺失等多种因素而不能得到合理解决，中国商人在面临外商拖欠货款、商品质量有瑕疵等问题时，由于联系不到外籍当事人等原因，一般会在损失能够承受的范围内选择不了了之。传统调解模式并未能解决涉外调解中的这些困境，因此难以有所突破。为了保障商事调解制度对纠纷解决的成功率，创新调解形式是必不可少的。义乌外调委结合义乌涉外商事纠纷的实际，在传统调解模式的基础上，充分发掘"老外见老外，彼此不见外"的心理优势，运用外籍商人的本土资源建立跨国联合调解机制，大胆采用"抓阄"等具有传统中国特色的纠纷解决方法，并通过建立诚信档案、与法院合作建立诉调纠纷解决

---

① 马赛：《从一起调解案看涉外商事调解方式的多样性及其使用》，《浙江省政法管理干部学院学报》1996年第2期，第29页。

机制等方式开创了一种具有借鉴意义的调解模式。该模式不仅突破了传统调解程序中信任难、执行难的瓶颈，更极大地发挥了商事调解灵活高效、充分尊重当事人意思自治等优势，极大地丰富了我国的商事调解制度。

（二）有利于促进案件分流，缓解法院压力

2012年，新《民事诉讼法》确立了"先行调解"原则。《民事诉讼法》将该原则写入"审判程序"部分，表明法院调解作为法院审理案件的前置程序，解决的是诉讼程序内部的关系。而并非诉讼程序与非讼程序的关系，可从另一方面看，如果将"调解先行"原则放入广义调解的语境中，"先行调解"的承担者也可能是法院之外的第三方纠纷解决力量。2012年，最高人民法院发布了《关于扩大诉讼与非诉讼相衔接的矛盾纠纷解决机制改革试点总体方案》（以下简称《方案》），《方案》确定北京市朝阳区人民法院等42家法院为试点单位，进一步落实诉讼与非讼相衔接的纠纷解决机制。《方案》明确提出，试点法院与调解组织建立相对固定的对接关系。试点法院应支持商事调解组织的调解工作，并协助完善其组织建设，制定相应的管理制度。同时，试点法院应当支持当地律师协会、律师事务所建立专职或者兼职的律师调解员队伍，充分发挥调解对案件的分流功能。但是，无论新《民事诉讼法》还是《方案》均未在如何建立规范的分流程序方面作出明确规定，对《方案》的具体落实仍处于探索阶段。

近年来，义乌涉外纠纷日益增多，诉讼标的额不断增大，为平等保护中外当事人权益，依法及时化解涉外民商事纠纷，义乌市法院与义乌外调委通力合作，建立了涉外民商事纠纷诉调衔接机制。外调委的诉调衔接机制针对义乌实际情况，将受案范围、具体流程衔接和提升调解员法律素养等纳入其中，将涉外纠纷化解在基层，实质上是对《方案》的进一步细化与落实。义乌市法院虽然不在《方案》所确定的42所法院范围内，但诉调衔接机制的建立不仅极大促进了商事纠纷案件的有效分流，缓解了义乌法院的办案压力，更对各试点法院进一步开展诉调衔接机制工作、促进我国诉调结合起到极大的借鉴作用。

（三）有利于借鉴非洲调解经验，推动我国商事调解立法

从宏观层面来看，义乌市外调委的成功有利于拓宽我国的立法视野，

促进我国商事调解法的出台。非洲许多国家受传统习惯法的影响十分深远，调解制度十分完善，在埃及、苏丹、尼日利亚等国家，调解往往是解决纠纷必不可少的途径。例如，埃及的涉外民商事纠纷的非诉解决机制已经具有较为完备的法律制度和设施。根据埃及政府同亚非法律协商组织签署的协议，商事主体在面对商业纠纷时不仅可以向埃及国际商事仲裁中心提起仲裁，还可请求其进行纠纷调解；苏丹于1974年6月与约旦、叙利亚等6国缔结《关于解决阿拉伯国家之间投资纠纷的协议》，以解决涉外投资争议。该协议明确要求所有投资争议应首先通过调解协商的方式解决，这实质上规定了"调解先行"的纠纷解决原则；尼日利亚于1988年颁布了《仲裁与调解法》，根据该法第37条，任何合同当事人都可以通过调解友好解决与合同有关的争议，并对调解的原则、程序、调解员的指定、调解协议的执行等作了明确规定。[①] 非洲商人在义乌大量聚集，不仅增加了中非间的贸易往来，更加深了中非间的文化交流与互相融合，非洲客商将非洲浓厚的调解文化带到中国，这实质上对义乌形成有效的商事调解制度起到了积极的推动作用。同时，义乌涉外商事调解在实践中的蓬勃发展与我国商事调解制度立法缺位之间不断产生矛盾，其结果必然是规范落后于实践，实践呼唤规范的产生，这些都将加速我国商事调解法的出台。此外，我国传统立法往往借鉴西方发达国家的立法经验，对亚非拉等第三世界的立法思想鲜有借鉴，但其结果往往由于立法理念过于超前而与社会生活脱节，影响法律在现实生活中的适用。义乌市外调委将商事调解制度中的非洲经验引入中国，实际上拓展了我国的立法视野，对我国商事调解制度立法具有积极的推动作用。

从微观层面来看，义乌市外调委的调解模式对我国商事调解立法中调解原则、调解员选择、调解程序、调解执行等多个方面起到了启示作用，在立法过程中可直接对义乌市外调委等机构的具体操作模式进行抽象与凝练，由此增加法律在实践中的可行性。首先，在调解原则方面，除了保持商事调解既有的灵活、经济、快速等原则外，在立法中还应当突出商事调解的自决性原则，使调解相较于其他纠纷解决机制的优势更加突出。通过对义乌市外调委的调研不难发现，商事调解最根本的目的就在于通过积极

---

① 朱伟东主编《非洲涉外民商事纠纷的多元化解决机制研究》，湘潭大学出版社，2013，第23~225页。

调和当事双方的矛盾,使纠纷尽可能快速解决,从而达到双赢,这就需要在调解中充分尊重当事双方的自决。无论是调解员的选择、调解模式的适用,还是调解协议的制定与执行,都离不开当事双方的自主决定,因此,自决性也应当成为商事调解制度中的一项重要原则。其次,在调解员的选拔方面,义乌市外调委的做法也为我国立法提供了可参考的依据。在未来立法中应首先对调解员选拔的标准、资格审查的流程、调解员的任期、业务培训、考核等多方面进行相应规定,同时可以出台调解员选拔与聘任办法、调解员工作守则等相关配套措施,明晰调解员的选拔条件,调解员在工作中的权利与义务,以保证调解员的遴选、调解员的工作均有法可依。再次,在调解程序的选择方面,立法中可仅规定基本的操作流程,同时允许调解员在当事双方一致同意的基础上根据案件的复杂程度进行灵活的分析与处理。同时,为了保证调解程序的真实性与公正性,立法中还应当规定调解机构对调解过程进行记录,由调解员共同签字确认后进行存档。最后,在调解协议的执行方面,应当建立调解机构与法院的对接机制,以及调解机构的回访机制,从而保证调解协议的及时履行,提高调解的成功率。例如,可效仿义乌市外调委,在调解机构内部增设相关法院的工作地点,调解双方达成调解协议后可及时在调解机构内部进行司法确认。另外,调解机构还应当建立相关的反馈机制,调解结束后一段时间内应当组织调解员进行回访,一方面促进调解协议的履行,另一方面对不能及时履行的案件帮助当事人及时采取诉讼或其他方式加以解决。

四 义乌涉外商事纠纷调解机制的改进

作为一个新兴的调解组织,义乌外调委在短短几年时间取得了诸多成功经验,但在调解员、调解程序等方面也面临着一些问题与挑战。对此,本节提出如下改善建议。

(一) 提升外籍调解员法律素养

涉外商事纠纷的解决不仅是一个社会问题,更是一个深刻的法律问题,它不仅关系到整个商事活动的秩序,也影响我国市场的和谐与稳定。商事纠纷的合理解决不仅建立在彼此信任和有效沟通的基础之上,更建立在调解员扎实的法律功底之上。义乌外调委首创的"以外调外"模式在心理层面的确得到了外籍商人的支持,这是其调解成功率较高的重要法宝。

但是，外籍调解员对中国的法律体系并不熟悉，在调解过程中有可能引起新的法律问题，影响调解结果的公平公正。在调研过程中，部分外籍调解员也向笔者表达了这一困境：作为外国商人，对中国法律不熟悉会引起在商事活动中的诸多不便，甚至会产生对中国商事制度的误解；而当调解过程中涉及法律问题，外籍调解员往往需要依靠中国调解员，这势必会影响调解的效率。

义乌外调委也注意到了这一问题，他们积极与义乌市法院、义乌市律协合作，希望借此提升外籍调解员的法律素养。就这一问题，笔者认为，除了加强与法院和律协的合作，以提高外籍调解员的法律实务经验外，外调委也可与高校合作，加强其对我国传统文化与法律体系的整体理解。例如，义乌外调委可以依托本地高校——浙江师范大学，开展一系列外籍调解员的培训活动。一方面，可以与该高校的非洲研究院、人文学院合作，开设我国传统文化的培训课程，加深外籍调解员对中华传统文化与思维的认识，当面对较为复杂的商事纠纷时，可以充分运用我国传统化解双方当事人纠纷；另一方面，外调委可与该高校法政学院合作，开设法学理论、合同法、民事诉讼法等法律类专业课程，提高外籍调解员的法律素养，保证调解过程的公平公正。

(二) 细化涉外纠纷调解程序

义乌外调委取得成功的另一法宝在于调解程序的灵活与多变，外调委的调解员根据自己的工作与生活经验，充分将日常生活中解决纠纷的方法与调解相融合，突破了传统商事调解的诸多瓶颈。但是，由于涉外商事纠纷的类型各不相同，案件标的、争议焦点也有所不同，为保障调解的效率和结果的公平，笔者认为，可将不同类型的商事纠纷进行区分，以保证同案同调。

首先，制定涉外商事纠纷调解规则，规则中应包含调解原则、调解申请流程、调解员的选择、调解程序、调解协议的履行等原则性内容，该规则在调解过程中应具有较高的效力。同时应注意，为充分发挥调解程序的灵活性，不宜将调解程序制定得过于死板和机械。

其次，综合考量案件标的与案情复杂程度，将案件在纵向上分为普通程序与简易程序：对案件标的较小、争议不大、争议双方调解意愿较为强烈的案件，可以在征得当事人同意的基础上采用简易程序，简化调解的申请流程与调解流程,缩短案件的调解时间,必要时还可以采用网上调解的模式。对案件标的较大、案情较为复杂的纠纷,则可在传统调解程序的基础上,根据案件的具体情况以及双方当事人的意愿植入更为合理的调解方式;另外,针对较为复杂的案件,还可以通过延长履行期限或者分期履行的方式保证调解协议的执行。

最后,依据我国国民经济行业分类标准对争议案件进行横向区分,将争议案件类型化后在各专门领域发掘和培养专门人才,并将调解协议分类入档,通过这样的方式,一方面保证同案同调,维护调解结果的公平公正,另一方面可以增加调解程序的可操作性,保证调解的效率。

五 义乌涉外商事纠纷调解机制对中非产能合作等的启示

作为全国首个县级涉外纠纷人民调解委员会,义乌外调委的调解工作为义乌市场的稳定繁荣、义乌经济社会的转型发展做出了突出的贡献,其开创的"以外调外""涉外纠纷调解联动机制""涉外诚信档案"等新型涉外调解机制,不仅丰富了我国商事调解制度的形式,而且对中非产能合作争议解决、我国商事调解的立法等方面都有积极的启示意义。

一方面,义乌外调委的调解模式和经验对中非产能合作争议的解决有重要意义。首先,义乌的成功经验表明,只要机制合理、措施得当,商事调解方式在实践中能够达到解决涉外争议的目的。因此,在中非产能合作中,"考虑到中非双方都有深厚的调解传统和文化背景,中国投资者可尽量考虑通过调解方式来解决与非洲国家的投资争议,这样可以减少双方的对抗,保持双方的友好关系,有助于进一步开展投资合作"。[①] 其次,对于在非洲开展产能合作产生的争议,非洲国家可以参照义乌模式建立专门的调解机构,实施"以外调外",聘请包括中国商人在内的外国人作为调解员;实施"诉调联动"或"调仲联动",将调解与诉讼或仲裁相衔接,并为调解程序规定一定的时间限制;实施"诚信档案",以此提升中国在非企业的社会诚信度,开展可持续经营。很多非洲国家,如埃及、苏丹、尼日利亚等,其调解制度和文化本来就很发达,通过与义乌调解模式和经

---

① 朱伟东:《外国投资者与非洲国家之间的投资争议分析——基于解决投资争议国际中心相关案例的考察》,《西亚非洲》2016年第3期,第158页。

验相结合，不仅能够实现调解机制、程序的进一步创新，而且在争议解决的实效上能够得到较大提升。最后，在中非联合仲裁机制之外，中非可以构建独立的联合调解机制，专门通过调解方式来解决中非在产能合作中发生的争议。

另一方面，我国尚未出台一部完整的商事调解法，而随着我国经济的迅猛发展以及涉外商事活动的日益增加，商事纠纷势必呈上升之势。而调解制度灵活、便捷等特点本身便决定了其在解决争议时对于程序性要求不严，因此难免存在欺诈、胁迫、乘人之危等情形，若一味放任发展而缺少合理规制，必然不利于调解双方，更不利于调解制度的良性发展。实践需要与立法不足之间的矛盾，呼唤着法律对商事调解制度的介入和保护。义乌外调委在义乌地区的成功经验，以及其与义乌市人民法院建立的诉调衔接机制都表明，现阶段我国已经具备出台商事调解法的条件。第一，涉外商事纠纷的增加与我国传统的"和为贵""息诉止讼"等思想，为商事调解制度的发展提供了一个广阔的平台，商事调解作为一种非讼纠纷解决机制的重要性日益突出。第二，"民商事诉讼与调解相结合，在中国由来已久，不论是古代中国、近代中国还是现代中国，民商事诉讼一直都与调解有着不解之缘"[1]。最高人民法院发布的《关于扩大诉讼与非诉讼相衔接的矛盾纠纷解决机制改革试点总体方案》更以司法文件的形式确立了我国当前的大调解格局，在这样的背景下，制定一部专门的商事调解法已迫在眉睫。第三，从整个国际社会来看，一些西方发达国家已出台了商事调解法，相关法律的运用反过来促进了商事调解制度的进一步发展，这些都为我国的立法与实践提供了借鉴意义。

第四节　中非产能合作争议解决机制的构建

本章对中非产能合作中的争议解决机制做了探索，主要探讨了中非BITs中争议解决条款的改进、中非联合仲裁机制的构建与非洲改善其仲裁环境可采取的举措，并以义乌外调委解决涉外商事争议的成功经验为例，探讨了其调解机制对中非产能合作争议解决的借鉴意义。简而言之，中非产能合作争议解决机制的构建可以因循以下路径。

---

[1]　于建龙编《论中国商事调解法律制度》，对外经济贸易大学出版社，2013，第68页。

一 改进中非 BITs 中的争议解决条款，扩大仲裁范围

一方面，中非 BITs 对缔约一方与另一方投资者间争议解决条款中当地救济的规定应更具灵活性，诉诸当地法院不应成为解决中非投资争议的唯一法律途径；当地救济应设置为一种可选择的条款，将法院和仲裁作为平等的选项，中资企业有权对其进行选择。另一方面，中非 BITs 中有关争议解决条款的仲裁范围应当扩大，时间限制应当取消。在中非投资争议中，不仅有征收补偿数额的争议，而且投资待遇、损失赔偿、资本与收益的汇回等方面的争议也迭出不穷，因此扩大可仲裁解决的争议具有现实必要性，可以给其余争议的解决多一个可供选择的解决之道。针对六个月的期限规定，也应给予更多的自主灵活度，譬如只要在双方一致同意的情况下，可以不受期限限制，随时采取仲裁解决争议。

二 完善中非联合仲裁机制，推动裁决在非洲国家的承认与执行

当前，中非联合仲裁机制在中国已成立北京中心、上海中心和深圳中心，在非洲已成立约翰内斯堡中心和内罗毕中心，这些中心的成立标志着中非联合仲裁机制已进入正式实施阶段。这些中国中心目前在中国的合作机构分别是北京仲裁委员会（北京国际仲裁中心）、上海国际经济贸易仲裁委员会（上海国际仲裁中心）、华南国际经济贸易仲裁委员会（深圳国际仲裁院，简称"深国仲"），凭借这些仲裁机构丰富的仲裁程序管理经验以及熟悉中非经贸实践的法律专家，这些中心可为中国与非洲国家商事主体提供公平、高效、便捷、经济的仲裁服务。但中非联合仲裁机制还处于初创阶段，需要明确仲裁员选聘、仲裁规则、仲裁程序等方面的制度，并需设立一种特别机制以保障未正式加入《纽约公约》的 15 个非洲国家能够顺利承认和执行中非联合仲裁中心所做出的仲裁裁决。

三 借鉴义乌成功经验，创新调解机制、模式与程序

在涉外商事纠纷解决方面，义乌外调委开创的"以外调外""涉外纠纷调解联动机制""涉外诚信档案"等新型涉外调解机制，在实践中获得了中外纠纷当事人的一致认可，极大提高了调解成功率，把矛盾纠纷化解在了基层，为维护当地市场的和谐稳定、节约当地司法资源发挥了积极作用。对于在非洲开展产能合作产生的争议，非洲国家也可以参照义乌外调

委的机制和经验，建立专门的调解机构，甚至可以建立专门的涉华调解机构用来解决涉华商事争议，尤其是对华开展产能合作中发生的争议。具体也可以实施"以外调外"，即聘请包括中国商人在内的外国人作为调解员；实施"诉调联动"或"诉仲联动"，将调解与诉讼或仲裁相衔接，并为调解程序规定一定的时间限制；实施"诚信档案"，将不诚信的中国企业记入档案，以此提升中国在非企业的社会诚信度，开展可持续经营。由于埃及、苏丹、尼日利亚等国家的调解制度和文化本来就很发达，它们可以将本国的调解机制和义乌的调解机制和经验相结合，实现机制、模式或程序的创新，从而提升其涉外包括涉华商事争议解决的实效。此外，中非还可以构建独立的联合调解机制，专门通过调解方式来解决中非在产能合作中发生的争议。

参考文献

一 著作类

蔡从燕、李尊然：《国际投资法上的间接征收问题》，法律出版社，2015。

曾华群：《国际经济法导论》，法律出版社，1997。

查道炯等：《中国境外投资环境与社会风险案例研究》，北京大学出版社，2014。

陈安主编《国际经济法学》（第5版），北京大学出版社，2011。

陈菲琼：《中国海外投资的风险防范与管控体系研究》，经济科学出版社，2015。

对外经济贸易大学国际经济研究院课题组著《中国自贸区战略——周边是首要》，对外经济贸易大学出版社，2010。

郭小明等主编《中国海外投资法律风险指引》，法律出版社，2012。

韩良主编《非洲商事法律制度精析》，中国法制出版社，2015。

韩秀丽：《中国海外投资环境保护问题研究——国际投资法视角》，法律出版社，2013。

洪永红主编《非洲投资法概览》，湘潭大学出版社，2012。

环境资源能源（ERE）研究中心：《能源投资典型案例评析："一带一路"倡议下企业风险防控和争议解决》，法律出版社，2015。

黄德明：《现代外交特权与豁免问题研究》，武汉大学出版社，2005。

蒋姮：《走出海外投资安全的雷区：冲突风险评估与管理》，中国经济出版社，2013。

李双元：《国际私法》，北京大学出版社，2011。

李英、罗维昱：《中国对外能源投资争议解决研究》，知识产权出版社，2016。

李肇星：《说不尽的外交》，中信出版社，2014。

李宗周：《领事法和领事实践》，世界知识出版社，2012。

梁开银：《中国双边投资条约研究》，中国社会科学出版社，2016。

梁咏：《中国投资者海外投资法律保障与风险防控》，法律出版社，2010。
林毅夫：《繁荣的求索：发展中经济如何崛起》，北京大学出版社，2012。
刘阳等：《南部非洲国际经济法经典判例研究》，中国法制出版社，2014。
刘志云：《现代国际关系理论视野下的国际法》，法律出版社，2006。
朴英姬：《外国直接投资与非洲经济转型》，社会科学文献出版社，2015。
商务部研究院亚洲与非洲研究所：《大国对非洲经贸战略研究》，中国商务出版社，2011。
邵沙平主编《国际法》（第2版），中国人民大学出版社，2010
石佑启等：《"一带一路"法律保障机制研究》，人民出版社，2016。
宋连斌：《仲裁法》，武汉大学出版社，2010。
苏杭：《角色论争中的中国对非洲直接投资》，科学出版社，2015。
王贵国：《"一带一路"的国际法律视野：香港2015"一带一路"国际论坛论文集》，浙江大学出版社，2016。
王铁崖：《国际法引论》，北京大学出版社，1998。
王兴平：《中国开发区在非洲：中非共建型产业园区发展与规划研究》，东南大学出版社，2015。
《习近平谈治国理政》，外文出版社，2014。
杨立华：《中国与非洲经贸合作发展总体战略研究》，中国社会科学出版社，2013。
杨卫东：《双边投资条约研究：中国的视角》，知识产权出版社，2013。
于建龙：《论中国商事调解法律制度》，对外经济贸易大学出版社，2013。
张友棠：《中国企业海外投资的风险辨识模式与预警防控体系研究》，中国人民大学出版社，2013。
张泽忠：《新时期中非经贸合作机制研究：基于国际经济法的视域》，上海人民出版社，2013。
智宇琛：《中国中央企业走进非洲》，社会科学文献出版社，2016。
中国国际经济贸易仲裁委员会：《〈纽约公约〉与国际商事仲裁的司法实践》，法律出版社，2010。
周成新：《国际投资争议的解决方法》，中国政法大学出版社，1999。
周鲠生：《国际法（下）》，武汉大学出版社，2007。
朱伟东：《非洲涉外民商事纠纷的多元化解决机制研究》，湘潭大学出版社，2013。

〔美〕黛博拉·布罗蒂加姆：《龙的礼物：中国在非洲的真实故事》，沈晓雷等译，社会科学文献出版社，2012。

〔英〕艾伦·雷德芬、马丁·亨特：《国际商事仲裁法律与实践》，林一飞、宋连斌译，北京大学出版社，2005。

〔加拿大〕罗伯特·杰克逊、〔丹麦〕乔格·索伦森：《国外经典政治学教材：国际关系学理论与方法》（第4版），吴勇等译，中国人民大学出版社，2012。

〔美〕罗伯特·吉尔平：《世界政治中的战争与变革》，武军等译，中国人民大学出版社，1994。

〔美〕亚历山大·温特：《国际政治的社会理论》，秦亚青译，上海人民出版社，2000。

〔美〕翁·基达尼：《中非争议解决：仲裁的法律、经济与文化分析》，朱伟东译，中国社会科学出版社，2017。

二 论文类

蔡从燕：《国际法上的大国问题》，《法学研究》2012年第6期。

曾华群：《论双边投资条约范本的演进与中国的对策》，《国际法研究》2016年第4期。

曾华群：《论我国"可持续发展导向"双边投资条约的实践》，《厦门大学学报》（哲学社会科学版）2015年第1期。

陈淑梅、江倩雯：《中国—欧盟自由贸易区的产业效应研究——基于GTAP模型的模拟分析》，《东南大学学报》（哲学社会科学版）2014年第6期。

冯兴艳：《境外经贸合作区与中非投资合作的战略选择》，《国际经济合作》2011年第4期。

顾浔：《中国企业海外购置不动产的法律风险防范——尼日利亚土地交易理论与实践》，《政法论丛》2014年第1期。

郭炯、朱伟东：《中非民商事交往法律环境的现状及完善》，《西亚非洲》2015年第2期。

郭彤荔：《中企投资南非矿业的风险分析及防范措施》，《国土资源情报》2013年第7期。

韩秀丽：《中非双边投资条约：现状与前景》，《厦门大学学报》（哲学社会科学版）2015年第3期。

何曙荣：《非洲经济的新发展及其动力》，《现代国际关系》2014年第1期。

何志鹏：《国际法治何以必要——基于实践与理论的阐释》，《当代法学》2014年第2期。

洪永红等：《中非法律交往五十年的历史回顾与前景展望》，《西亚非洲》2010年第11期。

洪永红等：《中非法律交往五十年的历史回顾与前景展望》，《西亚非洲》2010年第6期。

胡鞍钢：《"丝绸之路经济带"：战略内涵、定位和实现路径》，《新疆师范大学学报》（哲学社会科学版）2014年第2期。

胡加祥：《国际投资准入前国民待遇法律问题探析——兼论上海自贸区负面清单》，《上海交通大学学报》（哲学社会科学版）2014年第1期。

胡懿：《利用ICSID解决中非投资争议的思考》，湘潭大学硕士学位论文，2012。

黄培：《中非BITs中的投资争议解决机制》，上海交通大学硕士学位论文，2012。

姜明安：《软法的兴起与软法之治》，《中国法学》2006年第2期。

姜明安：《软法在推进国家治理现代化中的作用》，《民主与法制时报》2015年3月5日。

金玲：《"一带一路"：中国的马歇尔计划？》，《国际问题研究》2015年第1期。

李安山：《为中国正名：中国的非洲战略与国家现象》，《世界经济与政治》2008年第4期。

梁开银：《双边投资条约冲突条款研究——兼论我国双边投资条约冲突条款的完善》，《法商研究》2012年第2期。

梁肖然：《美国双边投资协定范本争议解决条款分析——以对ICSID仲裁管辖权之认可为视角》，《河北法学》2016年第1期。

梁明：《中国在非洲实施自由贸易区战略的路径选择——以西非国家经济共同体为例》，《国际经济合作》2015年第12期。

刘贵今：《美国非洲战略及其对中国的启示》，《党建》2013年第5期。

刘鸿武、王涛：《中国私营企业投资非洲现状与趋势分析》，《浙江师范大学学报》（社会科学版）2008年第5期。

刘鸿武：《非洲发展大势与中国的战略选择》，《国际问题研究》2013年第2期。

刘华：《通过ICSID解决中非之间投资争议的研究》，《政法论坛》2013年第2期。

刘青海：《新时期中非投资合作：现状、问题与对策——以喀麦隆为例》，《当代经济管理》2011年第6期。

刘志云：《国家利益观念的演进与二战后国际经济法的发展》，《当代法学》2007年第1期。

罗豪才、宋功德：《认真对待软法——公域软法的一般理论及其中国实践》，《中国法学》2006年第2期。

罗会钧、黄春景：《中国企业对非洲投资的政治风险管理》，《云南财经大学学报》2009年第4期。

马霞、宋彩岑：《中国埃及苏伊士经贸合作区："一带一路"上的新绿洲》，《西亚非洲》2016年第2期

齐树洁、李叶丹：《商事调解的域外发展及其借鉴意义》，《中国海商法年刊》2011年第2期。

钱晓萍：《中国与中亚五国双边投资条约准入规则研究——以中国的立场为出发点》，《现代经济探讨》2014年第6期。

乔慧娟：《论中资矿业企业非洲投资法律风险的防范——以赞比亚中资矿业企业为视角》，《中国国土资源经济》2014年第2期。

秦亚青：《正确义利观：新时期中国外交的理念创新和实践原则》，《求是》2014年第12期。

任清：《海外工程承包与国际投资仲裁》，《国际工程与劳务》2015年第2期。

沈国明：《法治创新：建设上海自贸区的基础要求》，《东方法学》2013年第6期。

石斌：《秩序转型、国际分配正义与新兴大国的历史责任》，《世界经济与政治》2010年第12期。

唐晓阳、熊星翰：《中国海外投资与投资监管：以中国对非投资为例》，《外交评论》2015年第3期。

涂亦楠：《全球矿业的资源民族主义浪潮法律分析》，《西南政法大学学报》2015年第3期。

王蕊：《印度对非经贸战略的发展及经验借鉴》，《国际经济合作》2011年第2期。

韦宗友：《新兴大国群体性崛起与全球治理改革》，《国际论坛》2011年第2期。

吴俊：《中国商事调解制度研究综述（1996—2011）》，《北京仲裁》2012年第3期。

夏莉萍：《中国涉非领事保护分析》，《西亚非洲》2013年第1期。

肖军：《建立国际投资仲裁上诉机制的可行性研究——从中美双边投资条约谈判说起》，《法商研究》2015年第2期。

邢爱芬：《海外中国公民领事保护立法初探》，《国际论坛》2011年第4期。

徐崇利：《中国的国家定位与应对WTO的基本战略——国际关系理论与国际法学科交叉之分析》，《现代法学》2006年第6期。

徐宏：《当前国际形势和我国外交条法工作》，《武大国际法评论》2017年第3期。

严阳：《刍论全球治理中的国际软法——以兴起、表现形式及特点为视角》，《理论月刊》2016年第7期。

杨洁勉：《中国走向全球大国和强国的国际关系理论准备》，《世界经济与政治》2012年第8期。

叶自成：《中国迈向世界大国之路》，《国际政治研究》2003年第3期。

袁新涛：《丝绸之路经济带建设和21世纪海上丝绸之路建设的国家战略分析》，《东南亚纵横》2014年第8期。

张菲：《中非经贸合作区建设模式与可持续发展问题研究》，《国际贸易》2013年第3期。

张怀印：《论"埃及投资法"对埃经济发展的影响》，《阿拉伯世界研究》2007年第5期。

张家栋：《中国的国家身份、国际地位与战略定位》，《复旦国际关系评论》2008年第1期。

张利宾：《对中国企业海外投资风险的研究》，《北京仲裁》第78辑。

张文显、谷昭民：《中国法律外交的理论与实践》，《国际展望》2013

年第 2 期。

张小虎:《"中国非洲研究 70 年:回顾与展望"会议综述》,《湘潭大学学报》(哲学社会科学版) 2019 年第 3 期。

张小虎:《非洲国家宪法环境权比较研究——兼谈南非与肯尼亚宪法环境权的启示》,《人大法律评论》2018 年第 2 期。

张晓慧:《解读"一带一路"新形势下境外投资的法律风险管理》,《国际工程与劳务》2015 年第 1 期。

张朕:《"中非合作论坛—法律论坛"研究》,湘潭大学硕士学位论文,2014。

赵俊:《全球治理视野下的国际法治与国内法治》,《中国社会科学》2014 年第 10 期。

赵文杰:《中国在非投资企业劳工权益保护现状与对策——基于津巴布韦的实地调查》,《国际经济合作》2015 年第 10 期。

赵文杰等:《中国在非投资企业劳工权益保护现状与对策——基于津巴布韦的实地调查》,《国际经济合作》2015 年第 10 期。

浙江省义乌市司法局:《"老外不见外"——浙江省义乌市涉外纠纷人民调解委员会开创"以外调外"新模式》,《人民调解》2015 年第 10 期。

周海金:《在非华人的安全风险与规避策略探析》,《社会主义研究》2013 年第 5 期。

周睿杰:《中亚产能合作分析——以哈萨克斯坦为例》,《大陆桥视野》2016 年第 9 期。

朱伟东:《南非〈投资促进与保护法案〉评析》,《西亚非洲》2014 年第 2 期。

朱伟东:《外国投资者与非洲国家之间的投资争议分析——基于解决投资争议国际中心相关案例的考察》,《西亚非洲》2016 年第 3 期。

朱伟东:《中非法律合作新进展年度报告(2013—2014)》,刘鸿武主编《非洲地区发展报告(2013—2014)》,中国社会科学出版社,2014。

朱伟东:《中非双边投资条约存在的问题及完善》,《国际经济法学刊》第 22 卷,2015 年第 1 期。

Henri Nkuepo,《非洲国家和新型非关税壁垒》,《WTO 经济导刊》2015 年第 5 期。

Shane Voigt、田野、周显峰:《南部非洲风险管理(上)》,《国际工程与劳务》2017 年第 1 期。

Shane Voigt、田野、周显峰：《南部非洲风险管理（下）》，《国际工程与劳务》2017 年第 2 期。

三 外文类

Alexandra Diehl, *The Core Standard of International Investment Protection*, Kluwer Law International, 2012.

Alison Ross, *PCA to Appoint Representative in Mauritius*. Global Arbitration Review, May 1, 2009.

Alyssa Greenwald, "The ASEAN – CHINA Free Trade Area (ACFTA): A Legal Response to China Economic Rise?" *Duke Journal of Comparative and International Law*, 2006.

Amazu A. Asouzu, *International Commercial Arbitration and African States*, Cambridge University Press, 2001.

Amazu A. Asouzu, *International Commercial Arbitration and African States: Practice*, Participation and Institutional Development, Cambridge University Press, 2004.

Anthony Yaw Baah and Herbert Jauch, *Chinese Investments in Africa: A Labour Perspective*, African Labour Research Network, 2009.

David Makwerere, *Indigenisation and Economic Empowerment as a Conflict Transformation Tool in Zimbabwe: Challenges and Opportunities*, Ida Publishers, 2014.

Eugene Contran, *Arbitration in Africa*, Kluwer Law International, 2005.

Francis Snyder, *Soft Law and Institutional Practice in the European Community*, in Stephen Martin, *The Construction of Europe : Essays in Honour of Emile Noel*, Kluwer Academic Publishers, 1994.

Jan Wouters, *The European Union and Consular Law*, Katholieke Universiteit Leuven, 2013.

Jeff Waincyner, "The New UNCITRAL Arbitration Rules: An Introduction and Evalution", *Vindobona Journal of International Commercial Law and Arbitration*, Vol. 14, 2010.

John G. Ruggie, "Continuity and Transformation in the World Polity: Toward a Neorealist Synthesis", in Robert O. Keohane (ed.), *Neorealism and its Critics*, Columbia University Press, 1984.

John J. Kirton, Michael J. Trebilcock, *Hard Choices, Soft Law: Voluntary Standards in Global Trade*, Environment and Social Governance, Ashgate Publishing Limited, 2004.

Jose L. Tongzon, "ASEAN – China Free Trade Area: A Bane or Boon for ASEAN Countries?" *World Economy*, Vol. 28, 2005.

Jutta Brunnee and Stephen J. Toope, "Constructivism and International Law", In Jeffrey L. Dunoff and Mark A. Pollack, eds., *Interdisciplinary Perspectives on International Law and International Relations: The State of the Art*, Cambridge University Press, 2012.

Marcel Kitissou and Tina Butler, *Africa in China's Global Strategy*, Adonis & Abbey Publishers, 2007.

Noah Rubins, *International Investment, Political Risk and Dispute Resolution: A Practitioner's Guide*, Oceana TM, 2005.

Oladiran Ajayi and Patricia Rosario, *Investment in Sub-Saharan Africa: The Role of International Arbitration in Dispute Settlement*, 2009.

Peter Bosshard, *China's Environmental Footprint in Africa*, SAIS Working Papers in African Studies, 2008.

Plaxedes Gochero, "Indigenisation and Economic Empowerment Policy Views and Concerns in the Zimbabwean Mining Sector (2008 – 2011)", *Journal of Economics and Sustainable Development*, Vol. 6, No. 20, 2015.

Shylet Chivanga, "The panacea of Effectuating Land Reforms in South Africa as a Strategy to Indigenise the South African Economy", *Journal of Human Ecology*, 49 (3), 2015.

Stephan Wilske and Jade G. Ewers, "Why South Africa Should Update its International Arbitration Legislation", *Journal of International Arbitration*, Vol. 28, 2011.

Thompson Ayodele & Olusegun Sotola, *China in Africa: An Evaluation of Chinese Investment*, the IPPA Working Paper Series, 2014.

Vinayak Uppal, *Global Experience of Black Economic Empowerment and Indigenisation Policies*, Eps Peaks, February 2014.

Wenjie Chen, David Dollar, and Heiwai Tang, *Why is China investing in*

Africa? Evidence from the firm level, Brookings Research Papers Series, August 2015.

Won Kidane, *China – Africa Dispute Settlement: The Law, Culture and Economics of Arbitration*, Kluwer Law International, 2011.

Won Kidane, *China – Africa Dispute Settlement: The Law, Economics and Culture of Arbitration*, Walters Kluwer, 2011.

Xiaofang Shen, *Private Chinese Investment in Africa: Myths and Realities*, Policy Research Working Paper 6311, The World Bank, 2013.

后　记

　　2016年8月，我以学者身份飞赴肯尼亚的蒙巴萨，参加由中国驻肯尼亚大使馆、浙江师范大学非洲研究院等单位共同主办的"中非媒体智库研讨会"，这是我第一次踏上非洲这块古老的大陆。通过参会并考察肯尼亚的蒙巴萨—内罗毕铁路（蒙内铁路）、游览蒙巴萨老城，我在深切感受非洲的神奇美丽和勃勃生机的同时，也亲身感知了中非合作的丰满现实和广阔前景。其后，我每年都会去非洲开展一些学术交流活动。通过这些活动，我对非洲与中非关系有了更加全面深入的认识，也对非洲法律与涉非法律问题有了更加浓厚的研究兴趣。

　　本书是我自2013年发表第一篇涉非法律论文以来，在近几年就中非关系尤其是经贸关系所涉国际法律问题所思所写的一个阶段性成果。在本书写作过程中，我得到了很多师友的直接或间接的帮助。我从湘潭大学法学院洪永红教授、中国非洲研究院朱伟东教授等国内非洲法前辈学者的著述中获得了很多的灵感。教育部长江学者特聘教授、浙江师范大学非洲研究院院长刘鸿武教授多次邀请我去非洲参加学术活动，从他的著述中我对非洲、中非关系以及构建中国的非洲学增添了不少新的认识。浙江师范大学校长郑孟状教授对我本人及非洲法团队从事非洲法研究给予了很大支持；方桂荣、龚振军、黄勇斌、田峰、杨福学、钱嘉宁和李雪冬等非洲法团队的骨干成员，一直齐心协力从事非洲法研究；我的同事梁开银教授、陈醇教授、邓佑文教授、姜国平副教授、张建邦副教授、万先运博士和李海良博士等诸君，为我提供了科研上的便利。对以上诸位师友表示由衷的感谢。

　　本书由我跟田峰博士合作完成，我写作了本书的主体部分，田峰博士完成了第五章的写作。

　　感谢本书的责任编辑赵怀英先生的细心审校与多方面的帮助。

非洲法律和涉非法律问题虽然是一项相对冷门的研究，但在中非共建"一带一路"以打造更加紧密的中非命运共同体的今天，这些研究已日益彰显其现实意义与时代价值。希望有更多的法学界同仁能够加入到这一伟大事业中来！

吴 卡

2019 年 12 月 12 日

图书在版编目（CIP）数据

中非产能合作国际法律保障机制研究/吴卡，田峰 著. --北京：社会科学文献出版社，2019.12
ISBN 978-7-5201-5612-7

Ⅰ.①中… Ⅱ.①吴…②田… Ⅲ.①区域经济合作-国际合作-国际法-研究-中国、非洲 Ⅳ.①D99

中国版本图书馆CIP数据核字（2019）第210513号

中非产能合作国际法律保障机制研究

著　　者 / 吴　卡　田　峰

出 版 人 / 谢寿光
责任编辑 / 赵怀英

出　　版 / 社会科学文献出版社·联合出版中心（010）59367151
　　　　　地址：北京市北三环中路甲29号院华龙大厦　邮编：100029
　　　　　网址：www.ssap.com.cn

发　　行 / 市场营销中心（010）59367081　59367083
印　　装 / 三河市尚艺印装有限公司

规　　格 / 开　本：787mm×1092mm　1/16
　　　　　印　张：15.25　字　数：256千字

版　　次 / 2019年12月第1版　2019年12月第1次印刷
书　　号 / ISBN 978-7-5201-5612-7
定　　价 / 98.00元

本书如有印装质量问题，请与读者服务中心（010-59367028）联系

▲ 版权所有 翻印必究